U0165750

凝煉知識品味閱讀

企業倫理

商管專業倫理和企業社會責任

林文瑛、嚴奇峰、李雨師、丁姵元、
顏昌明、秦宗春、李明彥　等著

校長序

中原大學創立於1955年，秉持基督愛世之忱，以信、以望、以愛致力於國家之高等教育，旨在追求真知力行，以傳啓文化、服務人類。多年來，我們推動「全人教育」，培養兼備專業知識、品格涵養和世界觀的知識分子為教育目標。自102年的教學卓越計畫我們提出了人才特色優勢共構計畫起，「專業倫理品格實踐」的特色內容一直是本校在高教深耕上的一大亮點。

卅年前本人曾在全國大學商管學院院長會議上，向教育部提議將「商事法」、「企業倫理」列入全國大學商、管學院的必修課。現在國內經歷了黑心油等食安風暴、國外的安隆風暴與著名車廠、製鋼廠造假風波，證明當時力排眾議的堅持是對的。為了強調專業倫理的重要性，中原大學除了成立專業倫理教學發展中心，將專業倫理列為各學院之院通識必修核心課程外，並透過種子師資的培訓與多元媒材的發展，持續精進校內各學院倫理課程與教材。這幾年來，本校也陸續推動大型論壇及全國專業倫理個案競賽，持續將本校「專業倫理」經驗擴散至其他大專院校。例如106年6月舉辦的「全國專業倫理」個案競賽，以「善用知識，力行社會公民責任」為主題，計有大專校院師生跨系或跨校共160組隊伍參賽，引起廣大的迴響。同時，透過國際與國內專家學者之交流及借鏡國外學校之經驗，精進本校專業倫理課程之教學與內容，希冀能厚實能力並協助擴散至大專校院與企業。我們相信透過專業倫理與全人教育之落實，不僅能提升大學畢業生就業競爭力，也是實踐大學教育在社會責任上基本且必須的功能。

為增進專業倫理的教學、推展各界對專業倫理的重視，我們邀請了中原大學歷年教授專業倫理的種子教師們，將累積的教學心得去蕪存菁編撰成系列叢書，與各界分享「專業倫理」的教學內容與經驗。期待本套叢書的出版，能夠在推廣專業倫理的教育上拋磚引玉並達成擴散效應，轉化「倫理能不能教？」的疑問成為「倫理要如何教？」的教育議題，以符合中原大學「篤信力行」的校訓及「教育不僅是探索知識與技能的途徑，也是塑造人格、追尋自我生命意義的過程」之教育理念。

中原大學校長

張光正

107年2月

推薦序

倫理先於自利—利誠亂之始也

一、倫理的社會功能

倫理是人與人之間應維持的關係，以及由此引申出來人與人相處應遵守的原則。所謂人與人之間的關係，包括我們與識與不識的個人、群體、社會、甚至自然環境之間的關係。人類生存在自然環境之中，人的活動影響環境，反過來也影響人類自己。隨著科技進步，人的生產力和對環境的影響力不斷增強，因此人與環境之間的倫理日益受到重視。

符合倫理的表現為道德，因此倫理和道德常可交換使用。道德表現在人的行為之中為品德。具有品德之人為君子；君子是孔子心目中理想人格的典型。人與人之間因為有倫理才會產生互信，和平相處，形成社會，分工合作，提高生產力，改善生活，使人類從生物人提升為社會人。生物人的意義只有個體的生存和群體的繁衍，社會人則進一步創造文化，使人的生命煥發，多采多姿。

二、以仁爲核心的儒家倫理思想

倫理源自人性推己及人的關懷、推愛之心，孟子稱為「惻隱之心」，或「不忍人之心」，西哲亞當．史密斯（Adam Smith,1723-90）稱為「同情心」（sympathy）。這一關愛之心就是儒家倫理的核心元素「仁」的雛形，儒家希望通過教育薰陶、個人修養和社會制度加以擴充於全人類。宋儒朱熹更將其擴充到宇宙萬物。朱子說：「仁者以天地萬物為一體，莫非己也」。

仁與情意及互惠相結合，表現於各種人際關係之中，使每個人各自扮演好自己的社會角色，共同促進社會的和諧發展，增進社會全體的福祉。具體的人際關係主要為「五倫」，就是父子、兄弟、夫婦，君臣和朋友。五倫之中，父子、兄弟、夫婦之間的關係，是基於婚姻和家庭而產生的親情和恩義。儒家思想強調親情。不過亞當．史密斯認為，親情只是共同生活所產生的習慣性的同情與感應，如子女遠離，兄弟分散，情感隨之淡薄。君臣是職場和工作上的關係，孔子說：「君使臣以禮，臣事君以忠。」（論語，八佾）。君臣用今天的話來說，就是長官與部屬。朋友之間是互惠和情意的關係。至於個人與五倫以外之一般倫理關係，則主要為仁、義、忠、信。仁者愛人；義是行事的正當性；盡己之謂忠；信是誠實不欺。孟子說：「仁、義、忠、信，樂善不倦，此天爵也。」（孟子，告子）

在以儒家思想為主流的中華傳統文化中，倫理是責任和義務的承擔，而非權利和利益的爭取，但在長期中所有人的權責和利害都會得到合理的平衡。如果由於社會制度的扭曲，以致長期失去平衡，社會的和諧與安定也就難以維持。所以倫理雖然源自人心之仁，仍需社會制度的支持，這個制度在儒家思想中就是禮。

綜上所述，可以孔子的一句話來概括：

> 子曰：「弟子入則孝，出則弟，謹而信，汎愛眾，而親仁。行有餘力，則以學文。」（論語，學而）

孔子這段話有兩點主要的意義。第一，倫理是有層次的，我們對所有的人都要有愛心，也有一些基本的義務，例如行為要謹慎，說話要負責任，不可造成對別人的傷害，但對家人親友則有更多的義務。第二，倫理重於才藝，實踐倫理行有餘力，再去學習才藝。

儒家思想產生於兩千多年前「傳統停滯時代」（traditional stagnation epoch）。所謂傳統停滯時代是指社會缺乏長期持續的技術進步，以致經濟成長停滯。個人追求財富，不會使社會的財富增加，社會全體的福祉來自和諧與安定。因此在我國傳統的價值系統中，倫理優先於財富；反映於教育體系中則是倫理優先於知識。

三、利誠亂之始也

18世紀下半西歐工業革命使技術進步取得持續不斷的可能性，在資本主義機制下，帶領世界經濟脫離「傳統停滯時代」進入「現代成長時代」（modern growth epoch）。個人為追求自己的利益從事生產，創造價值，使社會全體的財富增加。因此自利取得道德的正當性，受到社會鼓勵。亞當．史密斯在他的《國富論》（An Inquiry into the Nature and Causes of the Wealth of Nations,1776）中說：每個人追求自己的利益，冥冥中如有一隻看不見的手帶領，達成社會全體的利益，甚至比蓄意促進

社會的利益更有效率。史密斯甚至說：「我從未聽說那些假裝為了公益而從事交易的人做出什麼好事。」（WN,IV.ii.9）

史密斯並非不重視倫理，實際上他在《國富論》問世前17年發表的《道德情操論》（The Theory of Moral Sentiments,1759）就是一本倫理學巨著。史密斯認為人性有利己的成分，也有利他的成分。我們關心自己的幸福，所以產生審慎的美德（the virtue of prudence）；我們也關心別人的幸福，所以產生公平的美德（the virtue of justice）和仁慈的美德（the virtue of benevolence）。審慎是對財富與社會地位及名聲的追求，公平是不使別人的利益減少，仁慈是增加別人的利益。

史密斯說：「多為別人著想，少為自己著想，節制私欲，樂施仁慈，成就人性的完美。」（TMS, Part I, Sect. I, Chap. V）又說：「為人如能做到恰好的（prefect）審慎，嚴格的（strict）公平和適當的（proper）仁慈，可謂品格完美矣。」（TMS, Part VI,Sect. III）

我們若將史密斯的倫理觀和儒家的倫理觀加以比較，二者似乎並無重大的差異。史密斯雖然鼓勵自利，但也強調公平；公平是不傷害別人的利益。個人在從事生產、創造價值的過程中，如不使任何利害關係者包括個人、社會和環境受到損傷，則他所創造的價值就是社會全體所增加的淨價值，他所得的利益是他為社會創造價值應得的報酬。史密斯雖然視審慎為一種美德，但也主張節制私欲、樂施仁慈，猶如朱子的「存天理，去人欲。」不過社會的價值觀一旦將個人利益放在倫理前面，則當自利和倫理發生重大衝突而社會又缺少有效節制的機制時，就會棄倫理而成就自利。這是現代西方資本主義文化的基本缺失。太史公司馬遷說：

> 余讀孟子書，至梁惠王問「何以利吾國」，未嘗不廢書而嘆也。曰：嗟乎，利誠亂之始也！夫子罕言利者，常防其原也。故曰「放於利而行，多怨」。自天子至於庶人，好利之弊何以異哉！（史記，孟子荀卿列傳）

四、重知識輕倫理的現代教育

進入現代成長時代，技術持續進步，勞動生產力不斷提高，工商業發達，人口從農村進入城市，人力逐工作而居，產業結構改變，社會結構改變，人際關係也隨之改變。

傳統的大家庭消失，只有夫妻子女、甚至無子女的小家庭興起。教育機會平等，生育減少，婦女進入職場，追求自己的理想。生活富裕，健康改善，青春永駐，壽命延長，白首偕老的婚姻不易維持。離婚增加，再婚甚至多次婚姻漸為社會接受。家族與親屬的關係趨於淡薄，朋友、職場與一般的社會關係日益重要。亞當・史密斯說：文明愈發達，家族的關係愈疏遠。蘇格蘭文明的程度已經很發達，但親情在英格蘭比在蘇格蘭更疏遠。

所得增加，財富累積，人生的追求從物欲滿足，轉移為超越物質，追求個人自主與自由。人生態度從消極默從轉變為積極進取，從集體主義轉變為個人主義，從曲己從人、達成群體的任務，轉變為伸張自我、追逐個人的目的。每個人膨脹自己的權利，欲凌駕他人的權利，擴張自己的自由，欲超越他人的自由，衝撞傳統的倫理規範與社會秩序，使社會的和諧與安定日愈不容易維持。

大家庭消失，家庭守護倫理、傳遞文化的功能式微，個人意志膨脹，無所敬畏，社會價值混亂，規範鬆弛。科技進步，產業多樣，各種專業興起，知識日新月異。學校教育過去強調德、智、體、群、美五育均衡，如今獨尊智育。教育知識化，知識工具化，以提供經濟發展所需的致用之學，人文素養成為不急之務，倫理道德被視為迂腐。

臺灣早期的教育理念延續中國時期重視倫理與品德的傳統，國民小學課程設有「生活與倫理」。國民中學有「公民與道德」。2001年實施九年一貫課程，均改為「社會」。「社會」內容廣泛，包括歷史、地理、社會、政治、經濟、本土、生活、環境，「道德規範」與「人際互動」只是其中一部分。國民教育從倫理、道德轉變為社會，顯示教育思想從我國傳統強調做人的義務與責任，轉變為西方現代所強調的權利和自由。高中的「公民與社會」並包括「社會運動」與「公民不服從」，公開表達對社會秩序與規範的挑戰。2014年十二年國教實施後，倫理教育已從學校教育中消失。如今國家的教育政策與文化政策更表達了去中國化，甚至揚棄中華文化的傾向。然而國家發展不論在經濟領域、政治領域或學術領域，都需要品格端方、「修己以敬」的君子，應如何培育呢？

五、倫理可教嗎？

在我國歷史上，品德之學是孔門弟子的必修科目。「子以四教：

文，行，忠，信。」（論語，述而）文是知識之學，行和忠、信都是品德之學。孔子最得意的弟子顏回就是德行方面的專家。《論語》中說到學，絕大部分都是品德之學或倫理之學。魯哀公問孔子：「弟子孰為好學？」孔子說：「有顏回者好學，不遷怒，不貳過。不幸短命死矣！今也則亡，未聞好學者也。」（論語，雍也）

倫理教育有理性的部分，也有感性的部分。從理性方面看，了解社會的結構、組織，人與人之間的關係與相處之道，以及人生在世利己、利他各種價值的選擇，讓學生通過思辨，感悟品德對個人與對社會的意義，方能理解何以功名利祿不能使人幸福，品德無虧，實現自我，才能成就幸福人生。

除了個人修養之外，為社會和諧安定所賴的倫理道德建立社會支援體系，誘因制度，也是倫理教育重要的部分。這在孔子時代就是禮和樂。禮引導人的行為，使之中正；樂調節人的性情，使之平和。《禮記，樂記》說：

> 禮節民心，樂和民聲。政以行之，刑以防之。禮樂刑政四達而不悖，則王道備矣。

廣義的禮包括政和刑。在孔子的時代，禮、樂、征、伐是天子的職掌。民主政治發展的今天，政府的道德形象敗壞，若干政客甚至人格邪惡，民間部門尤其是企業部門掌握社會資源最多。因此不僅社會倫理需要與時俱進，更重視個人與群體與環境之間的關係，倫理的社會支援體系也需重建，更仰賴民間企業和各種專業團體與公民組織。這些都應成為現代倫理教育的重要課題。

在感性方面，倫理教育需要樹立典範，讓人景仰、嚮往與學習。亞里斯多德認為應以歷史上我們所崇拜的聖賢豪傑為學習的榜樣。在我國歷史上，堯、舜、文、武。周公都是孔子所塑造的典型。孔子則是孔門弟子和後之儒家加以美化和理想化，復得到歷代統治者加持所形成的典範。

蘇轍在〈東坡先生墓誌銘〉中記述了他的兄長少年時的一段故事：

> 太夫人嘗讀《東漢史》，至《范滂傳》，慨然太息。公侍側曰：「軾若爲滂，太夫人亦許之否乎？」太夫人曰：「汝能爲

滂，吾顧不能爲滂母耶？」

范滂是東漢後期名士，有節操，為州縣所服，曾多次應詔出仕。我們很多人應都讀過：冀州飢荒，盜賊四起，他為朝廷征召，勘察災情，舉奏貪瀆，「登車攬轡，慨然有澄清天下之志。」後來遭黨錮之禍，不願家人親友受累，自行投獄。他的母親安慰他說：「汝今與李、杜齊名，死亦何恨。既有令名，復求壽考，可兼得乎？」李、杜指李膺和杜密，都是當時名士。滂行前對他的兒子說：「吾欲使汝為惡，則惡不可為；使汝為善，則我不為惡。」路人聞之，莫不流淚。東漢的大儒鄭玄說：「五霸之末，上無天子，下無方伯，善者誰賞，惡者誰罰，紀綱絕矣！」但范滂仍願選擇善行，而八百年後十歲的蘇軾仍願以他為榜樣。

再說一個反面的例子，謝大寧說：「看《三國演義》讓人不敢做曹操。」

中原大學以「全人教育」（holistic education）為辦學理念，在當前臺灣教育系統重知識輕倫理，甚至棄倫理於不顧的環境下，可能是唯一將專業倫理列為全校各學院通識必修核心課程的大學；並成立專業倫理教學發展中心，培訓種子教師，以加強師資，製作多媒體教材以彰顯教學效果。多年以來，中原大學校園祥和安定，畢業的學生為業界喜愛，除了知識教育精深，我相信倫理教育表現在學生的行為之上也是一個重要原因。

2018年6月20日，我應邀在中原大學作專題演講，題目是〈品格與倫理：美好人生的一堂倫理課〉，由張光正校長親自主持。光正兄並送我一套中原大學的專業倫理教材，包括工程倫理、教育倫理、科學與倫理，其中企業倫理、法律倫理與設計倫理合為一冊，共四冊。2020年，《專業倫理》再版，將原來的四冊擴充為六冊，企業倫理、法律倫理與設計倫理各自獨立成書，各書內容也多有充實，將於2月開學前問世。夏誠華教務長囑我作序。作為鼓吹倫理教育的同道，我覺得義不容辭。

2000年我從工業技術研究院辭職，到元智大學任教，在管理學院教經濟政策和企業倫理。2001年12月美國爆發安隆（Enron）弊案，第二年7月國會通過沙賓法案（Sarbanes-Oxley Act），加強對公司的監督，一時企業倫理和公司治理成為美國各大學商、管學院的顯學。然而不論加強倫理教育或外部監督，都不能阻擋資本主義經濟發展對社會和環境製造傷害。美國麻州理工學院（MIT）的梭羅（Lester Thurow）教授說，企業醜聞是資本主義的常態而非異數。又說：

> 那些爲了防範弊案再度發生所訂的新法規，宛如還在打上一場戰爭的將軍。這些新法規如早已存在，今天的弊案就不會發生，但並不能阻擋明天的弊案。因爲明天的弊案會從新的漏洞爆發。（《天下雜誌》，2002年8月1日）

這也讓我想起孔子的話:

> 道之以政，齊之以刑，民免而無恥；道之以德，齊之以禮，有恥且革。（論語，爲政）

我們如將自利放在倫理前面，縱然有嚴格的外部法規，也無法防止弊端發生。

中華文化誕生於兩千多年前我國「傳統停滯時代」，重視倫理，強調個人的責任和義務，而現代西方文化是「現代成長時代」的產物，重視對自利的追求，強調個人的利益、權利和自由。過去十多年，我少讀本行的經濟學，多讀先賢經典，從2011年到2019年出版儒家五書，推廣儒家思想以平衡利益為先的西方文化。唯有將倫理放在利益前面，才能防止追求自利造成對社會和自然的傷害。

舊曆年假期間，我拜讀中原大學《專業倫理》六書，草成這篇序文，敬備中原大學同道參考，並請指正。我也要藉此機會感謝張光正校長和夏誠華教務長對我的信任和囑託。

臺灣大學經濟學系名譽教授、中華教育文化基金會事事長

孫震

2020年2月7日

院長序

中原大學商學院創立於1980年，致力於建構「優質教學、創新研究與服務價值」的學術環境，培養學生具備「專業知識、國際觀與倫理素養」，成為臺灣商管學院的標竿。培養商學院學生具備商學專業知識、全球化、電子化、科技化與全人化為教育目標。多年來，商學院配合學校，推動「全人教育」，配合學校教學卓越計畫中「專業倫理品格實踐」的特色內容，商學院院通識必修核心課程「企業倫理」亦為商學院課程發展上的一大特色。

這幾年來，透過種子師資與多元媒材，持續精進商學院企業倫理課程與教材。並積極參與學校主辦之「全國專業倫理」個案競賽，至今已舉辦四屆，每屆商學院的企業倫理師生都在「全國專業倫理」個案競賽中拿到優異的成績。同時，在商管專業倫理教學過程中，授課教師不斷地藉由觀摩與交流的方式，精進本院企業倫理課程之教學與內容。透過企業倫理與全人教育之實踐，完成大學教育在社會責任上基本且必須的要求，亦能提升商學院大學生在商管專業倫理的認知與涵養，並提高本身的就業競爭力。

為增進企業倫理的教學、推廣商學各領域對商管專業倫理的重視，本院邀集了中原大學商學院教授企業倫理的種子教師們，編纂了商管專業倫理中關於一般倫理的概念，並匯集各年本院舉辦之「商管專業倫理與社會責任精進國際學術研討會」中，精心挑選的五篇文章，幫助學生藉此更能掌握商管專業倫理的核心議題—「道德困境」的相關內容，加上本院受到地方與社區矚目的三個服務學習個案：木匠的家、大海社區與卓蘭雙連梨等三個部分的資料彙集成「商管專業倫理和社會責任」一書，特別感謝秦宗春、李明彥、丁姵元、李雨師、顏昌明等教授，對商管專業倫理教育與商管專業倫理議題分析工作的投入與奉獻。期待本書的出版，能夠影響我國商管專業倫理的教育，並使商管專業科系的學生能更深認知商管專業倫理的涵養，使其在未來的職涯中除利益極大化的目標外，更能對社會產生深遠的貢獻。

中原大學商學院院長

109年1月

序章

專業倫理與道德思考

一般而言，只有涉及人與人關係[1]的議題才是倫理或道德議題。因此，倫理與道德都是關於人際關係的準則。倫理和道德的定義與差異，就連哲學家都無法說得清楚，儘管我們下不出好的定義，但我們都會在恰當的脈絡、恰當的時候正確使用這兩詞。在該用「倫理」的時候用「倫理」；該用「道德」的時候用「道德」，不大會搞錯。因此，望文生義未嘗不可。「道德」所指較廣，主客兼有，故包括倫理；而「倫理」兩字，可顧名思義，指的是倫常之理，主要是人際關係的規範。道德適用於一般的人際關係（如仁、義、禮、智、信五常），倫理則適用於特定身分的人際關係（如君臣、父子、夫婦、兄弟、朋友五倫）。因此，適用於君臣關係的「忠」與適用於父子關係的「孝」都屬於倫理原則，但適用於不特定人際關係的仁、義等則屬於道德原則。

「專業倫理」的議題通常涉及一般的德目，譬如忠誠、誠信、公平等，也涉及作為專家才會遇到的倫理問題。專家受到社會的相對尊重，居於較有影響力的位置，掌有較大的權力與較多的社會資源。於是，便相應而有如下的問題：專家是否不負社會所託？是否善盡其社會責任？是否讓社會資源受到妥善的運用？是否讓社會涉入風險？例如，設計製造原子彈是否讓人類面臨毀滅的風險？基因篩檢技術的發展是否讓保險制度面臨變質的風險？因此，「專業倫理」絕不是無中生有的道德教條，而是一般人在特定專業領域裡必然會面對的道德議題。

本書所談的「專業倫理」不是一般的道德哲學，不涉及煩雜的哲學爭議，而是希望讀者透過熟讀這本書，能夠：

1 更激進的觀點會認為，人與動物的關係也包含在內。

1. 了解道德思考的本質。
2. 釐清各種宗教、文化，以及社會制度中判斷對錯的道德根源。
3. 思考日常生活中各種道德判斷所實際涉及的德目（例如孝順、忠誠等）。
4. 面對人類思考受各種因素（如語言、文化、人性等）之影響，容易產生偏誤的現實。
5. 客觀探討特定情境下的道德責任歸屬。

本書之主要內容為道德思考與道德判斷，希望不僅能夠增進讀者對於現代公民倫理規範的認知，而且能夠促進讀者對於道德議題的思辨能力、論證能力。具體而言，我們希望透過本書或專業倫理課程的教導，讓讀者或學生能：⑴澄清價值（這樣想是什麼意思？）、⑵澄清邏輯（這樣的結論正確嗎？）以及⑶澄清道德以外的因素（我為什麼不願這樣想？）。簡單地說，我們希望社會上大家都能夠給自己的抉擇（不管是現在還是未來），一個清晰、明白的理由，而不是懵懵懂懂的人云亦云。

同時，由於「現代公民要能根據可得的訊息和證據下適當的結論，能夠以證據評論他人的主張，能夠區隔意見與有事實根據之陳述」[2]（OECD, 2006, p.21），因此，透過本書在道德推理能力、道德問題解決能力以及道德決策判斷能力等層面的道德思考訓練，我們也希望本書能讓讀者相信，培養並具備下列能力是重要的：

1. 良好的邏輯推理能力，能夠思考各種日常事件的倫理面向與道德考慮。
2. 尋找與面對不同觀點的勇氣與信心。
3. 能夠考慮特定時間、空間、情境、關係等相關因素，並決定何種觀點是較正確的抉擇能力。

[2] “People often have to draw appropriate conclusions from evidence and information given to them; they have to evaluate claims made by others on the basis of the evidence put forward and they have to distinguish personal opinion from evidence-based statements.”

4. 在有限的資訊以及沒有明確規範的情況下，能夠做出正確道德判斷的智慧。

換句話說，本書的目標並不是想教導讀者怎麼樣做是對的、怎麼樣做是錯的，而是希望培養讀者自己思考什麼是對的、什麼是錯的，為什麼是對、又為什麼是錯的思考能力。事實上，我們都認同許多共同的價值，大部分的人都認為孝順父母、友愛兄弟、善待朋友、尊敬師長是對的，是理所當然的行為準則，但是這樣的準則放到複雜的現實情境中，常常可能因為情境中所涉及的價值互相衝突，或是情境特殊，而出現抉擇困難或實踐偏差的現象。例如，很多青少年認為：「為朋友兩肋插刀，就是有義氣的表現，因此是道德行為。」這樣的價值觀基本上並沒有錯，有時甚至是美德。但是，這樣的價值觀放到現實情境中，萬一這些青少年碰到「現在朋友有困難，要求我去幫忙把風」或「朋友要被退學了，要求我幫他作弊」的狀況時，很可能會出現「我為朋友把風／作弊，就是為朋友兩肋插刀，因此是道德的」這樣奇怪的結論，導致說服自己去做原本並不想做的行為，而誤入歧途、回不了頭的悲劇。

本書的主要內容既然是培養實際專業領域中，關於道德抉擇或倫理規範的思考能力，必然需要先建立一般性的道德思考架構。因此，本書的前半段是以一般倫理的基本道德思考為主軸，以⑴基本邏輯思考、⑵道德原則如何判定、⑶行為結果如何考量，為主要內容，讓讀者先熟悉邏輯思考的基本原則，了解日常思考的可能偏誤；然後再討論道德原則正確推論的關鍵，以及道德原則是否為相對存在，或是否有優先順序的問題；最後則是討論行為後果在道德思考上的角色，以及後果與道德信念相衝突時，該如何考慮較為合理。

顯然，即使了解道德思考的基本原則，如何將這些原則應用到一般或專業情境的判斷上，仍然是一個複雜而困難的問題。因此，在本書的後半段，針對不同的專業領域（科學倫理、工程倫理、企業倫理、設計倫理、教育倫理、法律倫理，等等），我們收集了一些發生過或可能發生的案例，嘗試帶領讀者一起思考專業領域的道德議題，以前半段的一般性倫理原則與道德思考應用在這些案例的分析上，學習該考慮哪些因素、該如何判斷，以及該如何做決策。

總而言之，決定「人的行為」的最主要因素還是「人的思考」，然而本書的目的並不想灌輸特定的價值觀，而是希望讀者讀完本書後，能夠更細緻地思考善惡對錯的本質，以及善惡對錯的基準。透過不斷地思辨，增強讀者對於道德議題具備理性判斷和理性抉擇的能力，無論是對於自己的問題、別人的行為，或是政治上的主張、公共政策的爭議，都能夠有清晰的思辨能力，想得清楚，活得明白。

建議資源

高爾著，邱春煌譯（2009），《失控的總統》。臺北：貓頭鷹出版社。

專業倫理臺灣資料網http://uip.cycu.edu.tw/UIPWeb/wSite/np?ctNode=17126&mp=00401&idPath=17101_17125_17126

該網站是由中原大學專業倫理教學發展中心創設，收入了豐富的教學與學習資源，包括各種專業倫理的課程資料與磨課師課程。

Michael J. Sandel著，樂為良譯（2011），《正義：一場思辨之旅》。臺北：雅言文化。

石黑一雄著，張淑貞譯（2006），《別讓我走》。臺北：商周出版社。

Bok, S., & Callahan, D. (Eds.)(1980). *Ethics Teaching in Higher Education.* New York: Plenum Press.

Kirkpatrick, D. L., & Kirkpatrick, J. D. (2006). *Evaluating Training Programs: The Four Levels.*(3rd. Ed.). San Francisco, CA: Berrett-Koehler.

O'Boyle, E. (2002). An Ethical Decision-Making Process for Computing Professionals. *Ethics and Information Technology,* 4, 267-277.

OECD (2006). *Assessing Scientific, Reading & Mathematical Literacy: A Framework for PISA 2006.*

Piper, T. R., Gentile, M. C., & Parks, S. D. (1993). *Can Ethics Be Taught? Perspectives, Challenges, and Approaches at Harvard Business School.* Boston, Massachusetts: Harvard Business School.

Rachels, J. (Fifth Edition by Rachels, S.) (2010). *The Right Thing to Do: Basic Readings in Moral Philosophy*. s. d. Boston: McGraw Hill.

Rachels, J. (Sixth Edition by Rachels, S.) (2010). *The Elements of Moral Philosophy*. s. d. Boston: McGraw Hill.

Rest, J. (1979). *Development in Judging Moral Issues*.Minneapolis: University of Minnesota Press.

Shafer-Landau, R. (2004). *Whatever Happened to Good and Evil*? Oxford: Oxford University Press.

CONTENTS
目　錄

第一篇

一般倫理

第一章

道德思考的本質
邏輯思考

許多人一聽到道德思考、倫理規範，就以爲那是哲學家、教育家，或老學究才必須探究的議題，殊不知在日常生活中我們就常常面臨了許多對錯判斷、道德抉擇；一聽到邏輯思考，直覺上就以爲那是哲學家、數學家才會感興趣的問題，殊不知我們每一次對話都脫離不了邏輯的規範，否則便無法有效溝通。其實，所有溝通幾乎都隱含著「如果……就……」、「因爲……所以……」的邏輯推理形式。

不過，由於課堂上正式的邏輯習題或道德兩難案例，畢竟還是與日常生活我們會遇到的推理問題或道德抉擇有相當大的差距，以致我們容易誤以爲實際生活中的邏輯思考或道德抉擇是難以教導或學習的。事實上，這兩者在本質上是一樣的，只是日常的邏輯思考或道德推理，常常是在前提隱晦不明或資訊不足的情況下進行的，如果我們能養成一個習慣，將日常的問題分析清楚，想清楚判斷所需要的資訊爲何就會發現，課堂上的原則是能夠應用在日常問題的推理或判斷上的。

有學者曾經將一般課堂上的正式推理作業與日常生活所遭遇的推理問題做一個比較（表一），相當有助於釐清這兩種問題的差異（Galoti, 1989），讓我們了解日常道德推理或道德判斷之所以讓人覺得複雜、難以獲得共識之原因。

根據表一的比較，我們可以了解，現實的邏輯判斷或道德抉擇之所以困難，常常是因爲沒有想清楚推論的前提，沒有掌握必要的資訊，或者沒有辦法不考慮個人的利害或人際關係。事實上，只要舉幾個例子來說明，我們應該很快就能了解兩者的差異其實只是形式上的差異，而非本質上的差異。現在請先想想下面的情境：

表一　正式推理作業與日常推理問題的比較

正式推理作業	日常推理問題
所有的前提均很清楚	有些前提是內隱的，有些前提不清楚
解決問題所需要的訊息均很完整	並非能馬上獲得所有必要的訊息
有一個正確的解答	常常有差異性頗大的可能答案
可依循明確的推理原則	鮮有現成的程序來解決問題
問題的本質比較抽象化	問題的本質比較個人化
問題的解決本身就是目的	問題的解決通常是為了達成其他目標

引自Galoti, 1989，頁335

選舉中有人提出：「張三不會講臺語，所以他不認同臺灣。」

張三的確不會講臺語。請問：你要不要接受他們的結論：「張三不認同臺灣」？

有人主張：「有人天生不是讀書的料，讓他們讀書是浪費社會資源。」

學校裡的確有些學生表現很差。請問：你要不要接受他們的主張：「不讓這些學生念書」？

朋友跟你說：「你是我唯一的好朋友，這次考試一定要幫我。」

你的確認爲彼此是好朋友。請問：你要不要接受他的要求，在考試時幫朋友作弊？

老闆跟你說：「公司雇用童工是做善事，你們要幫忙掩飾。」

童工的家境確實很不好，而政府督察員剛好訪談到你。請問：你要不要替公司說謊掩飾？

一、有效論證

表面上這些好像都不是容易馬上有明確答案的問題，但是如果我們將這些例子化爲我們在邏輯課上所學到的三段論證來加以思考，便很容易分辨這些話或這些主張有沒有道理。

所謂三段論證事實上是由三個部分所組成：大前提、小前提和結論，大前提是一般性的原則，小前提是特殊事實，然後根據邏輯法則，從大前提與小前提的連結關係上得到結論。換言之，所有的結論都是由大前提與小前提推論出來的，所有的前提都是支持結論的理由。例如，「只要是生命，都應該被尊重」（大前提），「胚胎是生命」（小前提），「所以胚胎應該被尊重」（結論）。

我們在判斷該不該接受結論時，考慮的自然是：「結論是否爲眞？」要判斷結論是否爲眞，有兩個重要的步驟：一是先確認從大前提、小前提連結到結論的關係是否符合邏輯法則，用學術用語說，就是必須確認這個三段論證是不是一個「有效論證」（valid argument）；其次，要確認大前提、小前提是否爲眞實的論述，用學術用語說，就是必須確認這個論證是否爲「正確論證」（sound argument）。

邏輯法則涵蓋範圍很廣，本章並不打算詳述，但是任何思考的基礎，包括道德思考，仍然是邏輯思考；而我們日常的道德抉擇便是必須從眾多的道德思考中釐出頭緒，做出判斷。因此，我們有必要先花一點篇幅簡單說明一下何謂有效論證、何謂正確論證。

二、有效論證

什麼是有效論證？所謂有效論證就是：能從前提推導出結論的論證。有效論證的前提可能爲眞，也可能爲假；即使前提爲假，只要是從前提導出來的結論，也會是有效論證。無效論證就是無法從前提導出結論的論證，結論儘管爲眞，只要結論不是從前提推導出來，就是無效論證。

以大家所熟悉的「若是人都會死（若P則Q），蘇格拉底是人（P），所以蘇格拉底會死（Q）」的論證形式來說：

（大前提）如果是人，就會死。（若P則Q）

（小前提）蘇格拉底是人。（P）（「前件肯定」）

（結論）所以蘇格拉底會死。（Q）（有效論證）

因爲從前提可以推導出結論，因此是有效論證。以大前提的P爲「前件」，Q爲「後件」，則前件爲眞可導出後件爲眞的推論，因此我們說**「前件肯定」爲有效論證**。

但是，換成「若是人都會死，狗不是人，所以狗不會死」，就不是有效論證，因爲大前提只講人，自然無法推論出不是人的狗究竟會不會死。換句話說，否定前件的論述，無法得到邏輯上確定的結論，因此我們說**「前件否定」爲無效論證**。

（大前提）如果是人，就會死。（若P則Q）
（小前提）狗不是人。（非P）（「前件否定」）
（結論）所以狗不會死。（非Q）（無效論證）

不過，如果是**「後件否定」的論證，就是有效論證**。因爲，在「如果是人，就會死」的前提下，如果有任何東西不會死，那麼邏輯推論上那東西必定不是人。

（大前提）如果是人，就會死。（若P則Q）
（小前提）神仙不會死。（非Q）（「後件否定」）
（結論）所以神仙不是人。（非P）（有效論證）

但是，後件肯定的論證呢？如果有任何東西會死，那麼那東西一定是人嗎？未必。只要是在邏輯上無法得到確定結論的論證都是無效論證，因此，**「後件肯定」是無效論證**，因爲大前提只說人會死，推不出其他動物會死的結論。

（大前提）如果是人，就會死。（若P則Q）
（小前提）狗會死。（Q）（「後件肯定」）
（結論）所以狗是人。（P）（無效論證）

從以上的例子可以看出，有效論證雖然不保證能得到正確道德推理的結論，但卻是正確道德推理之必要條件。許多時候我們只要能判斷出結論的無效性，就不會盲目接受似是而非的結論。例如，如果有人說：「系主任是學術主管，所以不能用投票方式選出，否則就是民主凌駕了學術的考量。」要判斷這句話有沒有道理，我們可以先將其化為三段論式來看：

大前提：如果投票表決（P），就是民主方式（Q）。
小前提：現在要投票表決學術主管系主任人選。（P）
結論：民主凌駕了學術的考量。（？）

在此論證裡，即使有人認為系主任是學術主管，應該考量學術成就，而不是有多少人支持他，但是顯然從前提導出的有效結論應該是：「用民主方式決定了系主任人選」，而不是「民主凌駕了學術」這樣的結論。

下面讓我們用簡單的例子來練習判斷結論的有效性（正確答案在本章附錄）：

有效無效動動腦

大前提：如果是人，就會死。
小前提：神仙不是人。
結論：所以神仙不會死。
選項：⑴有效論證。 ⑵無效論證。 ⑶無法判定。

大前提：如果是神仙，就會死。
小前提：壽星是神仙。
結論：所以壽星會死。
選項：⑴有效論證。 ⑵無效論證。 ⑶無法判定。

大前提：如果是人，就會死。
小前提：神仙不會死。
結論：所以神仙不是人。
選項：(1)有效論證。 (2)無效論證。 (3)無法判定。

大前提：如果是神仙，就會死。
小前提：狗不是神仙。
結論：所以狗不會死。
選項：(1)有效論證。 (2)無效論證。 (3)無法判定。

三、正確論證

判斷上述論證的結論有效無效時，前提可以為眞，也可以為假，端看結論是否是從前提推導出來的。簡而言之，所謂有效論證就是，在「接受前提的情況下，『沒有道理』不接受結論」的論證。但是，如果前提是我們無法接受的說法呢？例如，

（大前提）如果是女性，就會穿裙子。（若P則Q）
（小前提）小菲不穿裙子。（非Q）（「後件否定」）
（結論）所以小菲不是女性。（非P）（有效論證）

顯然，如果我們接受「是女性，就會穿裙子」的前提，我們就「沒有道理」不接受「小菲不是女性」的結論，因為這是邏輯上的有效論證。然而，即使這是有效論證，我們卻無法接受這樣的結論，因此，這樣的結論便成為「邏輯上有效但並不正確的結論」。說到這裡，讀者必須了解，合乎邏輯的，未必合乎事實，因為邏輯思考的前提可以為假，而仍然是有效論證。有效論證未必是正確論證，而正確論證卻一定是有效論證，因為正確論證需要兩個條件：(1)有效論證、(2)前提為眞。更淺白地說，正確論證有兩個條件：(1)從前提導出結論需要遵守邏輯法則、(2)前提所敘述的內容

合乎事實或一般信念。因此，在日常生活的判斷上，我們就必須留意前提是否合乎事實或一般信念了。

以前面所述例子而言：「張三不會講臺語，所以他不認同臺灣。」這句話有一個大陷阱，那就是結論是建立在接受「如果認同臺灣（P），就會講臺語（Q）」這個大前提下才會成立。換句話說，除非接受「如果認同臺灣（P），就會講臺語（Q）」的前提下，因爲現實情況是「非Q」（「張三不會說臺語」），才會得到「非P」（「張三不認同臺灣」）的結論。這句話可以化爲以下的三段論證：

（大前提）如果認同臺灣，就會講臺語。（若P則Q）
（小前提）張三不會講臺語。（非Q）（「後件否定」）

（結論）所以張三不認同臺灣。（非P）（有效論證）

這句話的大前提因爲說話者認爲那是理所當然的預設前提，所以通常隱晦不表，直接從小前提切入，訴諸結論。根據邏輯法則，前述論證的結論基本上是可以從前提推導出來的後件否定條件句，是一個有效論證，如果我們認定大前提爲眞，那麼這句話的結論便爲眞，是可以接受的。但關鍵是，大前提是否爲眞？是否爲事實？便關乎這是否是一個正確論證的判斷，也關乎我們要不要接受結論的判斷了。

我們同樣用幾個例子來練習一下如何判定論證是否正確（正確答案在本章附錄）：

動動腦，是正確論證嗎？
大前提：如果是臺灣人，就會講臺語。
小前提：張大名是臺灣人。

結論：所以張大名會講臺語。
選項：(1)無效論證。 (2)有效但不正確。 (3)正確論證。

大前提：如果是臺灣人，就會講臺語。
小前提：張大名會講臺語。

結論：所以張大名是臺灣人。

選項：(1)無效論證。 (2)有效但不正確。 (3)正確論證。

大前提：如果你愛我，就要跟我發生親密關係。
小前提：你愛我。

結論：所以你要跟我發生親密關係。

選項：(1)無效論證。 (2)有效但不正確。 (3)正確論證。

大前提：如果愛臺灣，就會去服兵役。
小前提：張大名沒有服兵役。

結論：所以張大名不愛臺灣。

選項：(1)無效論證。 (2)有效但不正確。 (3)正確論證。

邏輯思考事實上只是一個簡單的幫助我們不會陷入各種主觀偏誤或思考盲點的思考原則。在《聰明人為什麼幹笨事？》一書裡，作者舉了許多例子來讓讀者明瞭，大部分的人事實上都是透過經驗所形成的特定的過濾鏡片來看世界，也因此會讓我們錯誤地解讀世界，產生思考上的盲點（Van Hecke, 2007）。下面是心理學家Wason與同事的系列研究中所採用的有趣例子：

日常生活的邏輯思考

案例一　警長的考題

傑克是一位沒沒無名的警察，他的工作內容不是指揮交通，就是幫助市民拯救逃家的鸚鵡。如此一成不變的生活，傑克已經不想再過下去了。有一天，傑克在警局的布告欄上看見警察總部貼出的警長甄選訊息，他欣喜若狂地夢想著自己一旦能甄選上警長，就能脫離目前無趣的生活，因此馬上就遞出了警長申請表格。幾天後，傑克得知申請人需要通過一項性向測驗，以了解申請人是否有能力勝任警長一職。

在考試當天，傑克進入考場後，主考官在他面前展開四張卡片，每張卡片都有兩面：一面是圖形，另一面則是顏色。這些卡片的設計有一個統一的規則：

「如果卡片的一面是圓形，那麼此卡片的另一面一定是黃色。」

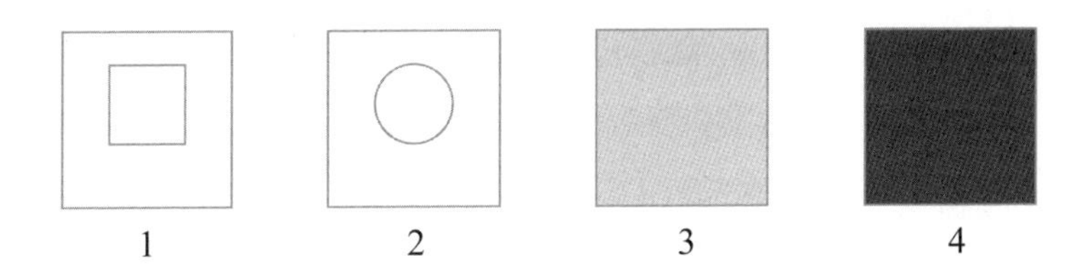

主考官問傑克：

如何能在翻動最少卡片數的情況下，確認上面的規則是對的？

選項：(1) 2　(2) 2與3　(3) 1與3　(4) 2與4

接下來，主考官在他面前展開另外四張卡片，每張卡片都有兩面：一面是數字，代表年齡，另一面則是飲料名稱。這些卡片的設計要符合一個統一的規則：

「如果年齡在十八歲以下，就不可以喝酒精飲料。」

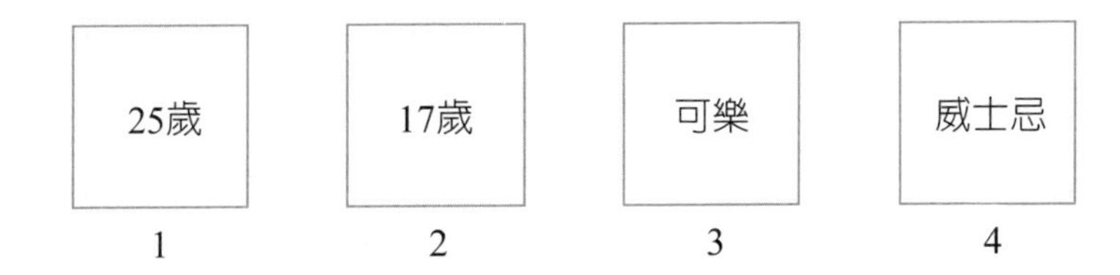

主考官問傑克：

如何能在翻動最少卡片數的情況下，確認卡片符合上面的規則？

選項：(1) 2　(2) 2與3　(3) 1與3　(4) 2與4

首先，以第一階段考題來看，「若P（卡片的一面是圓形）則Q（此卡片的另一面一定是黃色）」，那麼，

1號卡片爲正方形，是「非P」，所以是前件否定，是無效論證形式，則另一面爲Q或非Q都不會違反規則，因此不必確認。

2號卡片爲圓形，是「P」，所以是前件肯定，則另一面一定得爲Q，才不會違反規則，因此必須確認。

3號卡片爲黃色，是「Q」，所以是後件肯定，是無效論證形式，則另一面無論爲P或非P都不會違反規則，因此不必確認。

4號卡片爲紅色，是「非Q」，則另一面一定得爲非P才不會違反規則，因此必須確認。

因此，正答是「2（圓形）與4（紅色）」。美國實驗結果顯示，在第一階段的卡片選擇中，大部分的學生會都會選擇2（圓形），有相當部分的學生會選擇2（圓形）與3（黃色），但是會選擇4（紅色）的不到一成（Wason, 1966）。但是，在第二階段的卡片選擇中，大部分的學生都能夠正確選擇2（17歲）與4（威士忌）（Wason & Johnson-Laird, 1972）。這兩個問題基本上是相同的邏輯問題，爲什麼一般人在兩個問題上的答對率會如此不同？

Peter Wason原先認爲這是一種思考上的確認偏誤（confirmation bias），意思是說，這是一種傾向於尋找能確認要檢驗的命題之偏差反應，因爲翻閱2與3，只能用以確認「如果卡片的一面是圓形，那麼此卡片的另一面一定是黃色」這個命題，而不能用來否證它（只有翻閱4才能）。然而，後來的研究顯示，造成受試者錯誤反應的其實是思考上的相稱謬誤（matching bias），意思是說，受試者不是依據演繹邏輯做反應，而是看哪些卡片與要檢驗的命題內容相稱，由於「如果卡片的一面是圓形，那麼此卡片的另一面一定是黃色」這個命題的內容包括「圓形」與「黃色」，於是受試者就去翻閱與這兩者相稱的圓形與黃色。

然而，第二階段的卡片選擇作業，則是反映了日常經驗中的自然判斷：看到稚氣未脫的人（卡片2）買酒，我們會去確認他／她的年齡；反

之，看到顯然是成年人的人（卡片1）買酒，我們通常不會特別去檢查證件。同樣地，任何人買可樂（卡片3），我們都不會特別注意他的年齡，但是有人買酒（卡片4），我們就會注意一下他／她是否成年了。因此，美國的實驗結果顯示，儘管這個第二階段的考題與第一階段的考題在性質上是相同的，基於經驗的判斷卻導致我們在兩個問題上的答對率截然不同。這類實驗結果顯示，人類的邏輯判斷似乎並不永遠遵循邏輯法則；經驗有時候會幫助我們做正確的判斷，有時候卻會誤導我們接受錯誤的結論。綜合過去這方面推理思考的研究，顯示人類的邏輯推理能力並不如我們所預期的好，在思考上甚至常出現以下的偏誤（bias）：

1. 人類的推理過程常常違反某些邏輯法則。
2. 在某些情況下，多數人沒有能力正確地評估邏輯推論的有效性。
3. 在完全抽象的論證中，多數人表現出十分貧乏的邏輯推理能力。
4. 多數人對於自己的推理判斷能力常有過度的自信。

因此，知道我們在思考上的偏向，對於邏輯思考的有意識地加強與練習，似乎是我們做出較正確、較合理的道德思考判斷之先決條件。

給教師的小叮嚀

1. 注意同學對於邏輯法則先備知識之個別差異。
2. 注意同學對於邏輯法則的掌握，給予適當的增強。
3. 可請同學收集道德思考與邏輯思考的案例。
4. 提醒同學注意電視與大眾媒體違反邏輯的簡單洗腦，當心似是而非的思考邏輯陷阱。

附錄

有效無效動動腦

大前提：如果是人，就會死。
小前提：神仙不是人。
結論：所以神仙不會死。
這是「前件否定」，所以是無效論證。

大前提：如果是神仙，就會死。
小前提：壽星是神仙。
結論：所以壽星會死。
這是「前件肯定」，所以是有效論證。

大前提：如果是人，就會死。
小前提：神仙不會死。
結論：所以神仙不是人。
這是「後件否定」，所以是有效論證。

大前提：如果是神仙，就會死。
小前提：狗不是神仙。
結論：所以狗不會死。
這是「前件否定」，所以是無效論證。

動動腦，是正確論證嗎？

大前提：如果是臺灣人，就會講臺語。
小前提：張大名是臺灣人。
結論：所以張大名會講臺語。
這是「前件肯定」，所以是有效論證。
前提並不為真，所以不是正確論證。

大前提：如果是臺灣人，就會講臺語。
小前提：張大名會講臺語。

結論：所以張大名是臺灣人。
這是「後件肯定」，所以是無效論證。

大前提：如果你愛我，就要跟我發生親密關係。
小前提：你愛我。

結論：所以你要跟我發生親密關係。
這是「前件肯定」，所以是有效論證。
前提並不為真，所以不是正確論證。

大前提：如果愛臺灣，就會去服兵役。
小前提：張大名沒有服兵役。

結論：所以張大名不愛臺灣。
這是「後件否定」，所以是有效論證。
前提並不為真，所以不是正確論證。

延伸閱讀

Bernard Patten著，黃煜文譯（2010），《是邏輯，還是鬼扯？》（*Truth, Knowledge, or Just Plain Bull: How to Tell the Difference?*）臺北：商周出版社。（初版十三刷）。

Julian Baggini & Jeremy Stangroom著，陳信宏譯（2010），《你以為你以為的就是你以為的嗎？》（*Do You Think What You Think You Think?*）臺北：麥田出版社。（初版七刷）。

Galotti, K. M. (1989). Approaches to Studying Formal and Everyday Reasoning. *Psychological Bulletin, 105*, 331-351.

Van Hecke, M. L., (2007). *Blind Spots: Why Smart People Do Dumb Things*. New York: Prometheus Books.（《盲點——聰明人為什麼幹笨事？》，黃怡雪譯，2010。臺北：大寫出版社）。

Rachels, J. (Sixth Edition by Rachels, S.) (2010). *The Elements of Moral Philosophy*. Boston: McGraw Hill.

Wason, P. C. (1966). Reasoning. In M. Foss (Ed.), *New Horizons in Psychology*, Vol. 1. Harmondswrth: Penguin.

Wason, P. C., & Johnson-Laird, P. N. (1972). *Psychology of Reasoning: Structure and Content*. Cambridge, MA: Harvard University Press.

楊照（2010），《如何作一個正直的人2──面對未來的五十個關鍵字》。臺北：本事文化。

第二章

道德思考與邏輯原則

我們知道，任何道德議題都必須依賴一個無論是何種主張、何種觀點的人都能共同接受的邏輯規則作爲論證基礎。理由很簡單，如果有任何人告訴你，你「應該」做什麼……做什麼，你自然會問「爲什麼」你應該這樣做，如果對方給不出合理的理由，正常的反應是，你會拒絕這樣做，因爲對方的要求「沒有道理」。

因此，道德判斷與個人偏好、品味不同，如果一個人說：「我喜歡茉莉的香味」，他並不需要說明理由，因爲這只是關於個人的事實陳述，只要這個陳述正確地表達了一個人的感覺偏好，這句話必然爲眞。反過來說，如果一個人說某件事「在道德上是錯的」，那麼他就需要說明理由，如果他的理由是合理的，那麼其他人應該共同譴責這件事；同樣的道理，如果他說不出好理由，那麼他的說法便只是個人意見，不值得我們特別加以注意。

當然，並不是所有說得出來的理由都是好理由，其中有正確的論證，也會有不正確的論證，所謂道德思考能力就是要能分辨正確的論證與不正確的論證。但是，要如何分辨？如何評估論證的好壞？顯然，評估論證的有效、無效也許是比較容易的，判斷前提是否爲眞就比較困難。然而，更關鍵的問題也許是，我們在做判斷時，常常忘了檢視我們據以做判斷的前提是什麼？

我們以著名心理學家Tversky與Kahnemann所用的實驗材料來說明：

案例一　計程車問題

有一部計程車在深夜撞了路人之後逃逸。當地有兩家計程車行：綠色計程車行與藍色計程車行。**目擊者說肇事的計程車是藍色計程車**。根據測試結果，我們知道目擊者有80%的機率正確地指認出計程車的顏色，我們也知道當地的計程車中，有85%是綠色計程車，另外的15%是藍色計程車。

請問肇事車輛確如目擊證人所說，是藍色計程車的機率為多少？（假設目據證人是很誠實的）

選項：

(1) 12%　(2) 80%　(3) 29%　(4) 41%

邏輯上，總共只有下列四種可能的情況：

1. 綠色計程車肇事，證人正確指認（80%的機率）
2. 綠色計程車肇事，證人錯誤指認（20%的機率）
3. 藍色計程車肇事，證人正確指認（80%的機率）
4. 藍色計程車肇事，證人錯誤指認（20%的機率）

根據測試結果，我們可以得到下列的數據：

證人指認肇事車輛	實際可能肇事車輛	
	綠色計程車	藍色計程車
	85	15
綠色計程車	85 * 80% = 68	15 * 20% = 3
藍色計程車	85 * 20% = 17	15 * 80% = 12

從表上可以清楚知道，在一百件肇事案件中，證人指認藍色計程車爲肇事車輛的案件會有二十九件(17 + 12) ([0.8×0.15] + [0.2×0.85] = 0.29)，然而其中只有十二件（0.8×0.15 = 0.12）是眞正藍色計程車肇事。因此，肇事案件是藍色計程車的機率是12 / 29，是41%。

大多數人知道這答案都會大吃一驚，因爲大部分人都會認爲既然證人的正確率是80%，那麼藍色計程車犯案的機率自然是80%，但是他們忽略了證人有可能誤認綠色計程車爲藍色計程車的機會。爲什麼我們會忽略綠色計程車被誤認爲藍色計程車的機率？我們可以這樣看，現在有一個大前提：「如果藍色計程車肇事（P），那麼目擊證人指認藍色計程車的機率是80%（Q）」。同時，由於我們思考的問題是「肇事車輛是藍色計程車的機率」，於是我們很直覺地將小前提訂為「證人指認藍色計程車肇事」，於是會得到錯誤的結論。換句話說，思考的主要盲點在於小前提並不為真！

這樣的思考盲點在日常對話中也常常出現，例如，有許多政治人物喜歡發誓：

大前提：如果我有罪，我就會出車禍。
小前提：我沒有出車禍。
———
結論：所以我無罪。

這個論證因為是後件否定，是有效論證，所以許多人也視它為正確論證，並不質疑發誓的有效性。很少人會注意到，此論證的大前提顯然並不為真，因為沒有任何證據支持「如果有罪，就會出車禍」這樣的因果關係，因此，這個論證即使是有效論證，也不是正確的論證。再以男女朋友之間常常會出現的對話為例：

大前提：如果你愛我，你就會順從我。
小前提：你愛我。
———
結論：所以你應該順從我。

這個論證是前件肯定的有效論證，但是並非正確論證。這個論證的盲點同樣出在大前提並不為真。通常，如果結論違反常理或違反自己的經驗，很容易讓我們會回頭檢視前提是否為真，但是如果結論符合我們自己的信念時，我們就不大容易發現前提並不為真的事實，而接受錯誤的結論。例如，有朋友要求你幫忙作弊，你想拒絕，但是他說：

（大前提）如果你是我的朋友，你就會幫我。
（小前提）現在你不幫我。

（結論）所以你不是我的朋友。

這樣的論點，從邏輯形式來看，是後件否定的有效論證，但是問題出在大前提並不爲眞，因爲朋友互相幫忙並非無條件的絕對道德原則，更何況作弊的結果可能是害了朋友，而不是幫了朋友。因此，在道德抉擇上就不應該接受這樣的結論。

一般而言，許多我們習而不察的道德信念常常成爲我們進行道德判斷時的大前提，例如，「如果以人爲手段，就是不道德」；「如果殺人，就是不道德」；「如果是效益最大的行爲，就是道德的行爲」；「如果是人，生命都是等值的」等等，通常，每一種情境、案例或議題，都會牽涉到個人許多不同的道德信念，因此，道德思考的核心就是對這些作爲大前提的道德信念加以檢視、加以澄清，以了解在特定的情境下，這些道德信念是否爲眞。

請試試看對於下面的命題，你／妳會做何種判斷。

如果救人是道德。
救朋友比救陌生人更道德。
選項：(1)是。 (2)不是。 (3)不一定。

救父母比救朋友更道德。
選項：(1)是。 (2)不是。 (3)不一定。

救一人比救十人更道德。
選項：(1)是。 (2)不是。 (3)不一定。

讀者應該很容易發現，道德論證的好壞不容易區辨，也沒有簡便的方法可供應用。論證在任何時候都可能出錯，因此我們必須了解道德思考中邏輯論證可能有的思考陷阱與後遺症。事實上，這並不是道德思考獨特的現象，在任何領域，對固定思考的挑戰永遠是批判性思考，道德思考也不例外。

在檢視作爲前提的命題是否爲眞時，我們必須了解人在思考上有確認偏誤、喜歡使用捷思法，因此對於前提是否爲眞的判斷容易犯錯，就像前面計程車的問題一般。

我們再以Tversky與Kahnemann的實驗來試試自己的判斷能力：

案例二　猜猜瑪莉的職業

瑪莉是一位聰明、坦率的三十二歲未婚女性，並且擁有社會學學位。在大學時代，她活躍於校園內的政治活動，尤其關心種族歧視與貧窮的社會問題。除此之外，瑪莉也主張動物權、墮胎合法化、反全球化以及參加反核大遊行。目前她認真投入諸如能源再生、氣候變遷等環境議題。

以下列出描述瑪莉的四個句子，請就上述對瑪莉的描述，以1-5判斷這些句子正確與否。1代表非常不可能正確，5代表非常有可能是對的。

1. 瑪莉是一位精神科社工人員。
2. 瑪莉是一位銀行行員。
3. 瑪莉是一位保險業務員。
4. 瑪莉是一位提倡女性主義的銀行行員。

問題：**在評定完上述四個句子的正確可能性後，請問哪一個句子對瑪莉的描述最有可能是正確的呢**？

選項：(1) 1　(2) 2　(3) 3　(4) 4

根據**機率原則**，瑪莉是「銀行行員」的機率不會小於她是「提倡女性主義的銀行行員」的機率。因此，如果受試者的思考方式符合機率原則，他們就會選銀行行員。然而，實驗結果顯示，不論受試者有沒有修過基礎統計學，乃至於修過進階課程，有85-90%的人，在排序上違反了上述的機率法則。換句話說，受試者並未以合於機率法則的方式思考。

顯然，由於瑪莉的個性看來很像典型的女性主義者——關心公平正義、勇於表達等等，因此她比較像「在銀行工作的女性主義者」，比較不像小心謹慎、按規矩辦事的「典型銀行行員」。準此而論，假如受試者根據「瑪莉看來像哪類人」去做反應，他自然會覺得，瑪莉是「提倡女性主義的銀行行員」的可能性高於她是「銀行行員」的可能性。這正是運用代表性捷思法（representativeness heuristic）的具體表現。

舉另一個例子來說，假如你在美國某地遠遠看到一個身高約一百七十公分、深色頭髮的人，走進一家日本人開的商店，你會認定你看到的不是西洋人，而是一個東方人，因為他的身體特徵（身高、頭髮顏色）與行為特徵（走進日本人開的商店），都像是個典型的（具有代表性的）東方人，而認定他是東方人。

捷思法只是一種權宜性的簡便方法。通常，使用捷思法的結果可以說是「雖不中亦不遠矣」。這樣的方法可以讓我們以略微犧牲精確性的代價，換得思考上的效率，大大提高心智工作的成本效益。然而，在某些情況下，捷思法卻可能造成判斷上的錯誤，例如，因為最近才看到幾件車禍的電視報導，便認為發生車禍的頻率遠高於心臟病的發生，或將一個較矮小、黑髮的白種人看成黃種人等。

由於人們的思考並不通常遵循邏輯法則，又常受到經驗直覺、思考偏誤，以及捷思法的影響，思考上常常出現盲點，甚至會出現後果嚴重的錯誤判斷！下面是一個標準的案例：

案例三　靠運動彩發財？

阿土是棒球迷，職棒比賽他幾乎每場都會準時收看。有一天他收到署名**職棒結果預測股份有限公司**的電子郵件，裡面只寫了一行字：

10月12日，中信兄弟隊會贏。

阿土認定這封信一定是這家公司的宣傳手法，憑機率預測，並不以為意。然而，10月12日阿土準時收看比賽，結果兄弟隊果然贏了。過了一個星期，阿土又收到另一封預測統一獅隊會贏球的信，而統一獅的確也在那週贏球了。連續五週阿土收到的信都準確預知比賽結果，第五週的信上還寫著：「**若要收到下次比賽的預測結果，請使用信用卡網路付款八千元。**」

阿土心想，它的預測那麼精準，一定是有內部消息，我用它的預測去買運動彩券，那不就能發大財？於是馬上上網付了八千元，也如期收到了第六週的預測結果，並且根據預測買了運動彩券。結果，第六週真的如預測公司所言，阿土的彩券果然中獎。阿土很興奮，馬上又付錢給預測公司，並加碼買了第七週的彩券。沒料到，第七週的預測竟然錯誤，害阿土損失了不少金錢。阿土覺得很奇怪，想了又想，終於恍然大悟，發現自己因為一時的貪念被預測公司玩弄了。

請問阿土是想到了什麼，而發現自己被玩弄了呢？

選項：

(1) 預測公司依賴運氣，不依賴機率。

(2) 預測公司收了錢就不會告訴他預測結果。

(3) 預測公司的預測之所以正確是每次預測都是獨立事件，因此連續預測正確的機率並非千分之二，而是二分之一。

(4) 預測公司的預測之所以正確是操弄收信者樣本來的。

事實眞相是：職棒預測公司購買數以百萬計的電子郵送地址，寄送第一封信件時，一半的收信者收到預測兄弟隊會贏的信件，另一半的收信者收到預測對手會贏的信件。換句話說，無論結果如何，都有至少五十萬人收到預測正確的信件。然後預測公司針對收到預測正確信的人繼續寄送第二封信件，同樣是一半的人收到預測統一獅會贏的信件，一半收到預測對手會贏的信件。如此繼續下去，儘管收到錯誤預測結果的人遠比收到預測結果正確的人多很多，總會有一些人永遠都收到預測正確的信件（連續五次收到正確預測結果的便至少有三萬多人），只要他們在收信過程中像阿土一樣心動，匯款過去，預測公司便花小錢賺大錢了。

根據Tversky等人的實驗研究，一般人即使沒有受過統計學訓練，依然有能力做出合乎統計原則的歸納推理，特別是當推理的人能注意到「取樣的範圍與方式」、「隨機因素的影響」等等時，其歸納推理方式便十分可能包含了統計原理的基本精神。然而，統計學及其基礎理論「機率論」畢竟是歷經數百年才發展成熟的學問，要說一般人都能依據統計學原理，用有系統的思考方式去進行歸納推理，確實是件難以想像的事。因此，一般人多半是依賴一些直覺式的推理，雖然此種推理方式往往簡便、有效率，卻也可能犯下推理上的錯誤，就像阿土所犯的思考偏誤，被稱為「對樣本量的不敏感性」（insensitivity to sample size）。意思是說，人們在推理類似的事件時，並未將樣本大小列入考慮。當然，從另一個角度來看運動彩，只要所有彩券都賣光了，就一定有人中獎。在這種情況下，「運動彩券」的中獎事件則成為「非機率事件」，而非「機率事件」。換句話說，阿土的思考盲點一方面在於對樣本量的不敏感，一方面在於將非機率事件視為機率事件。

道德思考或道德抉擇所涉及的影響層面、考慮因素常常十分複雜，如果我們能先認識自己思考的清晰度，了解人類思考上的偏誤與盲點，並經常鍛鍊自己的邏輯思考能力，那麼我們因為做錯判斷而後悔的機會便會減少很多！

參考資料

Tversky, A. (1972). Elimination by Aspects: A Theory of Choice. *Psychological Review.* 79, 281-299.

Tversky, A., & Kahnman, D. (1973). Availability: A Heuristic for Judging Frequency and Probability. *Cognitive Psychology,* 5, 207-232.

Tversky, A., & Kahneman, D. (1974). Judgment Under Uncertainty: Heuristics and Biases. *Science,* 185, 1124-1131.

Tversky, A., & Kahneman, D. (1982a). Evidential Impact of Base Rates. In D. D. Kahneman, P. Slovic, & A. Tversky (Eds.), *Judgment Under Uncertainty: Heuristics and Biases*. Cambridge, UK: Cambridge University Press.

Tversky, A., & Kahneman, D. (1982b). Judgments of and by Representativeness. In D. D. Kahneman, P. Slovic, & A. Tversky (Eds.), *Judgment Under Uncertainty: Heuristics and Biases*. Cambridge, UK: Cambridge University Press.

第三章

道德抉擇的本質
原則與結果

一般而言，道德思考通常並非假想性的議題，因此其前提必須爲眞，才能保證結論爲眞。也就是說，道德思考除了推論要符合邏輯原則之外，還必須有眞假判斷，只有確定道德推論的前提爲眞時，我們才能放心地接受這個道德推理的結論。根據此一論述，讀者應該已經了解，道德判斷有兩個重點：⑴首先，必須衡量道德推理的有效無效，也就是必須檢視道德判斷的推論過程是否合乎邏輯法則；⑵若推論合乎邏輯，則接著必須衡量作爲道德推理的前提之道德原則是否爲眞、作爲道德推論的基本假設是否爲眞。以邏輯的術語來說，道德思考不僅必須是有效論證，而且必須是前提爲眞的正確論證，我們才能夠放心接受作爲行爲的準則。

然而，實際的道德抉擇除了考慮是否合乎邏輯、前提是否爲眞之外，還有現實的行爲結果必須考量。例如，即使道德思考上確立了誠實的道德原則（「如果說謊，就是不道德的。」），如果實踐誠實原則的結果是：朋友會被恐怖分子抓走，那麼究竟是要遵行道德原則讓朋友被抓走？還是以朋友的安危爲重，寧可違反道德原則？這個道德抉擇就會顯得特別困難了。顯然，在做道德抉擇時，除了必須考慮行爲的原則依據之外，還必須衡量行爲選擇的結果。據此，我們可能必須說，道德抉擇通常除了必須考慮行爲的理由是不是建立在正確論證的基礎上之外，還必須考慮行爲結果對所有關係人會造成何種影響。

一般而言，行爲結果的最基本考量自然是：行爲結果會帶來正向影響還是負向影響？換句話說，就是「利」與「害」的權衡。其次是，會受到正向影響的人是哪些人？影響的程度有多大；會受到負向影響的人是哪些人？影響的程度有多大。然而，由於行爲結果多半發生行爲抉擇之後，也就是發生於未來，因此我們對於結果的估量通常還必須包含對於發生機率的計算，以及以機率計算爲基礎的期望値之估算，這當然也使得我們對於行爲結果的利害計算變得十分複雜而難以掌握。

顯然，從邏輯法則、道德原則，一直到行爲結果，這些都是我們在做眞實的道德抉擇時，必須思考、必須考慮的面向。因此，我們認爲在面臨道德抉擇時，可以圖3-1作爲基本思考架構，幫助我們在面臨道德判斷、道德抉擇時，釐清問題、做出決策。

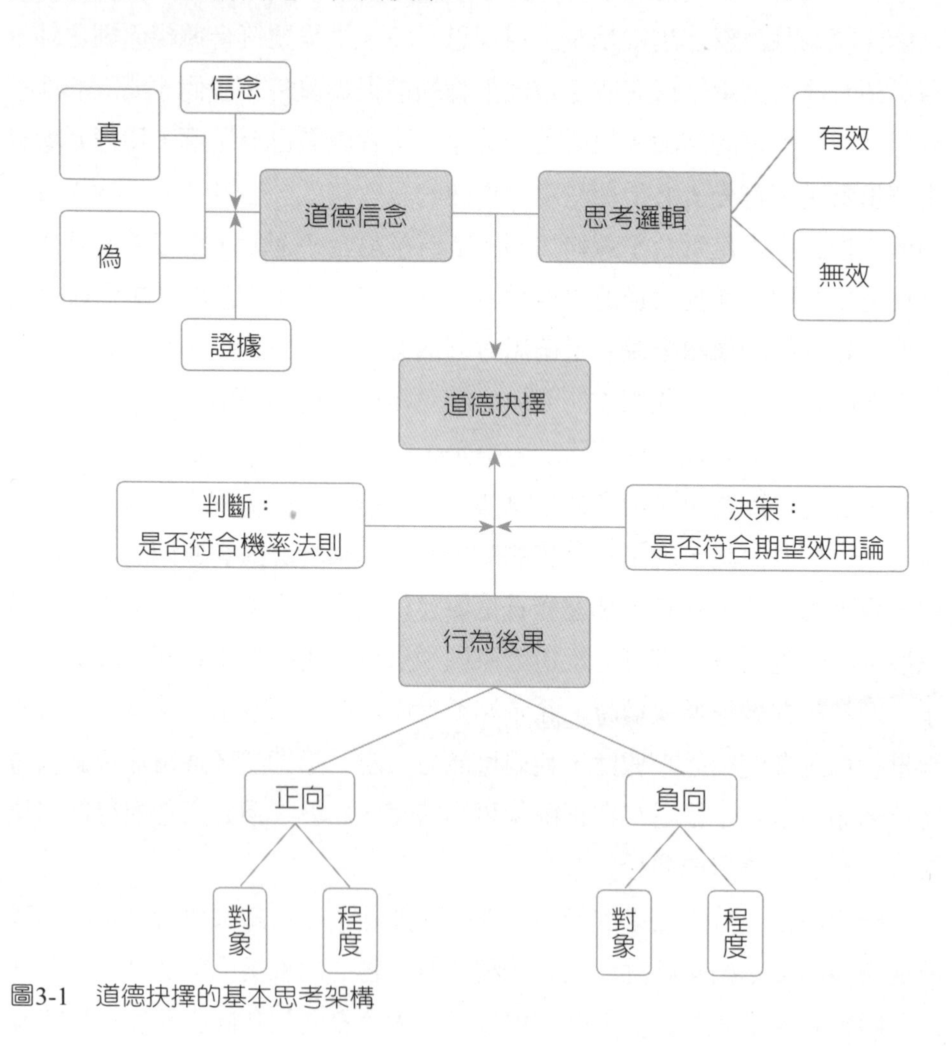

圖3-1　道德抉擇的基本思考架構

舉一個實例來說明如何用這一個道德思考架構來幫助我們思考：2011年2月22日《天下雜誌》刊登了一篇報導文章：〈少子化原兇：企業濫用責任制〉，該文引述一位教授的說法：

「臺灣人工時這麼長，誰有時間養育小孩，跟日本一樣，生育率驟降絕對與工時有關。」

首先，我們可以把這句話化成下列邏輯形式，以便檢視這種說法的邏輯合理性：

（大前提）如果工時長（P），生育率就會降低（Q）。
（小前提）現在臺灣生育率低（Q）。
（結論）所以臺灣工時太長（P）。

說這句話的人的邏輯顯然是：因爲企業濫用責任制，以致員工工時太長，從而企業要爲臺灣的少子化負責任。由於大前提：「如果工時長（P），生育率就會降低（Q）」是講此話的人之基本假設，因此我們可以先檢視：如果這假設是對的，推理合不合邏輯？「若P則Q，Q⇒P」爲**後件肯定**邏輯推論，顯然是無效論證，這是一個單純用思考邏輯便能清楚辨識各種說法有效性的具體例子。

下面我們再用一個Rachels書上所舉（Rachels, 2010），歷史上發生過的故事，來看這樣的道德思考架構，如何作爲道德判斷的分析架構：

案例一　Baby Theresa

Theresa Ann Campo Pearson於1992年出生於美國佛羅里達州，她一出生就被判定為無腦症（anencephaly）。所謂無腦症是缺了大腦與小腦，卻還有腦幹維持自主神經系統，因此，這小嬰兒還能呼吸，也有心跳。由於無腦症能早期發現，因此大部分無腦症胎兒的父母都會選擇以人工流產方式處理。即使不做人工流產，無腦症胎兒出生時有一半的機會是死產。但是，即使如此，在美國，每年仍然有大約三百五十位無腦兒出生，而他們通常也會在幾天內自然死亡。Theresa的父母知道他們的嬰兒將在幾天內死亡，而且沒有意識，因此，做了一個非比尋常的決定。他們決定將Theresa的腎臟、肝臟、心臟、眼角膜等捐出來，給其他生病的嬰兒做器官移植。醫師也同意了這項要求，因為他們知道有許多的嬰兒正在等待器官做移植手術。但是，佛羅里達州的法律禁止活體移植，問題是，如果等Theresa自然死亡後再移植，因為器官已經衰竭壞死，就無法使用了。於是，Theresa的父母決定向佛羅里達州政府申請特准這項活體移植手術。

你認為佛羅里達州政府是否該特准這項活體移植手術的進行？

選項：

(1) 應該，因爲爲了造福更多的人，可以犧牲少數人。

(2) 不應該，因爲我們不可以任何理由殺人。

(3) 不應該，因爲我們不能利用人作爲達成任何目的之手段。

如果逐一來檢視這些可能作爲道德抉擇的理由，便會發現所有這些理由都可以化爲邏輯推論，也會發現，這些理由不是基於道德原則的信念，便是基於行爲結果所帶來的利與害之考量：

一、「為了造福更多的人，可以犧牲少數人」

此論點的思考邏輯以圖3-1來說明的話，主要是以「行爲後果」所帶來的利與害作爲考量的基礎。此論點可化爲以下的三段論句：

（大前提）如果可以造福多數人，則應該犧牲少數人。
（小前提）進行Theresa的活體移植手術可以造福許多嬰兒。
（結論）應該犧牲Theresa，進行活體移植手術。

要看這結論是否爲眞，首先，我們必須先看這結論是否合乎邏輯，也就是說必須先檢視此論證是否爲有效論證。大前提「若P（如果可以造福多數人）則Q（則應該犧牲少數人）」，小前提P（進行Theresa的活體移植手術可以造福許多嬰兒），於是得到Q（應該犧牲Theresa，進行活體移植手術）的結論。顯然，此爲前件肯定的條件句形式，因此是有效論證。

但是，緊接著，我們必須檢視大小前提是否爲眞，才能確定結論是否爲眞。大前提是效益主義的道德原則：「只要行爲結果帶來的利益大於不行爲所帶來的利益」，就是道德的行爲，因此可以視爲信念而接受其爲眞。但是問題是，反映行爲結果的小前提：「進行Theresa的活體移植手術可以造福許多嬰兒」是否爲眞？顯然，要確定這個小前提爲眞，對於手術結果的掌握至少還必須考慮下面兩種狀況：

1. **移植手術成功的機率**。因爲除非手術成功，Theresa才有機會造福其他嬰兒，但是所有的手術都有風險，何況是移植手術。
2. **手術成功是不是一定代表造福其他嬰兒**？或許是，或許不是，因爲其他嬰兒與Theresa 一樣，沒有能力爲自己做決定或表達意願。他們可能也是身體狀況很差的嬰兒，藉著器官移植存活下來之後的人生是否帶來嬰兒他自己或家人的幸福，也是很難預測的。

此一論證的小前提是對於行爲結果可能帶來的利與害之權衡與推論。但是，任何行爲的利益永遠包含了從社會到個人、從實質到心理層面、從期望值到實際效果的不同考慮，許多結果無法量化，影響層面也難以衡量。以Theresa的例子來說，就連我們認爲會帶來正向的結果也有上述無法預測與掌握的層面，會帶來負面結果的考慮是否就更需要仔細斟酌？例如，雖然Theresa沒有意識，在幾天後就會死亡，但是手術會不會造成她的痛苦？Theresa如果能多活幾天，是否一定沒有奇蹟或變化出現？

因此，如果要從行爲後果來考量何種行爲是對的行爲，結果的發生機率、結果的期望值、結果的影響對象，自然都是必須審慎考量的因素。

二、「我們不可以任何理由殺人」

這個理由與上個理由不同的地方是，它不是從權衡行爲後果的利害角度出發，而是基於「**殺人是不道德的**」的基本信念。同樣地，此論點也可以化爲以下的三段論證：

（大前提）如果殺人，就是不道德的。
（小前提）進行活體移植手術會殺死Theresa。
（結論）進行Theresa的活體移植手術是不道德的。

如果以圖3-1來說明的話，我們可以先檢驗此論證的邏輯性，顯然，這個論證也是前件肯定（若P則Q，P⇒Q），因此是有效論證，邏輯上是站得住腳的論證。接下來，我們必須繼續檢視前提是否爲眞，才能確定要不要接受以此前提所導出的結論。這裡的大前提「如果殺人，就是不道德的」，是道德原則，它可能是個人或團體的信念（例如，「人類是上帝所創造的」），也可能是證據支持的想法（例如，「人類是從動物演化來的」），信念與證據都必須經過檢驗才能判定眞僞。

如果我們相信任何情況下都不能殺人，那麼不可殺人便是絕對道德，相信並接受此道德原則的人，很自然地只能選擇拒絕當兵、拒絕死刑、拒絕安樂死、拒絕墮胎。在此信念下，如果我們清楚知道動手術的結果就是Theresa會死亡（小前提），那麼，在大前提小前提都爲眞的情況下，道德抉擇自然就很清楚：「不應該進行手術」。然而，「不可殺人」的大前提究竟是絕對性的道德原則，還是允許有例外的道德原則？

首先，如果我們認爲「不可殺人」是絕對道德，就會遇到一個基本問題：什麼是絕對道德？是誰規定的道德原則？所謂絕對道德通常只能來自絕對的權威，例如上帝。但是即使聖經上的義人亞伯拉罕，只要是上帝的旨意，連自己的兒子都可以獻祭，因此，「不可殺人」是絕對道德嗎？

其次，如果「不可殺人」是允許有例外的道德原則，那麼，我們會遇到另一種問題：什麼情況是允許有例外的情況？Theresa的情況是可以被容許的例外嗎？要回答這個問題，我們可以先試著檢驗自己對下列問題的答案：

如果殺人，就是不道德。
現在老虎殺人，所以老虎是……
選項：(1)不道德。(2)道德。(3)無法確定。
現在劊子手殺人，所以劊子手是……
選項：(1)不道德。(2)道德。(3)無法確定。
現在司機不小心撞死人，所以司機是……
選項：(1)不道德。(2)道德。(3)無法確定。
現在司機故意撞死人，所以司機是……
選項：(1)不道德。(2)道德。(3)無法確定。
現在張先生為了救一個人而殺了人，所以張先生是……
選項：(1)不道德。(2)道德。(3)無法確定。
現在張先生為了救父母而殺了人，所以張先生是……
選項：(1)不道德。(2)道德。(3)無法確定。

理論上，如果我們接受大前提「如果殺人，就是不道德」，則按照邏輯法則來思考，上述論題形式都是前件肯定，因此，結論應該都是「所以，……是不道德的」。然而，我們會發現，我們在做這些判斷時，很難做出一致的結論。我們做這些道德判斷時會因爲行爲主體的屬性、角色、動機、結果，而做出不一致的決定。從這樣一個簡單的例子看來，顯然，「如果殺人，就是不道德」這一個大前提，在現實社會中並非是永遠爲眞的絕對性道德原則。接下來要思考的自然是我們要不要接受Theresa的情況是可以被容許的「非不道德」的殺人？

三、「我們不能利用人作為達成任何目的之手段」

這個論點與上個論點一樣，不是基於行爲結果的考慮，而是基於道德原則所做的判斷。但是，這個道德原則不是「不可以任何理由殺人」的道德原則，而是「人是目的，不可以爲其他任何目的之手段」的道德信念，根據這個信念，「我們不可以用殺人作爲救人的手段」。同樣地，此論點也可以化爲以下的三段論證：

（大前提）如果是人，就只能是目的不能利用作為手段。
（小前提）Theresa是人。
（結論）不可以利用Theresa作為救活其他嬰兒的手段。

同樣以圖3-1來說明這個論點，就此結論是否合乎邏輯而言，顯然，這個論證是**前件肯定**的有效論證（若P則Q，P⇒Q），在邏輯上是站得住腳的。接著，我們就必須檢視前提——「人是目的，不能利用作爲手段」是否爲眞。何種作法是將人當作手段？簡單的說，就是「利用」特定人作爲達成其他人目的之行爲。例如，日常生活裡，如果有人想要認識某位政要，就特意去接近朋友中認識這位政要的人，找機會讓朋友介紹這政要給他，那麼，這人就是想「利用」朋友，達成他自己認識某位政要的目的。如果這人的朋友知道這人和自己親近是爲了結交政要，而不是因爲想和自己做朋友，一定勃然大怒。爲什麼？因爲覺得自己「被利用」了！凡是爲了自己的利益，用操弄、欺騙或者強迫的手段讓人爲自己或特定人服務，都稱爲「利用人」。再例如，複製人在技術上已經成熟了，我們如果複製自己，以備移植器官之用，便是要利用複製人達成讓自己健康長壽的目標。問題是，即使是自己的複製人，如果複製人是獨立的生命個體，我們有權利這樣做嗎？

大前提的「人是目的，不能是手段」是一種信念，是「人權宣言」裡所標示的普世價値，因此，是大部分人類社會所共同接受的道德原則。如果我們也接受這個道德原則，認爲其爲「眞」（true），那麼只要看小前提是否爲眞，就可以判斷結論是否合理了。只要我們認爲人只能是目的，不能是其他任何目的之手段，只要我們承認Theresa是人，那麼結論的合理性就很清楚了。

綜合上面的論述，我們可以清楚了解，無論是關於個人的日常生活抉擇，例如，要不要冒著失去朋友的風險對朋友說實話、要不要順從父母的意願選擇婚後與父母同住……等等，還是關於公共事務的選擇，例如，要不要贊成代理孕母合法化、要不要支持廢除死刑……等等，都會牽涉到思考邏輯、道德原則，以及行爲結果，常常練習將生活中所遭遇的抉擇難題以圖3-1的思考架構加以分析，也許能夠讓我們慢慢了解「所欲有甚於生者，所惡有甚於死者」的道理，活得更明白，死得更無憾！

參考資料

Rachels, J. (Sixth Edition by Rachels, S.) (2010). What is Morality? In *The Elements of Moral Philosophy* (pp.1-13). Boston: McGraw Hill.

第四章

道德有客觀標準嗎？兼論文化相對觀點

我們已經反覆說明正確的道德推理，其必要條件有二：「論證必須爲有效論證」與「前提（不論大前提或小前提）爲眞」，缺一不可。論證的有效、無效，透過邏輯原則的熟練，一般人在判斷上都不會有太大的問題。但是對於前提是否爲眞的判斷，由於常常牽涉到信仰、信念、知識、經驗等等，就顯得複雜多了。例如，有人堅持「墮胎是不道德的」，有人堅持「同性戀是不道德的」，也有人堅持「一夫多妻是道德的」，堅持「女性應該順從父兄的意見」。有人堅持就是有人相信這些是道德原則，是「永遠爲眞的前提」。但是，顯然也有很多人不會同意前述那些說法是理所當然的前提。如果我們因爲有人同意、有人不同意，就以「公說公有理，婆說婆有理」來認定世界上所有有爭議的事情都是無法確認眞僞的，是必須互相包容的，那麼，我們顯然就會以「道德是沒有客觀標準的」來作爲不同社會間道德規範互相出入、各有歧異的註腳，不會想認眞思考不同道德規範的道德前提是否有可以判斷優劣、分辨眞僞的客觀標準。

傳統的社會科學家相信道德規範是社會所建構出來維持社會秩序的產物。大多數人認爲什麼是對的行爲，什麼是錯的行爲，便成爲該社會的共識，從而成爲規範人們行爲的標準。因此，他們認爲道德原則自然也是文化相對的，沒有客觀的標準。但是，近代有不少學者開始主張，道德其實也是科學，有其生物根源，因此也有其客觀標準。他們認爲，道德規範其實就是人類看世界的眼光，人類的思考有其共同基礎，文化表現只是在共同基礎之上的變異，就像語言一樣。

語言是思考的主要媒介，這個世界有那麼多種不同的語言，每種語言的詞彙與語法常有很大的差異，中文的彩虹代表七種顏色，有些語言代表五種（例如古英語）或八種顏色（例如古日語），也有些只代表兩種顏色（例如琉球語），這些不同語言的使用者，會不會因為語言的不同而用不同的眼光來看世界，例如，只看到五種或兩種顏色？

此外，有一種流傳極廣的說法，說愛斯基摩人的語言裡有幾百個用來描述「雪」的字眼，相對地，無論是中文或英文，能湊出幾十個描述「雪」的字彙就很勉強了，因此，我們會揣測，是不是愛斯基摩人眼中的世界，特別是關於「雪」的部分，與我們所看到的世界有很大的不同，以至於字彙的數量才會有這麼大的差異？

關於語言與思考的關係這方面早期的研究顯示，對於色彩或形狀的認知與記憶基本上決定於關於事實的認定，而非語言因素，換句話說，儘管愛斯基摩語中關於雪的性狀之字彙遠多於中文，愛斯基摩人與華人對於雪的形狀或色彩、聲音的知覺辨識能力其實是一樣的。但是，後來更精細的實驗設計卻顯示，語言的因素對於色彩或形狀的認知還是有相當的影響。換句話說，我們還是有可能因為語言的限制而使用不同的思考方式。這就是有名的語言相對假說。

Kahneman與Tversky曾做了一系列實驗，闡明語言會為思考架設一個框架，從而影響到思考，下列實驗便是其中的經典實驗。根據這樣的實驗結果，顯然，描述不同方案的語文呈現，對受試者的判斷會有很大的影響。

現在讓我們先來看這個例子：

案例一　亞洲疾病

想像美國正在為一場將爆發的不尋常的亞洲疾病預作準備。這次疫情預計將奪走六百條人命。有A、B兩個方案被提了出來。假設對這兩個方案所做的科學精確評估結果如下，你會贊成採取哪一個方案？

A方案：確定會有200人獲救。

B方案：有1/3的機會讓600人均獲救，2/3的機會無人獲救。

選項：

⑴ A方案。

⑵ B方案。

Kahneman與Tversky的實驗結果：72%的人選擇A方案；28%的人選擇B方案。

案例二　火山地震

想像美國正在為一場將爆發的不尋常的火山地震預作準備。這次地震預計將奪走六百條人命。有C、D兩個方案被提了出來。假設對這兩個方案所做的科學精確評估結果如下，你會贊成採取哪一個方案？

C方案：確定會有400人死亡。

D方案：有1/3的機會無人死亡，2/3的機會讓600人均死亡。

選項：

⑴ C方案。

⑵ D方案。

Kahneman 與Tversky的實驗結果：22%的人選擇C方案，78%的人選擇D方案。

在這個實驗中，亞洲疾病中的A方案其實就是火山地震中的C方案；同樣地，亞洲疾病中的B方案其實就是火山地震中的D方案。但是，實驗結果卻顯示，亞洲疾病中選擇A方案的有72%，但是在火山地震中選擇C方案的卻只有22%；反過來說，亞洲疾病中選擇B方案的有28%，但是在火山地震中選擇D方案的則高達78%。Kahneman 與Tversky認爲其中原因可能是，在A方案與B方案之間做選擇的人會覺得，既然A方案保證會救活二百人，B方案則有三分之二的機會沒有救活半個人，因此，放棄A方案選擇B方案，形同拿二百人的生命去做賭注，賭更多人獲救的機會。反過來看，在C方案與D方案之間做選擇的人會覺得，既然採行C方案的結果必然有四百人無法倖免，不如冒險採行D方案，說不定因此救活所有的人。

這樣的實驗結果生動地闡明，陳述問題的語言會設定一個思考框架，使思考偏向某個特定的方向。因此，Kahneman與Tversky將這種語言對思考所造成的影響稱爲框架效果（**frame effect**）。（註：Kahneman是2002年諾貝爾經濟獎得主）

一、道德的標準與事實的判準

如果語言會爲思考設定框架，那麼文化必定是另一個無形而強力的框架。事實上，不同的文化也的確爲人設定了不同的道德準則、不同的社會規範，然而，我們所觀察到的多元文化現象與多元社會規範現象是不是就意味著：道德規範很難有跨文化的、客觀的共同準則？既然無法有客觀的道德原則作爲道德思考的前提，則在前提無法確定爲眞的情況下，基本上便只能以行爲結果來判斷行爲的善惡對錯。換句話說，善惡對錯只能依情境、對象而定，因此現實情況是多元道德的世界。這就是文化相對論者所主張的**多元道德**觀點，他們的思考邏輯基本上是這樣的：

大前提：如果有客觀的道德原則，那麼就有絕對的善惡對錯。
小前提：人世間沒有客觀的道德原則。
結論：人世間沒有絕對的善惡對錯。

這樣的觀點是否立論在正確的思考基礎上呢？首先，從邏輯法則來看，這是前件否定（「若P則Q，非P⇒Q」），因此顯然是一個無效論證；其次，大前提「如果有客觀的道德原則，那麼就有絕對的善惡對錯」雖然沒有問題，文化相對論者所主張的小前提「人世間沒有客觀的道德原則」是否爲眞？人世間是否沒有客觀的道德原則？這個前提顯然大有爭論的空間。爲什麼？要回答這個問題，我們先以下列論述來完整介紹Rachels針對文化與道德原則的關係之精闢見解（Rachels, 2010）。

二、多元文化就是多元價值嗎？

古代波斯帝國的國王Darius因爲經常周遊列國，知道許多有趣的文化差異。例如，印度的高蘭地人（Gallantians）在父親死後會將父親的遺體吃掉，而希臘文化卻是在舉行儀式後將父親遺體火化。Darius認爲成熟的思考應該是能體認並欣賞文化的差異。有一天，爲了教導他的想法，他問了他朝廷裡的希臘人他們對於吃父親遺體行爲的看法，這些希臘人震驚到無以復加，回答國王說，即使給他們再多財富也不可能讓他們做出這樣的行爲。之後，國王叫進一些高蘭地人，然後當著希臘人的面問這些高蘭地人，對於燒掉父親遺體的看法，這些高蘭地人表現出無限驚恐的樣子，請求國王不要說這麼可怕的事。

顯然，不同的文化有不同的道德原則（moral code），在某個團體裡被認爲是理所當然的事，對另一個團體的成員可能是非常可怕的事。我們可以燒父親的遺體嗎？如果你是希臘人，這是正確的作法，但是如果你是高蘭地人，你就絕對不會這樣做。

這種文化差異的例子其實很多，以二十世紀初至二十世紀中期散居阿拉斯加、格陵蘭等嚴寒地區的原住民，通稱愛斯基摩人（Eskimos）爲例，他們因爲聚落很小，遠離其他族群，因此發展出許多與其他文化不同的習俗。例如，男人通常多妻，並且大方與客人共享他們的妻妾，以表示好客。同時，有權勢的男人可以隨時接近他人的妻子。至於他們的妻子，如果不想接受這樣的安排，他們的丈夫也沒有意見的話，可以選擇離開他們的丈夫，另尋伴侶。總而言之，他們的婚姻制度是與現代社會很不同的。

事實上，愛斯基摩人不僅在婚姻制度與性行爲方面與其他社會有很大差異，他們對待生命的方式也十分獨特。殺嬰事件在愛斯基摩社會是很常見的，有一個探險家Knud Rasmussen說他碰到一位愛斯基摩婦人，總共生了二十個嬰兒，但是在出生時就將其中的十個嬰兒給殺死了。被殺的嬰兒通常是女嬰，而且這樣做被視爲是父母的選擇與權利，不會有任何社會制裁。甚至，當家中的老人如果身體已經十分衰弱，便會被丟到雪中等死。因此，以外界的眼光來看，在愛斯基摩社會裡，似乎十分欠缺對生命的尊重。

從我們的觀點，上述這些習俗簡直可以說是不道德的，實在難以想像這樣的生活態度，同時因爲我們太習慣於自己的文化，以致於會認爲愛斯基摩文化是「退化的文化」或「原始文化」。但是，從人類學家的角度來看，愛斯基摩人並沒有比較特別，因爲從一開始人類學家就認定對錯觀念是有很大的文化差異的，任何特定文化的道德原則或倫理觀念並不一定能夠被所有其他文化所共同接受。

三、文化差異的意涵——價值觀抑或信仰／信念的差異？

然而，雖然道德行爲的文化變異性顯而易見，但是，文化差異的背後一定是價值差異嗎？不一定，事實上最可能是信仰差異。例如，某個社會相信人的靈魂死後會附身於動物，特別是牛。因此他們即使食物不夠，還是堅決不肯殺牛來吃，因爲牛可能是某些人的祖父或祖母。這種視牛爲神聖而不殺牛的行爲，與我們以牛爲食物的社會相較，是價值上的差異嗎？不，其實是信仰上的差異。因爲兩個社會都同意不可以吃祖母，但是對於牛是否是祖母有不同的意見。換句話說，價值觀相同，信仰不同。當然，信仰的內容與各文化、社會對事實的認定有很大的關係。換句話說，影響各個社會傳統習慣的因素不只有價值系統，還包含了宗教信仰、環境生態，以及知識信念等等。因此，不能說觀察到兩個社會的文化習俗不同，就下結論說，這兩個社會的價值觀不同。

以愛斯基摩人殺嬰的例子來說，這在我們社會是不被容許的，做這種事的父母甚至會被判刑。因此，表面上看來，好像這兩個社會的價值觀是不同的。好像愛斯基摩人比較不尊重生命，比較不愛他們的子女。事實上，在情況允許的時候，愛斯基摩人是非常照顧他們的小孩的。但是，他們爲什麼殺嬰？因爲他們的生活環境十分嚴苛，只要稍微錯估環境，就會有性命的危險，例如，由於他們生活在冰天雪地的環境，不適合耕種，打獵是最主要的食物來源，因此他們必須常常遷徙，尋找食物。而在遷徙或做戶外工作時，一個母親最多只能背一個小孩，也因此愛斯基摩的母親需要親自照顧子女至少到四歲。當然，最重要的因素是，愛斯基摩人缺乏節育的觀念，意外懷孕所在多見。但是，即使如此，殺嬰通常還是父母在不得已之下所做的最後抉擇，在殺嬰之前，父母會想盡辦法尋求讓其他較富裕或不育家庭收養嬰兒的可能性。至於爲什麼殺女嬰？原因主要有二：⑴食物的主要供應者是男性，因爲食物短缺，男嬰自然較被保護。⑵打獵風險高，男性早逝比率遠高於女性。從統計數字估算，若男女嬰出生率相同，愛斯基摩社會中的成年男女性比例會成爲1：1.5。

因此，無論是對小孩的態度而言，還是生命價值觀而言，愛斯基摩社會與我們現代社會並無軒輊，只是他們的生活條件惡劣，殺嬰成爲他們確保家庭存活機會的手段。換句話說，是嚴苛的生活環境逼迫他們必須做我們不必做的選擇。

四、道德的文化相對論

即使我們理解多元文化並不一定意味著多元價值，但是，對很多人來說，觀察到「不同的文化有不同的道德準則」這樣的現象，似乎成爲了解道德準則究竟是絕對還是相對準則的關鍵，因此大部分人會說，放諸四海而皆準的普世倫理原則是迷思，是不可能存在的。理由是，既然不同的社會有不同的習俗，要說哪一種習俗是對的、哪一種習俗是不對的，就必須有一個獨立客觀的判斷標準，問題是，任何標準都具有文化特定性，這種獨立客觀的標準不可能存在。社會學家William Graham Sumner早在1907年便主張此種觀點：

「所謂『正確』的方式，便是那些老祖宗用過而且傳承下去的方式。所謂『正確』是存在傳說中，不是外來的，也沒有能夠驗證它的獨立根源。傳說中的任何事情都是對的，因爲他們本身就是傳統，背後就是祖先鬼神們的權威，因此，當我們碰到傳說，我們只好停止分析。」

這樣的說法使得許多人開始懷疑普世價值的存在，逐漸相信道德其實是文化相對的，道德並沒有客觀標準以及普世原則，至多就只能有文化特定性的規範。這些道德文化相對論者的邏輯觀點主要如下：

1. 不同的社會有不同的道德準則。
2. 特定社會的道德準則決定了在那個社會裡什麼事情是對的、什麼事情是錯的。因此，如果社會規範說某種行為是對的，至少在那個社會裡，沒有人能說它是錯的。
3. 並沒有客觀的標準足以讓我們判斷哪一個社會的道德準則是比較好的，因此，並沒有適用於所有人或所有時代的道德準則。
4. 我們的道德準則不過是眾多準則中的一種，不會有特殊地位或價值。
5. 批評別的文化便是傲慢，因此，我們必須包容所有文化的道德準則。

這五個主張乍看之下似乎密切相關，事實上他們是彼此獨立的主張，而且，有些是對的，有些是錯的，因此可能彼此矛盾。例如，第二個主張說，對錯都是由文化決定的，第五個主張說，我們應該包容所有社會的規範。但是，如果有一個社會的規範是「不包容」呢？這讓我們想起德國納粹在1939年9月1日突襲波蘭的二次世界大戰歷史往事，德國的泛日耳曼思想是我們不能容忍的，但是這種思想顯然是德國社會的理想。如果我們主張道德文化相對論，顯然我們就沒有立場譴責德國當時的行為，因為他們所做的正是當時德國社會所認為對的事情。

讓我們重新整理一下前述文化相對論的論證，並將其以命題形式列出：

1. 希臘人相信吃死人的屍體是不對的，但是高蘭地人相信吃死人的屍體是對的。
2. 所以，吃屍體既無法客觀地說它對，也無法客觀地說它錯，它只是一種態度，文化變異很大。

或者

1. 愛斯基摩人認為殺嬰沒有錯，美國人認為殺嬰不道德。
2. 所以，殺嬰既無法客觀地說它對，也無法客觀地說它錯，它只是一種態度，文化變異很大。

綜而言之，文化差異論點的說法是：

1. 不同的文化有不同的道德準則。
2. 所以，道德上並沒有客觀的眞理存在。對錯都只是一種態度，文化變異很大。

但是，這是正確的論證嗎？

根據前面對於邏輯思考的討論，我們知道，所謂正確的論證應該是⑴邏輯上有效的論證、⑵前提均為眞。現在的情況是，前提是關於「事實」的陳述，結論卻是關於「信念」的陳述，前提的確為眞，但是結論並非根據邏輯法則從前提導出的結論，因此這顯然不是有效論證。具體而言，從「希臘人相信吃死人的屍體是不對的，但是高蘭地人相信吃死人的屍體是對的（事實）」的前提，只能得出「所以希臘人與高蘭地人對於吃屍體的行為有不同的意見（事實）」的結論。因為意見不同並不代表兩個都對，有可能是一個對，一個錯，也有可能是兩個都錯。最明顯的例子是我們並不會從「有些社會相信地球是平的，有些社會相信地球是圓的（事實）」的前提得出「所以地理上並沒有辦法判斷，地球是平的對，還是地球是圓的對。平的圓的都只是一種態度，文化變異很大（信念）」的結論。

要注意的是，我們並沒有說「結論一定是錯的」，只是說，「從前提得不出這樣的結論」。換句話說，從「道德準則有文化差異的現象」並無法直接得到「道德原則沒有絕對標準，是文化相對的」之結論。

五、文化相對論的實際意涵

假設文化相對論是對的，其實際意涵究竟為何？至少有三個意涵是我們必須在意的，因為正是背後的這三個意涵讓很多思想家不願意接受文化相對論：

1. 假設文化相對論是對的，那麼我們便無法再說另一個社會的風俗習慣是比較不好的，只能說它是不同的。

例如，我們無法批評1989年中國政府在天安門前對和平示威群眾的武裝鎮壓行爲是錯的，我們甚至無法說有言論自由的社會是比中國社會好的。因爲，這都代表我們認爲有一個普世通用的準則。

2. 假設文化相對論是對的，那麼我們便無法再批評我們自己社會中的行爲準則。

例如，若有印度人懷疑種姓制度是否是對的，他只能確認這是不是印度社會的準則，若是，只要他是印度人，他便沒有理由懷疑。

3. 假設文化相對論是對的，那麼所謂道德上的進步都是可疑的，因爲沒有標準可以說什麼是進步，什麼是退步。

例如，過去歷史上的改革都是以新的想法取代舊的想法，但是，我們以何種標準說新的比舊的好？過去有一段時期，美國的女性、黑人都沒有投票權，現在有了，現在是進步了嗎？奴隸制度的改革是進步嗎？

六、有沒有價值觀上的文化共同性？

如果道德準則的文化差異不代表道德準則有文化相對性，那麼反過來說，不同社會間存在著不少共同價值觀的事實，是不是反映了不同道德準則有共同基本價值的可能性，從而提供了以共同價值爲基礎的道德絕對準則的可能性之證據？我們常常因爲注意到別的文化跟我們有相異的文化習俗，而忽略了我們有更多共同的價值。畢竟我們都是人類，道德是基於人性的社會產物，道德不會違背基本人性，就像語言不會超越人的基本認知一樣。社會的目的是傳承與發展，因此幾乎所有的社會都會重視以下的價值：

㈠重視小孩

如前所述，事實上，愛斯基摩社會也跟我們一樣重視小孩，甚至珍視小孩。理由無他，在那樣嚴苛的環境裡，小孩如果沒有加倍細心地照顧，是很容易夭折的。任何社會如果不照顧或重視新生命，老年成員無法被取代，這個社會便難逃滅亡的命運，因此，只要是現在還存在的社會團體，重視年輕生命必然是社會的共同價值。如果有違反此價值的行爲，那必然是特例，而非常態。

㈡誠實

誠實必然是所有社會重視的價值，因爲如果說謊是常態，有效溝通便成爲不可能，不能互相有效溝通、不能互相信任的團體是不可能存在的。當然，重視誠實的價值並不代表不會有說謊的行爲，也不代表所有的說謊行爲都被認爲不道德（例如，「白色謊言」），但是我們實在無法想像有視說謊爲常態的社會。

㈢不可殺人

如果沒有禁止殺人的規範，所有團體的成員都會暴露在隨時可能被攻擊的危險中，每個人不是必須隨時戒備防範，就是必須盡量避免跟他人接觸。最終結果是每個人都想要自給自足，不要跟別人互動，或者想獨立分裂成規定不可以殺人的小團體，以致於大團體很快就會瓦解。換句話說，沒有「禁止殺人」戒律的團體不可能存在，禁止殺人必然成爲所有社會的共同價值。

顯然，上述這些價值之所以成爲各社會共同的價值，主要是因爲它們都是維繫社會生存的必要條件，也因此我們幾乎可以在所有社會看到這些價值的法律化或規範化。當然，這些道德準則不會沒有例外，對於例外的界定自然會因爲各社會的獨特狀況而有差異，但是重要的是，這些差異，事實上是建立在一個共同價值的基礎上。

了解了文化差異不必然代表文化相對，而文化差異的背後有共同的普世價值之後，我們有必要再回頭重新檢視文化相對論者的主張是否站得住腳：

七、重新檢視道德文化相對論的五個主張

㈠不同的社會有不同的道德準則。

這主張顯然是對的，因爲儘管我們有跨文化的普世性道德價值（例如重視小孩、誠實、不可殺人……），不同的文化還是可能有不同的實踐道德價值的方式。

㈡特定社會的道德準則決定了在那個社會裡什麼事情是對的、什麼事情是錯的。因此如果社會規範說某種行爲是對的，至少在那個社會裡，沒有人能說它是錯。

文化相對論者的此一主張顯然是說所有文化的道德準則都是無瑕的，都是不會錯的。然而，我們知道，特定社會是根據他們所相信的事來決定他們的道德準則，但是他們所相信的事未必是事實，也未必正確。以錯誤的知識或信念所建立起來的社會規範顯然不會永遠是對的，十六世紀的人相信地心說，排斥日心說，並不代表地心說就是正確的，日心說就是錯的。

㈢沒有客觀的標準足以讓我們判斷哪一個社會的道德準則是比較好的，因此，並沒有適用於所有人或所有時代的道德準則。

也許我們很難舉出適用於所有人所有時代的道德原則，但是如果我們會譴責奴隸制度、譴責人口買賣、譴責女性割禮、譴責不准女性受教育，那麼我們顯然還是有一個不屬於特定社會規範的原則作爲判斷的基礎。這原則可能是：究竟這特定文化習俗或社會規範是增進還是阻礙了該文化、該社會的人之利益？

㈣我們的道德準則不過是眾多準則中的一種，不會有特殊地位或價值。

我們都會同意：任何社會的道德準則不會因爲它屬於特定社會而有更高或更低的價值或地位。但是這樣的說法並不表示，所有社會的道德準則都是一樣水平，無法比較高下優劣的。事實上，任何社會的道德準則都可能是最好的一種，也可能是最差的一種。

㈤批評別的文化便是傲慢，因此，我們必須包容所有文化的道德準則。

包容是一種美德，但並不是說，我們應該包容所有的事情。人類歷史清楚告訴我們，我們曾經因為包容偏見或不義而犯下多麼愚蠢、可怕的罪行，如果我們勇於批評、勇於承擔，決心不讓相同的事發生在未來，那麼我們才能說我們在道德上有了成長與進步。

八、道德有客觀標準嗎？

文化相對論提醒我們，許多我們視為理所當然的行為或態度，只是文化的產物，而不是源自於道德準則，也因此與我們想法不一樣的行為或態度，不見得就是錯的，讓我們免於道德上的傲慢與偏見；文化相對論排斥專斷、狂妄，讓我們能夠擁有開放的心態，準備接受與我們不同的想法，也準備接受對自己文化習俗的批評。但是，文化相對論過於強調文化的差異性，忽略了文化的相似性。文化差異並不等於文化相對，強調文化差異可能導致不切實際的道德相對論，忽略了隱藏在文化相似性背後的道德人性基礎，也就是道德有客觀共同標準的事實。

九、小組作業

㈠養老院實況。

㈡楢山節考。

㈢請找一找在我們文化中是好、在別的文化卻是不好的習俗或事情。

㈣請找找看有沒有在一文化中是好事、在另一文化中卻是不好的習俗或事情呢？

㈤請比較不同文化的習俗或事情，何者較好？何者較差？為什麼？

附錄：框架效果實驗舉隅

想像你可以在下面的情況做選擇：

A. 25%的機會贏得$240，75%的機會失去$760。

B. 25%的機會贏得$250，75%的機會失去$750。

請問你會選擇A，還是B？

選項：

(1) A

(2) B

參考：西方參與者的選擇反應：A：0%；B：100%

想像你面臨選擇，在兩個選項中選擇一個。

A. 必然獲得$250。

B. 25%的機會贏得$1000，75%的機會什麼東西都不會得到。

請問你會選擇A，還是B？

選項：

(1) A

(2) B

想像你將面臨選擇，在兩個選項中選擇一個。

C. 必然失去$750。

D. 75%的機會失去$1000，25%的機會什麼也不會失去。

請問你會選擇C，還是D？

選項：

(1) C

(2) D

參考：西方參與者的選擇反應：A：84%；B：16%

C：13%；D：87%

參考資料

Tversky, A., & Kahneman, D. (1974). Judgment Under Uncertainty: Heuristics and Bias. *Science*, 185: 1124-1131.

Tversky, A., & Kahneman, D. (1981). The Rraming of Decision and the Psychology of Choice. *Science,* 211, 453-458.

Rachels, J. (Sixth Edition by Rachels, S.) (2010). The Challenges of Cultural Relativism. In *The Elements of Moral Philosophy* (pp.14-31). Boston: McGraw Hill.

第五章

道德效用主義
另一種相對觀點

上一章我們談到了Rachels（2010）論證以道德文化相對論爲基礎，無法得到道德沒有絕對標準的結論，現在請讀者再看看這一個日常生活常遇到的情形：

大前提：如果有客觀的道德準則（P），我們就能判斷某些道德信念是對的、某些道德信念是錯的（Q）。
小前提：現在我們不能判斷哪些道德信念是對的、哪些道德信念是錯的（~Q）。
結論：所以並沒有客觀的道德準則（~P）。
請問：這是有效論證（valid argument）嗎？
選項：
(1) 有效論證。
(2) 無效論證。

請問：這是正確的論證（sound argument）嗎？
選項：
(1) 正確的論證。
(2) 不是正確的論證。

此論證是後件否定，因此這顯然是一個有效論證，因爲結論是從前提依照邏輯法則導出的結論。然而，這卻不是正確論證，因爲正確論證必須滿足兩個條件：有效論證及前提爲眞。雖然這是有效論證，然而，問題是，小前提是否爲眞？誠然，「不能判斷哪些道德信念是對的，哪些道德信念是錯的」此一說法乍看之下似乎沒有錯，尤其是在討論像墮胎、安樂死這樣的問題時，特別會覺得任何一方都很難證明自己的觀點是對的。但是，如果我們仔細檢視，這樣的說法顯然在一般的日常情境是說不通的。

以考試爲例，如果有一個學生說：「老師考試不公平！」這顯然是對老師的道德指控，因爲公平是一個重要的道德價值。問題是，學生能否證明老師的確不公平？他也許會說，老師出題瑣碎，有些考題是老師沒教或教科書上沒有的；老師沒有認眞監考，放任同學作弊；或者，老師給分沒有客觀標準。事實上，學生的這些說法都是可以證明眞僞的，不會是無法判斷的。

同理，當我們對其他人做道德指控時，例如，「老闆是一個小人」、「張醫師很不負責任」、「小陳是一個黑心的舊車販賣商」，我們一定也都能舉出具體事實來證明我們的信念是對的。儘管如此，爲什麼我們又會認爲道德信念是「不能判斷對或錯」的？Rachels認爲理由很簡單：

1. 一談起道德原則，我們常常只強調那些像墮胎或安樂死這樣複雜又困難的道德議題，忽略了有許多一般較簡單的道德議題是很容易判斷對錯，並獲得共識的，因此會誤認「判斷道德信念爲眞」是困難的事情。事實上，在物理或數學等領域，也有一些複雜而困難的爭論，如果我們只看那些爭論，或許我們會下結論說，物理或數學是無法判斷對或錯的。甚至會說，因爲有「測不準定理」，所以物理世界沒有客觀標準判斷對錯，殊不知「測不準定理」本身也是可以判斷眞僞的。
2. 我們常常將「不能獲得共識」當作是「無法判斷哪一方想法是對的」之結果，忘了還有其他因素讓我們「無法獲得共識」。顯而易見，我們「無法說服對方接受自己的想法是對的」與「自己的想法是對的」可以是兩件不相干的事，事實上，你的論證可能是好的、理性的，只是對方太固執，不想接受你的觀點。同理，兩個人各持己見，互不相讓，並不代表我們就必須同時接受這兩個人的觀點。

一般而言，由於許多人常常誤以爲無法獲得共識，就是意味著沒有客觀的道德原則，但是我們又必須有一個大家共同接受的標準來判斷對錯，於是，很自然地便轉而主張道德抉擇可以根據「行爲結果造成何種影響」來判斷。換句話說，既然客觀的道德原則不存在、純良的動機不可靠，只好審慎思考道德抉擇所造成的後果，從行爲後果來考量行爲的道德性。下面我們就介紹這種以行爲結果作爲善惡標準的道德效用主義之濫觴及其基本原則。

一、革命性的道德概念——效用原則（Utilitarian Principle）

從十八世紀末到十九世紀，西方社會經歷了十分劇烈的社會改革。法國大革命高舉「自由、平等、博愛」，終結了君主專制時代；美國建立了第一個憲法體制，終結了奴隸制度。在這樣社會劇烈變動的時代裡，英國哲學家Jeremy Bentham（1748-1832）提出了一個革命性的道德概念。他說：「道德不是爲了取悅上帝，也不是爲了遵守抽象的原則，道德是爲了讓世界更快樂。」因此，他提出效用原則（Principle of Utility）作爲道德的最終判準。一夕之間，道德不再是不容挑戰的神諭，不再是清教徒式的戒條，用來防止貪欲與享樂，道德竟然是用來讓人更快樂的，這當然是讓人興奮、難以抗拒的想法，因此，許多社會改革者與哲學家都爭相使用這個觀念來討論議題、設計制度。

簡而言之，效用主義者的觀點可歸結爲三個論點：

1. 行爲對錯決定於行爲結果好壞的衡量。
2. 行爲結果好壞決定於行爲結果所帶來的快樂或不快樂。
3. 所有人的快樂是等值的。

Rachels以下面三個問題來讓我們了解何謂效用主義：

「安樂死是否不道德？」

「吸食大麻是否不道德？」

「虐待動物是否不道德？」

首先，根據效用主義者的觀點，安樂死的結果爲當事人帶來他自己所選擇的結束生命的方式，對別人不造成傷害，與此同時，如果沒有安樂死，重病的延命措施會給社會、家庭帶來精神與經濟上的雙重負擔，就結果而言，安樂死所帶來的快樂比不快樂多，利比害多，因此，道德效用主義者認爲：安樂死並非不道德的行爲。

其次，就吸食大麻而言，當事人吸食大麻很快樂，大麻的成癮性不高，吸食大麻者的暴力性不高，而取締大麻所耗費的社會成本卻很高，權衡利害，道德效用主義者認爲：吸食大麻並非不道德的行爲。最後，根據效用主義者的觀點，所謂增進利益，便是增進所有能感知快樂與不快樂經驗的生物之快樂，因此，虐待動物或以近乎虐待方式對動物，都是不道德的。對人與人之外的動物差別對待，是物種歧視，與種族歧視一樣不道德。

如果以上的例子讓讀者了解道德效用主義者的基本觀點，現在就讓我們跟著Rachels以哲學思辨的角度來仔細檢視效用主義者的這些基本觀點。

效用主義者認爲：「行爲對錯決定於行爲結果好壞的衡量。而行爲結果好壞決定於行爲結果所帶來的快樂或不快樂。」換句話說，如果行爲的結果是快樂多於不快樂，就是道德的行爲；反之，則爲不道德的行爲。然而，快樂是一種主觀情緒狀態，快樂與不快樂的計算是可能隨時間、地點、人際關係而異的，因此如果行爲的道德與否是根據行爲所帶來的快樂而定，則行爲之道德與否的判斷也就可能會隨時間、地點、人際關係的不同，而有不同的結論，因而，這也是另一種道德相對的觀點。

不過，這樣的論點顯然是建立在下列兩個前提的基礎上：

1. 快樂對人是很重要的。
2. 快樂與不快樂的計算是可能的。

因此，要接受根據此兩前提而來的結論，我們就必須要先確認這兩個前提是否爲眞，才能判斷道德效用主義者的論點是否成立。

二、快樂有那麼重要嗎？

效用主義者將「對錯」與「好壞」視爲一體，而什麼是好的？是快樂（happiness），是愉悅（pleasure）。但是，快樂是什麼？愉悅是什麼？從感官知覺到心理感受都可能讓我們快樂，每一個人當然都喜歡快樂，但是請設想下面的例子：

案例一　配偶的婚外情
你認為你的配偶對你非常好，非常忠實，因此十分快樂。但是，事實上他在外面有了婚外情。許多朋友都知道這件事，但是沒有人告訴你，因此你不知道他的婚外情。 **請問你希望朋友告訴你這件事嗎？** **選項：** (1) 希望朋友告訴你。 (2) 希望朋友永遠不要告訴你。

顯然，不知道結果是比知道結果較爲快樂的，但是實證資料告訴我們，並非所有人都不想知道眞相，甚至大多數人是寧願不快樂也要知道眞相。這個例子讓我們可以進一步思考：快樂固然很重要，但是對人而言，是不是有可能有比快樂更重要的？例如，「意義」對我們可能是更重要的？存在謊言底下的愛情或婚姻，對人而言可能是毫無意義的。換句話說，我們可能必須追求意義，而不只是快樂。

三、快樂與不快樂的計算是可能的嗎？

效用主義者完全以行爲所帶來的快樂與不快樂的計算結果，作爲道德判斷的依據，但是請設想下面的例子：

案例二　朋友的約會

你和你的朋友約好了下午一起去看電影，但是到了該動身的時間，你忽然想到你還有工作要馬上完成，因此你不想去看電影，想留在家裡工作。你打了好幾通電話想聯絡朋友，但是一直聯絡不上。因此你如果留在家裡工作，你的朋友會因為等不到你，打電話找你，才會知道你不去了。假設你認為你完成工作會很快樂，你也知道你朋友等不到你會很不快樂。

請問你會選擇赴約還是留在家裡工作？

選項：

⑴ 留在家裡工作。

⑵ 依約去看電影。

課堂上同學的選擇顯示，大多數人雖然想留下工作，卻還是會選擇赴約。顯然，我們不僅會考慮當下的快樂與不快樂，也會考慮到遵守承諾的重要性，因爲不遵守承諾的後果可能是良心不安或失去朋友，而這兩者都會帶來不快樂。又或者，你可能因爲擔心朋友，無法專心工作，以致無法完成工作。事實上，我們目前的行爲之原因可能發生在過去，而我們行爲的結果可能發生在當下以及未來，因此要計算到所有的快樂或不快樂的後果，顯然對於必須做出行爲抉擇的當時來說，是困難甚至不可能的事。

如果對人而言，快樂並非最重要的，而當下以及長遠的快樂之計算基本上也是不可能的，那麼，以行爲結果所帶來的最大利益作爲道德抉擇的依據，便可能只是假設性、任意性、當下性的考慮，即使是個人也難以有跨情境、跨時間的行爲準則，就更不用說要獲得跨團體、跨社會的共識了。

最後，請你想像下面的情境，遇到了你會做什麼抉擇？請根據你的抉擇思考一下你是否支持道德效用主義者的觀點？

案例三　張先生的抉擇
選舉到了，李大大是候選人。張先生非常清楚知道李大大是壞人，也知道即使張先生自己投李大大一票，李大大也不可能當選。選舉前一天，有人登門拜訪，原來是李大大請人來買張先生的票。 **如果你是張先生，你會不會把票賣給李大大？** **選項：** (1) 會，因爲賣票不影響結果，便不是不道德的。 (2) 會，因爲我會爲了能讓壞蛋吃虧而很快樂。 (3) 不會，因爲賣票就是出賣民主的不道德行爲。

參考資料

Jeremy Bentham (1996). *An Introduction to Principles of Morals and Legislation*. New York: Oxford University Press. (1789 First Published)（《道德與立法原理》，1971，李永久譯。臺北：帕米爾出版社）

Rachels, J. (Sixth Edition by Rachels, S.) (2010). The Utilitarian Approach. In *The Elements of Moral Philosophy* (pp.97-108). Boston: McGraw Hill.

第六章
道德行為的結果重要嗎？

雖然效用主義的觀點無法爲道德抉擇提供明確的判斷準則，但是由於行爲結果在當下的確常常會帶來十分強烈的的情感反應，這種情緒也往往阻礙了我們思考眞相的途徑。因爲強烈的情緒常常讓人誤以爲我們知道眞相是什麼，忘了考慮相對論點的合理性或眞實性。不幸的是，感覺或情緒即使強烈，有時也是不可靠的。因爲我們的感覺或情緒許多時候都是非理性的，只是偏見、自利或文化習慣的產物。例如，歷史上曾經有一段時間，人們的感覺讓他們相信其他人種都是劣等人種，因此奴隸制度是神的旨意，占領其他人種的土地理所當然，甚至殺戮其他人種就像屠殺動物一樣不足惜。我們試著想像自己在下面有名的兩難困境中會如何行動、該如何行動，來了解情緒對行爲抉擇的影響。

案例一　拖車上約翰的抉擇

有一個鐵路工人約翰正在一輛失控的鐵路拖車上沿著軌道疾駛，在別人發現他並想出辦法之前，只能待在拖車上。他遠遠看到沿著軌道正有五個工人在鐵軌上施工，完全沒有注意到拖車正急速接近。約翰知道在不到三十秒內就會撞上這五個工人，這時候他發現前面有一個鐵軌岔道，岔道上只有一個工人正在施工。約翰必須在很短的時間內決定他要不要改變拖車的方向，轉到岔道上去，犧牲一個工人的生命，拯救五個工人的生命。

如果你是約翰，你會改變拖車的方向，轉到岔道上去嗎？

選項：

(1) 會改變方向，犧牲一個人，救五個人。

(2) 不會改變方向。

案例二　陸橋上保羅的抉擇

保羅走在陸橋上，發現有一輛失控的車子正高速逆向朝自己這方向開過來，他發現不遠處有五個人正在熱烈地討論，完全沒有覺察到車子的接近。要阻止車子繼續前進的唯一方法是找一個重量夠大的東西擋在路上。剛好他旁邊站了一個體型壯碩的大個子，因此，他能拯救那五個人的唯一方法就是將身邊的大個子推到路中間去，阻擋車子繼續前進。

如果你是保羅，你會將大個子推到路中間去嗎？

選項：

(1) 會，犧牲一個人，救五個人。

(2) 不會。

兩個案例在本質上是相同的，都是要不要做出犧牲一個人救五個人的行爲抉擇。顯然，從道德效用論的觀點，五個人的生命比起一個人的生命，其利益明顯要來得大，應該選擇將拖車開到岔路或者將胖子推下天橋。然而，實驗的結果卻通常是，多數人在第一個案例會選擇開到岔路，在第二個案例卻不會選擇將胖子推下去。爲什麼？因爲第一個案例讓一個人犧牲生命的行爲是透過機器自動達成，違反「不可殺人」信念所引發的抗拒情緒沒有第二個案例中必須親手將人推下天橋來得強烈。因此，撇開利益計算的考慮，即使情境本質相同，人們還是有可能做出不同的抉擇。即使在第一個案例中，還是會有人不願意因爲自己的主動作爲而犧牲一個人的生命，會因爲堅持「不可殺人」的信念而無法付諸行爲，因此寧願選擇讓事情結果照它原有的方向自然進行，不做人爲干預。換句話說，「不可殺人」的道德信念讓我們產生強烈的情緒反應，以致於無法單純地就行爲結果來計算利害得失。

另外一個我們不會單純地以數量計算利害得失的例子是，如果一邊是兩個人，一邊是三個人呢？又或如果你剛好知道岔路上的這一個人是愛因斯坦呢，而這五個人是混混呢？或者岔路上的這個人剛好是你自己的親人呢？顯然，利益計算所牽連的層面又廣又複雜，不容易有一個明確的答案。

這些例子清楚顯示，要我們主動做出傷害一個人的行爲，來得到有益於五個人的結果，就行爲結果而言，應該是道德的，但是在情緒上卻會出現很強烈的反應，很難做出這樣的抉擇。這種情感上的反應很眞實，也很珍貴，從這樣的角度來看，我們若想做出道德上正確（morally right）的抉擇，就不應該忽視這種感覺（Miller, 2008）。

現在讓我們將前面的場景稍微更改，變成如下的情境：

案例三　拖車上約翰的抉擇

有一個鐵路工人約翰正在一輛失控的鐵路拖車上沿著軌道疾駛，在別人發現他並想出辦法之前，只能待在拖車上。這時候他遠遠看到沿著軌道正有五個工人在鐵軌上施工，完全沒有注意到拖車正急速接近。約翰知道在不到三十秒內就會撞上這五個工人，這時候他發現前面有一個鐵軌岔道，岔道上有一個封閉的隧道。約翰必須在很短的時間內決定他要不要改變拖車的方向，轉到岔道上去，犧牲自己的生命，拯救五個工人的生命。

如果你是約翰，你會改變拖車的方向，轉到岔道上去嗎？

選項：

⑴ 會改變方向，犧牲自己，救五個人。

⑵ 不會改變方向。

案例四　橋上保羅的抉擇

保羅走在橋上，發現有一輛失控的車子正高速逆向朝自己這方向開過來，他發現不遠處有五個人正在熱烈地討論，完全沒有覺察到車子的接近。要阻止車子繼續前進的唯一方法是找一個重量夠大的東西擋在路上。剛好他自己就是體型壯碩的大個子，因此，他能拯救那五個人的唯一方法就是跳到路中間去，阻擋車子繼續前進。

如果你是保羅，你會跳到路中間去嗎？

選項：

⑴ 會，犧牲自己，救五個人。

⑵ 不會。

理論上，如果我可以犧牲一個人，救五個人，則不會違反道德原則，而且可以獲得最大利益，因此，似乎只有犧牲自己才是道德行為。但是，大部分人在此種情況下，在不違背「不可殺人」的道德原則下，還是很難做出犧牲自己拯救五個人的行為。如果一般人做不到犧牲自己，拯救五個人，那麼我們是否就是不道德的？當然，除非道德上我們有犧牲自己的義務，否則未能捨己救人就不會是不道德的行為。那麼，關鍵的問題在於：道德上我們有犧牲自己的義務嗎？答案顯然是否定的，因為如果是義務，我們為什麼會稱捨己救人的人為義人、聖人？捨己救人固然是道德高尚的行為，但是未能捨己救人一般並不會被視為不道德。由於大部分的人並不會那麼慈悲，不會根據行為的最大利益來做選擇，我們甚至無法期待我們做了這樣的犧牲後，其他的人也會做同樣的犧牲。因此，由於對自我犧牲的道德要求有其先天上的限制，我們無法將自我犧牲稱作道德義務。因此，要以行為結果來衡量行為作為道德抉擇的依據，也就有了先天上的限制。

以行為結果作為道德抉擇依據的另一個盲點是，我們不容易知道事實上行為的結果會是什麼，即使是專家，對於事實的認定也常常不同，最常見的是我們常常昧於偏見，以致於思考上陷入「確認偏誤」（confirmation bias）。例如，反對安樂死的人會傾向相信安樂死會被濫用，支持的人則傾向不相信。不想捐錢給慈善機關的人會說這些機關很沒有效率，可是他們並沒有證據。討厭同性戀的人會說男同志都是愛滋病帶原者，其實他們中間只有少數人是。「真正的結果」與我們「希望的結果」常常是不一樣的，因此，所謂根據行為結果來決定道德行為，很可能只是根據自己的偏見與受限的資訊所作出來的決定。

現在，讓我們來看Rachel所提供給我們思考的下一個故事：

案例五　Tracy Latimer的悲劇

1993年，一個十二歲的腦性麻痺女孩Tracy Latimer被她的親生父親給殺害了。Tracy與她的家人住在加拿大 Sasktchewan的一個農場上，有個星期天的早上，當她的母親與其他小孩正在上教堂的時候，她的父親Robert Latimer將她放在卡車的車廂裡，然後注入廢氣，將她殺死。Tracy死的時候只有四十磅的重量而且她的心智功能只有三個月嬰兒的程度。Latimer太太回到家發現Tracy死掉時，竟有種解脫的感覺，而且她還表示自己也曾經想親手結束Tracy的生命只是沒有勇氣罷了。Robert Latimer被確定是謀殺犯，但法官和陪審團並不想要這麼草率地給他判決。陪審團發現他有悔意，所以認為他只構成二級謀殺，並建議法官不要判他一般十年牢獄的刑責。法官同意此看法並判決他入獄一年，並在一年之後到農場拘留他。但是，加拿大的高等法院干涉此案件，要求法官按照原來的判決強制執行。最後，Robert Latimer在2001年進入監獄服刑，2008年被假釋出獄。

撇開法律的問題，請問Latimer先生有沒有錯？

選項：

(1)有錯，因爲Tracy的生命即使殘缺，也是很珍貴的。

(2)沒有錯，因爲Tracy的生命除了生理上的知覺外，根本就沒有其他意義。活著只是折磨她，不如結束她的生命讓她早點解脫。

(3)有錯，因爲一旦接受安樂死，會讓人覺得我們有權利決定誰的生命該繼續，誰的生命該結束。

針對這些行爲抉擇的理由，Rachels提供了卓越的分析與澄清，我們將它整理如下（Rachels, 2010）：

一、即使是殘缺的生命，也是很珍貴的

這個論點顯然是基於「尊重生命」與「生命等價」的信念，是反對歧視殘障的觀點（Wrongness of Discriminating against the Handicapped）。當Robert Latimar被輕判，許多殘障團體抗議這種判決是對殘障人士的侮辱，患有多重障礙的當地的殘障團體的領導人說：「沒有人可以決定我的生命之價值不如你的生命。這是倫理的最底線。」他認爲，Tracy之所以被殺害，純粹因爲她身體上的殘障，而這是無法接受的，因爲殘障人士應該受到同等的尊重，享有同等的權利。對特定團體的歧視或差別待遇是嚴重的議題，因爲歧視的意思是，有些人受到較差的待遇只因爲屬於被認定爲較差的團體，沒有其他理由。最常見的例子是工作上的歧視，例如，一個雇主不想僱用盲人的想法並沒有比不想僱用西裔或猶太人或女性的想法正當。爲什麼同樣是人卻要受到不同的待遇？是他比較沒有能力？是他比較不聰明？比較不努力？比較不值得給他工作？還是他比較不能從工作中獲得任何好處？如果都沒有這些理由，那麼拒絕給他工作機會便只是純然的隨機。

二、活著只是折磨她，不如結束她的生命讓她早點解脫

Tracy 的父親認爲這不是歧視殘障者生命的事件，而是協助一個正在受苦的人從痛苦中解脫的事件。換句話說，這是安樂死的觀點（Mercy Killing Argument）。在Robert殺害Tracy之前，Tracy經歷了幾次背部、臀部以及腿部的重大手術，未來還有更多的手術必須進行。Robert說：「她插了鼻胃管，背部加了鋼條，腳被切掉，長滿褥瘡。有人能說她是一個快樂的小女孩嗎？」事實上，有三個醫師出庭作證說，很難用任何方法讓Tracy不感覺疼痛。換句話說，Robert認爲他殺害Tracy不是因爲她是腦性麻痺，而是因爲Tracy的病痛與折磨，因爲Tracy的生命毫無希望可言。顯然，這是從行爲結果會爲Tracy帶來利益的觀點所做的抉擇。問題是，沒有人知道醫學上的進步會爲Tracy帶來什麼樣的未來，而Tracy可能也願意

忍受目前的痛苦來換得活著的機會。換句話說，這種觀點強調了行爲結果的利益，卻忽略了行爲結果的不確定性。

三、一旦接受安樂死，會讓人覺得我們有權利決定誰的生命該繼續，誰的生命該結束

當高等法院決定介入此案的判決時，加拿大獨立生命中心協會（Canadian Association of Independent Living Center）的執行長（director）說：她覺得「驚喜」，因爲「否則的話，這會有**溜滑梯效應**（**Slippery Slope Effect**），會開一扇門最終導向某些人能決定某些人的生死」。她認爲，我們可能同情Robert Latimer，我們也可能認爲Tracy生不如死，但是，這是危險的想法，因爲如果我們接受安樂死的想法，我們可能會像溜滑梯一樣，讓某些生命顯得毫無價值。我們要在哪裡畫出界線？如果Tracy的生命不值得照顧，那麼所有重度傷殘患病者的生命又如何呢？那些已經風燭殘年的老人呢？那些毫無社會功能可言、無所事事的遊民呢？在這樣的脈絡底下，最終我們甚至可能走向希特勒所主張的種族淨化（racial purification）之不歸路。

相同的顧慮使我們對於墮胎、人工受精（IVF），或者基因複製等問題採取反對的態度。但是，有時候，從後見之明的角度，這些顧慮有時候是無根而多慮的。例如，1978年第一個試管嬰兒Louise Brown出生之後，所有在她出生前那些關於可能發生在她、她的家人、社會的預言都沒有發生。今天，IVF甚至已成爲例行、成熟的受孕技術。從Louise出生至今，單在美國就已有超過十萬名的試管嬰兒誕生了。

對未來影響的不確定性使我們難以從對結果的想像決定何種觀點是較佳觀點。理性的人不會同意關於接受Tracy的死是安樂死所可能導致的後遺症是可能發生的。但是，這個觀點不容易有共識，因爲反對的人會繼續堅持這是可預見的後果。然而，必須提醒的是，這種觀點很容易被誤用，因爲，只要你反對一個事情，卻又找不到好理由，你便可以隨便編造出一些可能的後遺症，無論你的預言如何荒誕、誇大，當下並沒有人能證明你

是不對的。這種爭論策略幾乎可以用來反對任何事情，因此，我們對於這樣的觀點也必須特別審慎。

經過這些討論，我們再來看看自己對於下面這些案例的想法，決定我們該根據行爲結果還是道德原則來做判斷？

案例六　約翰的困境

約翰被一個恐怖主義的組織抓走，組織的首領告訴他：「現在你面前有二十個被綁在木樁上的人，只要你拿起你前面的這把槍，對準左邊的第一個人，射殺他，我就把其他十九個人通通釋放，如果你不肯這樣做，我就用這把槍把二十個人通通殺掉。」

如果你是約翰，你會

選項：

(1) 拿起槍殺一個人。

(2) 堅決不殺任何一個人。

案例七　死刑該廢嗎？

根據美國經濟學家的統計，每執行一件死刑，就可以減少五件殺人案件。

假設這個數據為真，請問你贊成廢除死刑嗎？

選項：

(1) 贊成廢除死刑。

(2) 反對廢除死刑。

參考資料

Galotti, K. M. (1989). Approaches to Studying Formal and Everyday Reasoning. *Psychological Bulletin,* 105, 331-351.

Miller, G. (2008). The Roots of Morality. *Science,* 320, 734-737. www.sciencemag.org

Mocan, H. N., & Gittings, R. K. (2003,October). Getting Off Death Row: Commuted Sentences and the Deterrent Effect of Capital Punishment. *Journal of Law and Economics,* XLVI, 453-478.

Rachels, J. (Sixth Edition by Rachels, S.) (2010). What is Morality? In *The Elements of Moral Philosophy* (pp.1-13). Boston: McGraw Hill.

Rachels, J. (Sixth Edition by Rachels, S.) (2010). The Debate Over Utilitarianism. *The Elements of Moral Philosophy* (pp.109-123). Boston: McGraw Hill.

第七章

道德原則有優先次序嗎？

讓我們再看一下前面提過的道德思考的基本架構：要做正確的道德抉擇，首先，需要具備邏輯思考能力，能夠分辨有效與無效論證；其次，要能理解道德抉擇牽涉的主要是道德信念與行爲後果。行爲後果因爲是預測性的未來結果，因此必須同時考慮人類思考的限制與統計法則。然而，由於行爲結果所影響的對象與程度差異性高，不確定性也高，因此預測也未必準確，根據可能的行爲結果所做的道德抉擇容易引發更多的道德議題或道德遺憾。然而，以道德原則來做道德抉擇就比較容易嗎？從前面章節的討論中，我們知道，因爲文化、宗教、經驗、知識的不同，人們對道德原則的認知與解釋的基礎也可能不同，最重要地，道德原則的核心是價值，人們可能因爲對於價值的優先順序之認知不同，而有不同的道德抉擇。

下面我們舉一些Rachels（2010）書上的例子來挑戰我們對於道德信念的假設與想像，才能了解釐清道德原則的優先次序對於做道德抉擇的重要性。

案例一　連體嬰Jodie與Mary

2000年8月，義大利南部Gozo地方的一位婦人發現她懷了一對連體嬰，由於Gozo的醫療機構無法處理連體嬰，她與先生去了英國待產。他們為這對連體嬰命名為Jodie與Mary。她們胸腔相連，共用一個心臟與一對肺臟，脊椎骨的下部相連在一起。連體嬰中較強壯的Jodie負責血液的輸送。

連體嬰的出生率沒有確切統計數字，一般相信是每年二百對左右。大部分的連體嬰生下沒多久就會死亡，但也有些活得很好，長大之後，還能夠結婚，擁有自己的小孩。但是，Jodie與Mary卻沒那麼幸運，醫師說，如果不動手術，他們會在六個月內死亡，但是如果動手術，Mary會立刻死亡。

Jodie與Mary的父母是虔誠的天主教徒，他們拒絕動手術，因為那會加速Mary的死亡。他們說：「我們相信天意，如果天意不讓兩個孩子活下來，那也只好如此。」但是，醫院方面希望至少救活一個孩子，因此向法院請求在沒有父母的同意下可以進行切割手術。結果法院批准了醫院的請求。手術之後，Jodie活了下來，Mary死了。請問：

誰有權利決定是否該進行這項切割手術？

選項：

(1) 父母。(2) 法院。

(3) 醫師。

什麼是最好的決定？應該進行這項手術嗎？

選項：

(1) 應該，因爲至少能救一個生命。

(2) 不應該，因爲殺人就是不對的。

當年美國Ladies' Home Journal做了一項民意調查，發現美國民眾有78%的人贊成進行這項手術，也就是他們偏好第一個選項，這個選擇反映的是對於行爲結果的考慮。但是，Mary與Jodie的父母則強烈支持第二個選項，他們是嬰兒的父母，兩個孩子都愛，因此他們不願意犧牲其中一個孩子來救另一個孩子。因爲根據西方傳統宗教信仰，任何生命是都是同等珍貴，任何傷害無辜生命的行爲都是不被容許的。即使是好的動機或目標，任何殺人的行爲都是不應該的。因此，Mary與Jodie的父母的選擇顯然是根據「不可殺人」的道德信念而來。那麼法院又是根據何種理由批准這項手術？當時法官Robert Walker的見解是，Mary並不是有意被殺死，而是在分離的過程，身體無法負荷而死亡。換句話說，不是手術讓她死亡，而是她的虛弱導致她的死亡。因此，這裡沒有「殺人」的道德問題。然而，無論是手術讓她死亡，或是虛弱的身體讓她死亡，我們知道她遲早會死，只是，我們「加速」了她的死亡。換句話說，法官認爲在特殊情況下，殺害無辜的生命可能不是都是錯的，而Mary與Jodie的情況就是特殊的例子。

顯然，這裡的根本問題還是在於，「不可殺人」的道德信念是否是絕對道德？是否在任何情況下殺害無辜的人都是不對的？Mary與Jodie的父母顯然認爲是的，而法官顯然認爲不是。從法官的立場來看，Mary與Jodie的情況符合下列三個特殊的條件，因此是可以被容許的特殊狀況：

1. 這無辜的人已經來日無多。
2. 這無辜的人並無意願繼續活下去，或者他根本沒有意願可言。
3. 殺害此無辜的人能夠拯救其他有完整生命可能性的人。

針對這樣的論點，請問你有沒有意見？你會同意在這樣的情況下可以殺害無辜的生命嗎？

案例二　杜魯門的抉擇

1945年，杜魯門（Harry Truman）繼任美國總統之後，得到兩個消息：⑴盟軍已經研發成功威力強大的原子彈、⑵盟軍在太平洋地區已經逐漸取得優勢，並已擬定計畫進攻日本。然而，若登陸日本，盟軍恐怕必須付出比諾曼第登陸更慘痛的傷亡代價。因此，有人建議，在日本的一個或兩個都市投下原子彈，或許可以迫使日本投降，早日結束戰爭，避免盟軍的重大傷亡。杜魯門開始時並不想使用這個新武器，因為他知道這個核子武器將會帶來前所未見的毀滅性破壞，許多非軍事設施，包括學校、醫院、家庭，許多非軍人，包括婦女、小孩、老人、普通市民都會瞬間化成灰燼。何況，羅斯福總統才在1939年發表過措詞強烈，譴責轟炸非軍事地區，以平民為目標的行為是「不人道的野蠻行為（inhuman barbarism）」之言論。

請問如果你是杜魯門總統，你會同意簽署，丟下原子彈嗎？

選項：

⑴會，因爲這樣可以早點結束戰爭，減少盟軍的傷亡。

(2)不會，因爲原子彈會造成無辜平民的重大傷亡，不可以用任何目的合理化犧牲無辜生命的行爲。

(3)會，因爲日本發動太平洋戰事，以眼還眼，以牙還牙。

(4)不會，因爲投下原子彈的後果不可預料，不一定能結束戰爭。

案例三　Anscombe教授的抗議

1956年，牛津大學預備授予杜魯門總統榮譽博士學位，以感謝美國在二次世界大戰期間對英國的支持。牛津大學哲學系的Anscombe教授與其他兩位同事強烈反對這項頒贈儀式，她認為不管是何種理由、何種目的，下令連婦女、新生兒也不放過的核彈攻擊，杜魯門總統根本是一位殺人犯，不應該給他榮譽學位。雖然她的抗議並沒有成功，但是她對於絕對道德原則的堅持與信念，使得她成為二十世紀最偉大的哲學家之一。

請問如果你是Anscombe教授，你會堅持抗議，反對頒贈榮譽學位給杜魯門總統嗎？

選項：

(1)會，因爲頒贈學位等於認同無差別殺人、犧牲無辜生命的行爲。

(2)不會，因爲杜魯門的決定結束了戰爭。

(3)會，因爲要讓大家認識動機不能合理化手段。

(4)不會，因爲抗議也無效，學校不會因而改變決定。

一、是否有任何情況都應該遵守的絕對性道德原則？

在日常生活中我們也常常使用「應該」這個字眼，例如，

1. 如果你想成爲西洋棋高手，你就應該研究Garry Kasparov的比賽。
2. 如果你想上大學，你就應該參加基本學力測驗。

這裡的「應該有某些行爲」是因爲我們先有一個意願或動機（想成爲

西洋棋高手、想上大學），如果我們不想做這些行為，事實上只要放棄這個意願或動機即可。因此，我們稱這種「應該」（ought）為假設性義務（hypothetical imperatives）行為，有別於道德原則的絕對義務（categorical imperative），因為道德原則是沒有條件的。例如，「你應該幫助他人」，而不是「如果你關心他人，你就應該幫助他人」。或者，「如果你是好人，你就應該幫助他人」。它就是單純的「你應該幫助他人」。有沒有這樣的絕對義務？絕對的道德原則？我們以下面的道德困境來思考這個問題：

案例四　漢斯的困境

德國蓋世太保追捕猶太人最緊張的時刻，一個德國人漢斯的猶太朋友，告訴漢斯他要躲到朋友家裡去，請他暫時幫忙照顧店面。漢斯答應了之後，蓋世太保追查到漢斯家裡，並且問漢斯知不知道他猶太朋友的下落。漢斯知道如果蓋世太保捉到他的猶太朋友，就會把他送到集中營去，他的猶太朋友可能因而送命。

請問如果你是漢斯，你會說實話還是說謊？

選項：

(1) 說謊，因為這樣可以保全猶太朋友的性命。

(2) 說實話，因為說謊違反道德原則。

二、討論：是否在任何情況下都不能說謊？

1. **康德認為我們應該這樣思考：**

(1)我們應該只能做那些符合「我們希望所有人也都遵守」的規則之事。

(2)假如我們說謊，我們就是遵守「可以說謊」的規則。

(3)這個規則不可能被所有人遵守，因為這樣我們就無法信賴彼此。

(4)所以，我們不應該說謊。

但是，Anscombe認爲康德的第二個前提出了問題：「爲什麼我們說謊，就是『遵守可以說謊的原則』？」事實上你是「遵守『我爲了拯救朋友的生命可以說謊的原則』」，而且這個原則可以成爲普世原則。換句話說，Anscombe認爲絕對義務是沒有意義的，除非了解絕對義務的行爲準則。

2. **康德認爲我們無法預測行爲的結果，因此只好照道德原則來行爲。**

例如，可能猶太朋友改變了藏匿地點，如果你說謊，可能剛好讓猶太朋友被抓到，或者如果你說了實話，可能剛好讓猶太朋友逃過一劫。康德認爲，遵照道德行爲所帶來的壞結果，行爲者不必負責任，但是不遵照道德原則所帶來的壞後果，行爲者必須負責任。

但是，事實上，雖然行爲的後果不容易預測，卻也常常不是那麼不可預測。例如，在說謊的困境中，我們可以預測，若說了實話而讓朋友喪生，我們必定會因爲幫忙迫害朋友，而受良心的苛責。

三、討論：道德原則的衝突與釐清

很多時候，價値與價値之間有矛盾，原則與原則之間有衝突。當誠實與拯救生命的道德原則相衝突時，我們可能必須選擇犧牲遵守誠實的道德原則，實踐拯救生命的道德原則。事實上，這種道德原則的優先次序，也有它的普世原則。

顯然，如何訂定道德價値或原則的優先次序並不容易，但是，我們仍然可以運用前幾章所提到的方法，思考道德原則的眞僞，例如，前述Anscombe質疑康德誠實原則的第二個前提就是一個很好的例子。

除了從邏輯思考層次檢驗道德信念的眞僞之外，從事實或經驗的證據上檢驗信念的合理性也是釐清道德原則的好方法。我們舉平等觀念爲例來說明，因爲任何道德理論都會談論到平等（impartiality）的概念。這概念的意涵是說，任何人的利益都是一樣重要，沒有人應該受到特別待遇。同時，平等觀念也意味著沒有任何團體應該被視爲較低等，而受到較差的待遇。因此，種族主義、性別主義都是應該被譴責與排斥的。

然而，這個原則必然會受到種族主義者的挑戰，因為他們的信念可能是「白人是最優秀的人種」，基於這種信念，他們自然認為白人應該得到較好的工作職位，他們也可能希望所有的醫師、律師、老闆都是白人。這時候，我們就可以理性地來問一個問題：「白人到底具備了什麼特質，使得他們適合高薪、高聲望的工作？」「白人是否在人種上有較高的智商？較勤奮的態度？」「白人是否更關心自己與家人？」「白人是否有能力從工作中獲得比別人更多的利益？」如果這些問題的每一個答案都是「否」，如果沒有好理由讓我們相信白人是最優秀的人種，那麼對人有差別待遇，或者對特定族群的歧視便是不能被接受的道德上的錯。

因此，平等的底線便是對人不能有差別對待的原則。但是，反過來說，如果這原則說明了種族歧視之所以是道德上不對的事情，它同時也能告訴我們為什麼有些時候差別待遇並非種族歧視。例如，如果有人要拍一部關於美國黑人民權運動領袖金恩博士的故事，那麼這導演應該不會要甘迺迪總統當主角。這種差別待遇便不是種族歧視。

綜而言之，一個有道德意識的人，應該是一個能隨時檢視自己的行為抉擇是否合乎思考邏輯，反思自己行為的理由是否合乎道德原則，同時顧及行為選擇結果所可能影響的每一個人之利益。

參考資料

Rachels, J. (Sixth Edition by Rachels, S.) (2010). What is Morality? In *The Elements of Moral Philosophy* (pp.1-13). Boston: McGraw Hill.

Rachels, J. (Sixth Edition by Rachels, S.) (2010). Are There Absolute Moral Rules? *The Elements of Moral Philosophy* (pp.124-135). Boston: McGraw Hill.

第八章

道德義務與美德

請先看下面的故事：

我服務的公司是一家知名的汽車安全氣囊製造公司，專門研發新產品。有天我在一個舊檔案夾裡發現了一份十年前設計部門兩位工程師所寫的報告，裡面詳述公司在某一型安全氣囊設計上的缺失，雖然沒有立即而嚴重的安全問題，但是要補救這缺失，卻得花上相當多的時間與大筆經費。報告上說，他們準備重新設計安全氣囊。可是，當時的主管說安全問題不嚴重，如果公司重新進行設計而暫停該型安全氣囊的銷售，將對公司的營收產生非常不利的影響。主管說，若出現問題，再進行必要的修理就可以了，相信消費者不會發現這個缺失的。闔上報告，我真不敢相信，我們公司會把明知有瑕疵的產品賣給顧客。真沒想到當時公司的高級主管竟會縱容這種事情的發生！

我馬上去找公司主管，把報告拿給他看。沒想到主管看過報告後竟然說：「這件事已經過去了！這份報告早該銷毀了！舊事重提只會造成公司龐大的損失罷了！你知道，如果我們公開此事，媒體或政府主管單位可能會利用這個機會對公司大肆攻擊，要求我們負起該負的責任，甚至要我們的客戶召回裝載該型氣囊的所有車子。如此一來，我們好不容易建立起來的公司信譽可能毀於一旦，後果不堪想像。老實說，本公司可能不夠完美，不過，它既然沒有發生問題，我們只要面對未來，好好經營公司成為有社會責任感、有品質的公司就得了。」

我不同意主管的話，認為有社會責任感的公司就應該勇於承認錯誤，亡羊補牢，負責到底。如果公司就此不吭聲的話，那就與十年前那些人一樣辜負消費大眾對本公司的信賴！我們該向大眾公布此事，以保證同樣的事不會再發生！我甚至跟主管說，如果公司不好好處理此事，我不惜單獨向大眾舉發此事！

如果是你發現報告，你會向大眾舉發這件事嗎？

選項：

(1)會，因為這牽涉到公司的誠信，社會大眾（利害關係人）有權了解「事實」。

(2)會，因為這牽涉到社會公正，公司不應該將額外增加的成本（更換氣囊的成本）轉嫁給消費者。

(3)不會，既然沒有發生問題，何必把它弄得太複雜。

(4)不會，揭露後可能讓公司倒閉、自己失業。

等了一星期，公司並未處理此事，因此我向報社舉發了此事，報紙登出斗大的標題：「高田（即本公司）的安全氣囊不安全？可能會發生危險！」顯然，報社記者危言聳聽，不說明那是過去的產品，也過於誇大該安全氣囊問題的嚴重性。雖然事情並沒有擴大，社會反應也在公司出面說明並保證免費更換新的安全氣囊後就沉寂下來，然而，公司上上下下卻開始對我另眼相待，避之唯恐不及，公司甚至嘗試提供優渥的退職金，希望我早點離開公司。當主管向我提出公司的條件時，我看著主管說：「我做了該做的事，可是現在我卻成了做錯事的人。那份報告不是我寫的，也不是我搞錯設計的，我說實話，告訴大眾真相，憑什麼大家要責怪我？我告訴你，我不辭職！也不調職！」

你認為故事中主角為什麼會向媒體舉發這件事？

(1) 因為社會正義感。

(2) 因為公司沒有人願意聽他的話，賭氣為之。

如果你是公司主管，你會希望故事主角離開公司嗎？

(1) 會。

(2) 不會。

為什麼？

當我們依據一個價值（如「誠信」）去控訴他人時，其動力經常來自於另一個價值（如「維護社會公義」）。同樣地，我們可能根據第三個價值（如「不傷害第三者」）而放棄我們的控訴。在此情況下，道德兩難是雙重的。

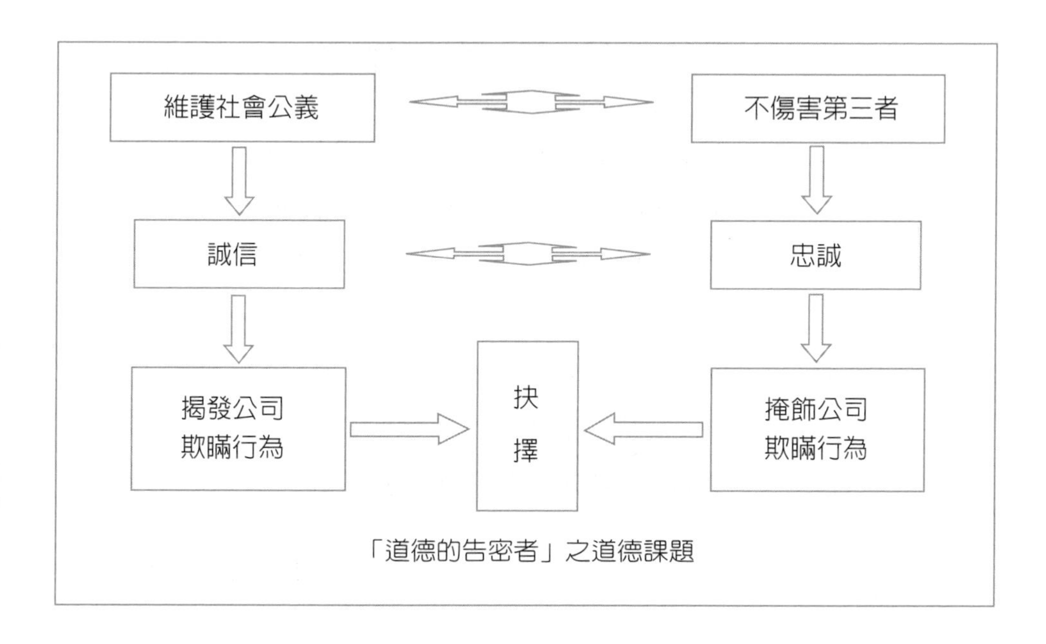

「道德的告密者」之道德課題

道德義務（道義）是個人爲避免「不義因我而起」所負的行爲責任，美德的追求則是個人爲求「公義因我而實現」所產生的使命。因此，「不愛你的鄰人」不能算不道德，但是「愛你的鄰人」則是美德；同理，「不寬恕你的敵人」不能算不道德，但是「寬恕你的敵人」則是美德。據此，則在上述的案例中，「不舉發不義」並不能算不道德，但是「舉發不義」就是美德了。換句話說，在這樣的案例中，無論舉發或不舉發，都是合乎道德原則的行爲。

我們如何思考這樣的道德困境？我們可以問：「從絕對道德的角度來看，怎樣的抉擇才是道德的？」我們也可以問：「從文化相對的角度來看，怎樣的抉擇才是道德的？」當然，我們還可以問：「從效用論的角度來看，怎樣的抉擇才是道德的？」然而，除了這三個角度，我們還有哪些角度可以思考？

再來看看下面一個實際發生過的案例之整理報導：

這是擁有一百六十八年歷史的英國暢銷小報《世界新聞報》（*News of the World*）在2011年7月10日出版最後一期的封面，該刊自此停刊，永遠走入歷史。導致《世界新聞報》關閉的主要原因是，警方的調查發現，該報曾僱人侵入一名遭殺害女孩電話的語音信箱，並刪除部分留言，導致警方及家人誤信女孩仍然生存，嚴重妨礙對女孩失蹤案的調查。

這件震驚全世界的竊聽醜聞之得以曝光，主要歸功於英國《衛報》（*Guardian*）記者戴維斯（Nick Davies）鍥而不捨的追查。事實上，《世界新聞報》竊聽醜聞始於2006年，當年王室事務記者古德曼（Clive Goodman）與私家偵探馬爾凱爾（Glenn Mulcaire）因為竊聽手機留言，被判刑四個月。《世界新聞報》的母公司為國際新聞公司，是澳洲傳媒大亨梅鐸（Rupert Murdoch）的新聞集團英國分支。國際新聞公司當時聲稱，竊聽只是「一小撮害群之馬」所為，古德曼因而被解僱，且入獄服刑。當時英國多數傳播媒體、社會大眾以及警方，都接受了這個講法，只有《衛報》記者戴維斯繼續在2009年7月報導：「《世界新聞報》2008年在梅鐸之子詹姆斯主導下，曾祕密支付七十萬鎊給竊聽受害人泰勒，以換取隱匿竊聽事件。」這則報導意味著，竊聽並非限於一小撮人，而是整個《世界新聞報》的高層都知情。

戴維斯的報導刊出後，警方馬上宣布進行調查，但是幾小時後就宣稱，並沒有新進展值得調查。國際新聞公司馬上趁勢反擊，狠批《衛報》誤導公眾。更糟的是，報業申訴委員會調查後亦堅持，竊聽只是《世界新聞報》「一小撮害群之馬」所為。因此，儘管《衛報》沒有放棄，戴維斯沒有放棄，他們的報導卻引不起關注，而一些關鍵線索又礙於英國法律不能公開。

直到《衛報》在2011年7月4日揭發，《世界新聞報》在2002年3月曾竊聽十三歲失蹤少女的手機留言信箱，公眾才發現，原來《世界新聞報》的竊聽對象已不只是達官貴人，他們連一般平民也不放過，這才終於引發眾怒。在輿論一片譁然之際，人們進一步發現，《世界新聞報》的竊聽行為其實並非「個案」。根據警方調查，一名私家偵探在三年內就曾替三百名以上的記者進行竊聽或跟蹤的任務。《世界新聞報》的醜聞不僅葬送了這家百多年歷史的小報，也讓媒體的道德責任和職業倫理受到最嚴厲的考驗。

根據美國國會所公布的竊聽案相關資料顯示，早從2007年起，《世界新聞報》就允許旗下記者竊聽電話，報社主管對於這種行為不但知情，而且支持。然而，在《衛報》舉發整個竊聽案之前，《世界新聞報》一直聲稱，只有古德曼一人涉及竊聽，報社主管並不知情，直到整個事件公開之後，該報管理階層才不得不承認這個長久以來的陋習。

你／妳認為戴維斯為什麼堅持報導《世界新聞報》的竊聽事件？

⑴ 為了社會公義。

⑵ 為了個人名利。

如果你／妳是《世界新聞報》的記者，你／妳發現整個報社都將竊聽當作獲取情報的手段時，你該如何自處？

⑴ 為了社會公義，向社會大眾揭發報社不當的竊聽行為。

(2) 既然大家都這樣做，我也只能隨波逐流。

(3) 辭職自清。

一、美德的追求

在許多情況下，我們常常認爲我們會表現出合乎道德行爲的原則，是因爲我們做出道德抉擇的「理由」比做出不道德抉擇的「理由」好。可是，理由的好壞判斷是主觀的，問題是，你要相信哪一種判準？你要相信道德自利主義者（Ethical Egoism）所說的，人該去做對自己最有利的行爲？

柏拉圖在他的《共和國》（*Republic*）一書中，曾經講過一個故事：

有個牧羊人Gyges意外從山洞裡撿到一個魔戒，只要轉動魔戒，戴魔戒的人就會變成隱形人，別人都看不到他。

先想一下，如果你得到這樣一個魔戒，你會做什麼？

Rachels在*The Ethics of Virtue*（2010）一文中告訴我們，接下來Gyges做了什麼事：Gyges戴上戒指，到皇宮去，引誘了皇后，殺死了國王，竊取了王位以及國王的財富！因爲他有魔戒，所以他做任何事都不會有人知道，因此也不可能得到懲罰。換句話說，他可以爲所欲爲而不會有任何不利於他的後果。在這種情況下，Gyges的行爲似乎是可以理解的。他順著自己的慾望，做出對自己最有利的行爲，但是，問題是，是不是所有的人只要有了魔戒，都會做出與Gyges一樣的行爲？就像《世界新聞報》的記者，只要有了掩護竊聽行爲的公司文化，所有的記者都會利用竊聽來獲取新聞呢？

答案顯然不是。然而，爲什麼有些人能抗拒誘惑，不會做出像Gyges那樣的行爲呢？Rachels認爲最可能的理由是出於對神聖戒律的順服與接受，例如，「不能違背神的旨意，做出不討神喜歡的事」，或者，「舉頭三尺有神明，若要人不知，除非己莫為」。但是，對一個無神論，又不相信因果報應的人來說，他／她又有什麼理由要壓抑自己的願望，做出合乎道德原則的行為呢？有一個好理由是，他／她想要成為一個「好人」。換句話說，當「做一個好人」是自己的願望時，抗拒誘惑便是自己的選擇，遵守道德原則便是合乎自己願望的行為。在沒有任何行為責任的情況下，不會做出與Gyges一樣的行為，而能遵守道德原則的人，便是有美德的人，因為他所追求的是「道德因我而實現」的生命，是擁有美好特質的自我。

有美德的人是什麼樣的人？需要具備什麼特質？亞里斯多德認為有美德的人就是，會將特定道德特質習慣性（habitual action）的表現在行為上的人。所謂習慣性，就是已經將該特質完全內化，不需思考也會自動表現出來。那麼什麼是道德特質？有一個簡單易懂的說法是：會讓別人喜歡親近的特質。我們喜歡有學問的老師教我們知識，喜歡有技術的師傅幫我們修車，但是，作為一個「人」，我們未必喜歡親近他們。因此，所謂美德，可以說，就是作為一個讓人喜歡的人所須具備的的特質。到底什麼樣的特質可以稱為美德？這個清單要列起來可就很長了：誠實、忠誠、慈悲、正義、慷慨、勇氣……等等，如果這樣來看美德，那麼，幾乎大部分的人都可以說是有美德的人了，因為平時當表現這些特質不需付出太大的代價時，大部分的人都會選擇表現出這樣的特質。例如，看到車禍有人受傷時，一般人會幫忙打電話報警，因為這是舉手之勞。但是，幫忙將傷者送醫院，就不是一般人會做的事了，因為那不僅必須花時間、花力氣，可能還會惹上麻煩。只有當人能不計代價、不論情境、不關對象，**「習慣性」**地、一致性地表現或實踐那些我們珍愛、重視的特質或價值時，我們才能說，那人是有美德的人。

讓我們再來看另一個眞實案例：

由雕塑家蒲添生所塑，林靖娟老師捨身救人之雕像。（臺北市立美術館美術公園）

健康幼稚園火燒車事件

1992年5月15日，臺北市私立健康幼稚園師生舉辦校外旅遊教學活動，其中一輛由司機楊清友駕駛的遊覽車，搭載了五十三位家長、學生及老師，在行經桃園縣平鎮市中興路時，因車輛震動電源變壓器，以致老舊電源線發生短路，導致電線走火、引燃易燃物而爆炸起火。此時司機楊清友先開啟右前門讓乘客逃離，接著想開啟後座安全門，卻發現安全門年久失修，無法打開，因此踢破安全門玻璃，自己先行爬出車外。遊覽車隨車小姐于桂英、幼稚園老師黃加添發現遊覽車的滅火器早已逾期三年，無法滅火。遊覽車起火後，路人除了立即報警外，也加入搶救行列。其中，幼稚園老師林靖娟原本已經逃出車外，但因惦念學生的安危，選擇重回火場，不斷上下車，來回奮勇救學生逃離火場，想從死神手中挽救更多孩子的生命。但終因火勢太大，最後懷抱四名幼童葬身火場，壯烈犧牲。這起車禍共造成二十三人死亡、九人輕重傷。

林靖娟老師的行為不是一般人做得到的行為，她愛人如己，甚至為了別人願意捨棄自己的生命。捨棄生命固然不是容易的事，然而，就是要捨棄身外物的財富，對一般人也不是容易的事。耶穌教導徒眾，當世界上有人挨餓時，就該散盡自己所有的財富去幫助窮人。顯然，這樣的教誨對一般人而言，也是很難完全遵從的。慈悲、慷慨分享，都是我們共同認定的道德原則，但是道德原則的實踐有其一定的人性限制。即使撇開生命這一最極端的犧牲，仔細想想，為了道德原則我們又能捨棄財富、名聲、時間、親情、愛情、友情到什麼程度呢？

通常的情況，我們無論是對自己或對別人的道德要求，大抵都有一個界限，就是不損失自己的利益為前提。最簡單的例子是，我們通常會譴責一個霸占博愛座不讓位給老人家的年輕人，但是如果我們知道他當天因為打工、考試，的確十分疲累，自然就會收回我們的譴責，覺得情有可原。同樣地，當我們知道有企業為了賺錢而使用致癌塑化劑作為食物起雲劑時，我們會強烈譴責公司主管，但是對於知情員工的譴責就不會那麼強烈。為什麼？因為，要求別人做出自己未必做得到的事情，實在是不近情理。然而，也是因為我們知道人性的弱點，所以，對於能夠克服人性弱點、堅持道德原則的人，我們自然而然會敬佩、會喜歡這樣的人，尊稱他們是聖人、是義人。簡而言之，他們是有美德的人。

從林靖娟老師的例子，還有另一個角度來思考何謂「美德」。假設同樣是火燒車，有一位媽媽不顧危險衝上車救自己的小孩，最終不幸罹難。這位奮不顧身的媽媽顯然也是有美德的人，但是她成就的美德是母愛，林靖娟老師成就的則是大愛。母愛此一美德是有對象性的親情，大愛則是無特定對象的慈悲心，相較之下，「愛」此一美德，從「順手捐發票」的小愛，到捨身成仁的大愛，根據實踐的方式（是否犧牲自己的利益），以及實踐的對象（是否針對特定對象），似乎有個美德的光譜，引領我們從道德義務的實踐不斷去追求美德的最高境界。

也許，最終我們並沒有所謂「道德上正確的行為」（morally right action），因為有時候我們的確很難斷定什麼是道德上正確的行為或錯誤的行爲，例如，公司新進職員知道直屬長官違反公司規定向廠商拿回扣，究竟該不該向公司舉發此事？若是不舉發就是道德上錯誤的行爲嗎？Anscombe認爲我們有一個更好的描述與判斷行爲的方式，就是「無法容忍的」、「不公平的」、「膽小的」、「鄉愿的」。換句話說，也許我們永遠無法明確地告訴自己或別人「什麼」是對的行爲，「什麼」是錯的行爲，但是如果我們相信人類是理性的動物，最重要的是，我們不像其他動物單憑直覺或習慣來決定行爲，而是能夠根據理性來判斷行爲的理由，並選擇較「合理的」理由作爲行爲的準則。因此，儘管我們的行爲在很多時候看起來似乎互相矛盾，但是只要那都是我們認眞思考道德原則、努力追求美德的結果，我們便能夠期待一個因爲活得明白而更加令自己滿意的人生。

參考資料

Rachels, J. (Sixth Edition by Rachels, S.) (2010). Ethical Egoism. In *The Elements of Moral Philosophy* (pp.62-79). Boston: McGraw Hill.

Rachels, J. (Sixth Edition by Rachels, S.) (2010). The Ethics of Virtue. In *The Elements of Moral Philosophy* (pp.138-172). Boston: McGraw Hill.

第二篇

企業倫理——道德困境研究

第九章

政府公路客運偏遠路線的虧損補貼政策是德政嗎？以桃園地區業者爲例

楊世勳[1]、嚴奇峰[2]、李雨師[3]

摘要

公路客運偏遠服務路線以專屬車輛及固定班次行駛，因其需求不高且班次有限，服務水準經常無法滿足民眾需求，同時也造成業者經營虧損，因此政府給予業者在偏遠服務路線部分給予營運虧損補貼，業者基於企業社會責任的因素也勉力的慘澹經營。惟近年來油價持續上漲，相關原物料成本及人事薪資等費用急遽增加，業者基於經營效益提出路線停駛申請，惟因公路客運偏遠服務路線涉及部分公眾利益，政府均未核准，導致業者陷入營運困境。

本研究以個案研究方法針對個案公司多年的營運資料，來分析業者虧損路線的營運成本效益及整體績效，認爲政府補助並無法改變業者虧損的事實，政府應回歸市場機制，鼓勵業者應可透過路線整併策略，裁撤虧損路線，提升業者經營效能，減輕政府財政負擔，避免以多數納稅義務人的負擔來進行無效率的服務，進而降低民眾對公帑浪費印象，最終能營造政府、業者、民眾三方皆贏的局面，方能眞正落實企業的社會責任。

關鍵字：公路客運業；營運虧損補貼；營運績效；企業社會責任

（說明：本文原稿發表於「2019企業倫理與社會責任精進國際學術研討會」中，而本文後經作者們討論修改並簡化後定稿。）

1 中原大學企業管理學系博士班研究生。
2 中原大學企業管理系教授。
3 中原大學企業管理系副教授。

壹、緒論

一、研究背景

公路客運偏遠服務路線以專屬車輛及固定班次行駛，因其需求不高且班次有限，除服務水準除無法滿足民眾，及造成業者虧損之雙輸局面（Mulley & Nelson, 2009）。雖然政府自1996年起爲改善大眾運輸服務品質持續制定各項「促進大眾運輸發展方案」，實施對業者路線營運虧損及車輛汰舊換新補助措施，雖有改善客運業者經營環境，但偏遠服務路線因民眾搭乘不高，營運績效不佳，及虧損補貼經費之不足與不穩定仍呈現虧損（張有恆等人，2007）。再加上近年來油價持續上漲，相關原物料成本及人事薪資等費用急遽增加，業者基於經營效益提出路線停駛申請，因公路客運涉及公眾利益及社會福利分配（Yoshida, 2004; Odeck, 2008; Hirschhausen and Cullmann, 2010），政府均未核准，使業者陷入經營困境。

社會大眾及政府總認爲客運業者應以企業的責任去照顧偏鄉民眾交通需求，然所有的企業皆以營利爲目的，企業必須對股東及所有利害投資關係人的期望負責（Fisher, 2004）。企業在面對獲利與照顧偏鄉民眾的兩難情境時，企業該如何抉擇？這之間應該有理論脈絡可以做進一步的分析與探究。而政府在路線虧損補助政策擬定上，是否忽略了某項要素致使情況陷入如此僵局？本研究擬對上述議題做出脈絡梳理並找出癥結所在。

二、研究目的

根據前節所描述的研究背景動機，本研究欲以客運業者路線營運績效，探討公路客運偏遠路線的虧損補貼政策制度是否是政府的德政？

因此本研究目的：

㈠探討客運業者虧損路線營運績效。

㈡分析客運業者營運成本效益。

㈢論述政府政策或企業社會責任的兩難。

三、研究範圍

本研究之研究範圍，分爲時間範圍及空間範圍兩大部分說明。

㈠時間範圍

自1996年起政府即施行「促進大眾運輸發展方案」，對業者虧損路進行補貼。期間業者因路線整併、裁撤原因導致路線線數更動調整及2014年桃園縣人口超過二百萬人改制升格爲直轄市（地方自治法第四條），公路客運管理權於2017年正式移轉爲桃園市政府（公路法第34條及汽車運輸業管理規則第2條規定）， 因此考量資料獲取之完整性，選定以2012-2016年做爲本研究之研究的時間範圍。

㈡空間範圍

桃園地區公路客運業者現接受政府路線虧損補貼，有A客運和B客運二家公司，其中A客運公司有58條路線、B客運公司僅有1條接受政府路線虧損補貼，因較無代表性，因此本研究擬選定A客運爲研究對象。

貳、理論與法規探討

探討文獻的目的是在學習吸收其他人研究及專家學者的經驗成果，可避免重覆錯誤並縮短學習歷程，進而利用相關文獻的理論精華驗證本研究之成果。

本研究將嘗試以過去公路客運營運績效文獻，配合本研究的主題：政府公路客運偏遠路線的虧損補貼政策是德政嗎？作爲探討的主題。

一、補貼路線與企業社會責任

政府路線的虧損補貼政策是以企業倫理和企業社會責任理念輔導監督接受政府補貼的業者，然企業倫理與社會責任的內涵容易混淆，很多人將「企業倫理」與「社會責任」混淆使用，但事實上，他們並不是同件事（Ferrell & Geoffrey, 2000）。企業倫理確實是組織中決策和行爲的最高指導原則。要求業者應以高的道德標準配合實行政府公共政策。應重視企業倫理的實踐，必須擁有能夠將道德常規納入企業的願景中，要做對的事，重視誠實、信任與正直的策略領導者（Ireland & Hitt, 1999）。而企業的社會責任是指組織針對其位居其中運作的社會，爲了保護該社會所必須善盡的義務（Griffin, 1999）。政府路線的虧損補貼政策以社會正義的觀點，藉以分配的原則弭平社會上的不平等（林煥民，2008），照顧偏遠地區民眾行的基本權利，雖然偏遠地區路線並無經營績效和價值，但偏遠地區民眾仍以自我權利要求政府不得停駛，雖然有學者認爲權利之間有著不同的權重比例以及取捨標準（Cohen, 2001）。而企業以功利觀點是以爲利害關係人帶來最大幸福或減少痛苦感受的行爲就是符合道德標準（Cohen, 2001）。民營企業經營需對股東、員工、政府、社會大眾等內外部利害關係人（stakeholders）負有一定的責任，如圖9-1所示。

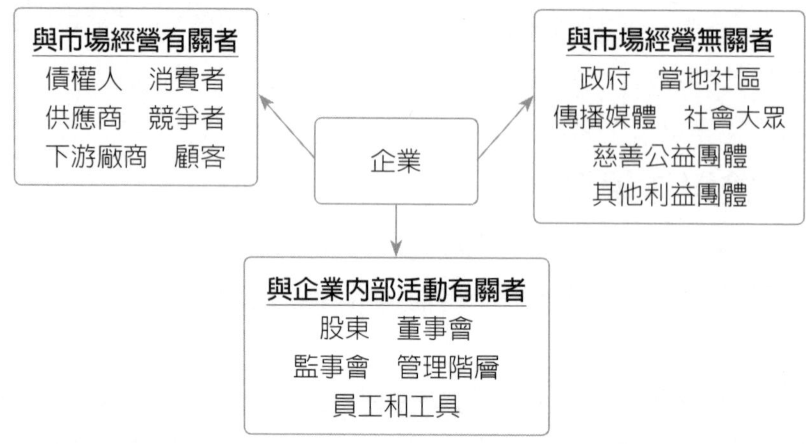

圖9-1　企業與利益關係人

資料來源：本研究整理自Frederick, Post, & Davis（1992）、Carroll（1989）及黃營杉（2005）

企業和社會一直關注企業社會責任（CSR）這一主題（Klonoski, 1991）。企業社會責任基於商業運作必須符合可持續發展，企業除考量本身的財政和經營狀況外，也要考量對社會和自然環境所造成的影響。有學者認爲在符合法律及道德規範前提下，企業追求經濟利益極大化就是盡到其社會責任（Friedman, 2007; Levitt, 1958）。企業應先奠定其經濟利潤基礎，才有能力逐步達到其企業的社會責任，包括社會對企業組織的經濟，法律，道德和酌情期望給定的時間點（Carroll, 1991），如圖9-2所示。

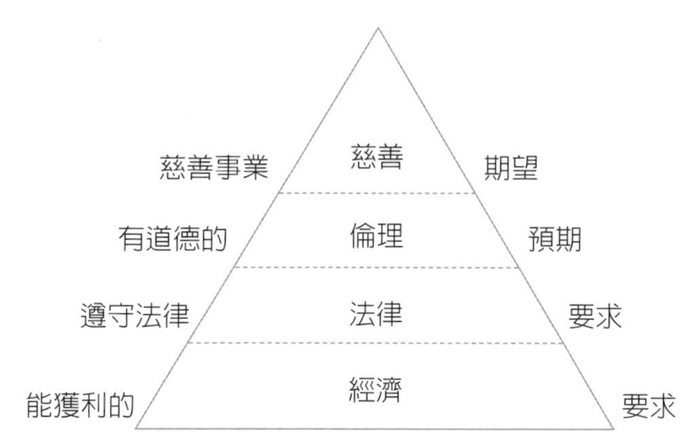

圖9-2　四個構面的社會責任金字塔

資料來源：本研究整理自Carroll（1991）

因此客運業者在虧損路線經營上是否背離遵守企業社會責任的企業必須先有基本獲利方能存在的基本要求。若企業無法獲利甚至因虧損無法存續，又如何有能力擔負其社會責任？

二、公路汽車客運現況分析

㈠公路汽車客運業定義

依據公路法第三十四條及汽車運輸業管理規則第二條規定，公路汽車客運業，在核定路線內，以公共汽車運輸旅客爲營業者，行駛於國道爲國道客運。餘者均稱爲一般公路客運，本研究之範圍爲後者。

㈡公路汽車客運業營運概況

本研究以2012-2016年有公路客運營運資料共有38 家業者，經整理分析經營情形，現營運車輛有1萬5,062輛、年營業收入339億2,253萬元、行駛11億3,310.1萬公里、載客人數12億738.9萬人、每公里收入28.79元（如表9-1所示）。

表9-1　2012-2016年國內公路汽車客運業營運概況表

年份	車輛數（輛）	客運收入（千元）	行車里程（千）	客運人數（千人次）	延人公里（千人）	公里收入（元）	延人公里（人）
2012	14,804	33,922,530	1,126,495	1,184,189	9,507,865	30.11	8.4
2013	14,771	34,720,013	1,121,206	1,248,393	8,986,765	30.97	8.0
2014	14,991	36,191,953	1,136,824	1,204,028	9,288,364	31.84	8.2
2015	15,135	28,601,751	1,125,826	1,186,701	8,776,466	25.41	7.8
2016	15,609	29,696,856	1,155,154	1,213,632	8,715,435	25.71	7.5
平均	15,062	32,626,621	1,133,101	1,207,389	9,054,979	28.79	8.0

資料來源：本研究整理自中華民國公共汽車商業同業公會聯合會各年度資料

三、公路客運偏遠服務補貼政策

㈠促進大眾運輸發展方案

政府為輔導大眾運輸突破「外部經營環境惡化」及「內部營運環境艱困」之雙重惡性循環，於1995年頒布「促進大眾運輸發展方案」，明定我國運輸發展史上首次大眾運輸補貼政策，政府補貼偏遠路線營運虧損等（王穆衡、翁美娟、張贊育及黃立欽，民92）。現行公路運輸補貼作業之制度係依「發展大眾運輸條例」及「大眾運輸事業補貼辦法」之相關規定的補貼係指資本補貼與虧損補貼，限於經營偏遠、離島或特殊服務性路線之大眾運輸事業（如表9-2所示）。

㈡大眾運輸事業補貼辦法

交通部於95年5月12日訂定發布「大眾運輸事業補貼辦法」，並依該辦法第5條授權訂定之「公路汽車客運偏遠服務路線營運虧損補貼審議及執行管理要點」第2點第3項規定路線里程60公里以下，每日行駛2班次以上、30班次以下、每車公里載客15人公里以下，且營運有虧損之路線均得申請營運虧損補貼。至此辦理偏遠路線營運虧損補貼作業始有法律之依據（邱裕鈞，2012）。

表9-2　全國「促進大眾運輸發展方案」概況表

計畫名稱	計畫內容
1996-2001 促進大眾運輸發展	1.解決都市及城際交通擁擠，提供偏遠地區基本之大眾運輸服務 2.以及改善大眾運輸業者經營環境，提升服務品質
2001-2004 振興公路大眾運輸發展	1.辦理大眾運輸營運虧損補貼作業 2.規劃推動「促進大眾運輸發展方案」後續推動方案 3.訂定公路營運費徵收及使用辦法
2003-2007 國家發展重點計畫	1.規劃整合公路、市區客運與軌道運輸服務 2.規劃構建轉運中心及高乘載優先通行設施 3.推動公車限齡汰換及補助汰換全新或較新車輛 4.提升公共運輸票證及資訊服務效能 5.補貼偏遠（離島）服務性路線營運虧損 6.健全營運服務評鑑制度
2010-2012 公路公共運輸發展	1.加速車輛汰舊換新 2.推動縣市公車營運服務評鑑制度 3.對服務性路線或偏遠、離島地區民眾基本運輸服務提供補貼 4.推動建置「動態管理系統」 5.提升公共運輸票證服務效能
2013-2015 公路公共運輸提升計畫	1.推動公車限齡汰換及補助汰換全新或較新車輛 2.提升公共運輸票證及資訊服務效能 3.補貼偏遠（離島）服務性路線營運虧損 4.智慧型公車

資料來源：本研究整理自黃運貴等人（2009）及交通部公路總局公路公共運輸年報（2016）

三、補貼制度之相關研究

公共運輸補貼制度最先於國外1970年代開始，根據學者針對公共運輸系統進行補貼研究。發現當補助款增加，會造成總勞工生產力降低，服務車公里增加（Bly and Webster, 1980）。補貼會造成班次、乘客數及票款收入減少，而工資及每車公里成本增加（Anderson, 1983）。政府補貼數額會使每車小時單位成本及每小時工資上升，員工車小時產出則會下降

（Pucher, 1988）。而我國現行補貼制度係採虧損補貼，其核定是以其合理營運成本扣減營運收入計算虧損補貼金額，此做法有鼓勵客運業者降低載客數量及降低服務投資成本，以爭取較高補貼金額，使客運業者缺乏行銷及服務改善之誘因之虞（邱裕鈞，2012）。

如何能夠維持公共運輸系統補貼穩定財源，因此對補貼款的分配與補貼效果監督一直是政府重視的課題，因此針對路線補貼制度多以營運虧損補貼爲主，以成本效率管控爲制度考量，因此對補貼對象均認定設有門檻值，包括班次數、乘載率、營運里程及路線重疊度等，並設定補貼額之上限，以期能激勵業者成長，也因此政府路線虧損補貼無法彌補業者實際虧損情形，虧損路線服務品質及營運條件一直無法改善。

雖然也有許多實證分析顯示，公共運輸的補貼皆能有效提升客運運輸服務和達到照顧偏遠地區民眾基本民行權益之目的，但相對也造成客運業者的生產力或營運成本的負面的影響，其主要原因是政府核定補貼款收入均較業者實際虧損較低，故對其投入虧損路線之經營較不積極。

參、研究方法

本章參考上述研究流程與文獻回顧內容，確立本研究之目標與進行方式。本章目的在進一步說明研究之概念架構以及操作步驟，整合相關研究及理論，以檔案研究法針對現A客運現有公路客運路線及受補貼之虧損路線進行營運績效評估。

以下爲本研究流程之三大階段：

一、研究流程

㈠資料前處理

根據研究範圍之設定，收集現個案客運營運相關資料，如總行駛里程、延人／車公里、營運收入及成本等營運資料。公路客運公司每年營運資料，也是本研究主要的部分，此項資料係由「中華民國汽車客運商業同業公會聯合會」所提供之臺灣地區2012-2016年公路客運業年度統計資料；第二部分為A客運公司2012-2016年每年申請與獲得補貼款資料，此項資料由交通部公路總局提供取得。

㈡路線分組

對個案公司公路客運路線進行分組。此階段本研究將先利用營運績效資訊區分「營運績效路線」及「營運虧損路線」。

㈢分組路線績效評估

以檔案分析法分別對各組之營運績效進行驗證。透過上述文獻回顧對本研究現有資料選擇適合衡量之投入及產出項，並作為後續分析之依據。

二、個案公司研究

㈠公司概況

A客運公司創立於民國前8年，現有員工人數共973人，車輛數624輛，營運路線包含公路客運86條、市區公車34條、國道客運5條，2處修車廠、11個營運調度站及保養班，資本額為新臺幣9.7億元。主要服務項目包含公路汽車客運業、市區汽車客運業、遊覽車客運業、汽車之維修與保養事項等（如表9-3所示）。

表9-3　A客運公司經營概況表

營業項目名稱	營業項目資源
公路汽車客運業	公路班車路線86條 國道班車路線5條 車輛數353輛 班車調度站8處（兼停車場） 轉運車站4處
市區汽車客運業	市區公車路線34條 車輛數233輛 公車調度站3處 轉運車站4處
遊覽車客運業	車輛數38輛

資料來源：本研究整理自A客運公司資料

㈡公路客運路線營運概況

本研究整理分析A客運公司現有公路客運路線86條，營運虧損路線有58條，具有營運績效路線僅28條，該公司有67.4%路線均呈現為營運虧損狀態（如附件所示），可見公路客運經營環境之艱辛。

若再針對其2012-2016年之86條公路客運路線營運資料進行分析，分析資料顯示，其每公里載客8.36人、每公里收入35.89元，其每行駛一公里則虧損1.019元，平均每年虧損1,784.8萬元，分析資料顯示其整體路線營運績效不彰（如表9-4所示），其公路客運路線之經營實有汰弱留強之必要和急迫性。

表9-4　A客運公司2012-2016年公路客運營運概況（含虧損路線）

年份	營運收入（元）	行車里程（公里）	公里載客（人）	公里收入	公里成本	公里收益	路線損益（元）
2012	659,290,914	18,212,988	9.59	36.20	37.271	-1.071	-19,506,110
2013	649,430,695	17,731,575	9.04	36.63	37.758	-1.128	-20,001,217
2014	659,829,460	17,897,505	8.62	36.87	38.299	-1.429	-25,575,535
2015	593,017,593	19,286,209	7.59	30.75	34.925	-4.175	-80,519,923
2016	811,274,428	20,797,369	6.94	39.01	36.300	2.710	56,360,870
平均	674,568,618	18,785,129	8.36	35.89	36.911	-1.019	-17,848,383

資料來源：本研究整理自中華民國公共汽車商業同業聯合會各年度資料

㈢營運績效路線

本研究整理分析A客運公司2012-2016年公路客運之營運績效路線有28條，平均全年營運收入為5,586.9萬元，每公里載客8.77人，每公里收入為38.7元，年收益為2,586.6萬元（如表9-5所示），雖其名為營運績效路線，但由實際營運資顯示其營運狀況亦不甚理想，可見公路客運經營之困難。

表9-5　A客運公司2012-206年公路客運營運績效路線營運概況

年份	營運收入（元）	行車里程（公里）	公里載客(人）	公里收入	公里成本	公里收益	盈餘
2012	550,262,012	13,993,227	10.3	39.32	37.271	2.052	28,720,448
2013	529,946,984	13,138,144	9.77	40.34	37.758	2.579	33,876,943
2014	537,104,925	13,609,466	9.08	39.47	38.299	1.167	15,875,987
2015	477,980,627	15,018,507	7.71	31.83	34.925	-3.099	-46,540,730
2016	698,182,210	16,418,119	6.97	42.53	36.300	6.225	102,204,490
平均	558,695,352	14,435,492	8.77	38.70	36.911	1.792	25,866,907

資料來源：本研究整理自中華民國公共汽車商業同業聯合會各年度資料

㈣營運虧損路線

本研究整理分析A客運公司2012-2016年公路客運營運虧損路線58條營運資料，資料顯示其年營運收入6,242萬元、每公里載客7.3人、每公里收入僅14.34元，每公里虧損22.571元，其平均年虧損爲9,817.5萬元（如表9-6所示），雖然虧損路線自85年起即有接受政府補貼輔導，但其營運狀況並未因政府補貼而有所改善，虧損路線實不具營運價值，業者勉強繼續營運除嚴重侵蝕客運公司的整體效益外，也造成政府財政沉重負擔，對民眾亦有公帑浪費之感。

表9-6　A客運公司2012-2016年公路客運虧損路線營運概況

年份	營運收入（元）	行車里程（公里）	公里載客	公里收入	公里成本	公里虧損	虧損金額
2012	53,269,417	4,219,762	8.3	12.62	37.271	24.651	104,021,341
2013	65,998,699	4,593,431	6.9	14.37	37.758	23.388	107,431,168
2014	64,869,130	4,288,039	7.2	15.13	38.299	23.169	99,349,578
2015	64,815,074	4,267,702	7.2	15.19	34.925	19.735	84,223,099

年份	營運收入（元）	行車里程（公里）	公里載客	公里收入	公里成本	公里虧損	虧損金額
2016	63,151,702	4,379,250	6.8	14.42	36.300	21.880	95,817,990
平均	62,420,804	4,349,637	7.3	14.34	36.911	22.571	98,175,657

資料來源：本研究整理自交通部公路總局各年度資料

由上述資料顯現業者在經營公路客運之困難，若政府僅以企業社會責任的角度要求客運業者，無視客運業者經營難處及虧損路線經營上是否背離遵守企業社會責任的企業，必須先有基本獲利方能存在的基本要求。若企業無法獲利甚至因虧損無法存續，又如何有能力擔負其企業社會責任？

肆、結果分析

本章首先將所需資料進行了解，並對其結果進行整理與分析。在確認結果之後，比較總體營業收支、公路客運營運及虧損補貼路線等營運概況，探討其中差異。

一、營運資料彙整

首先本研究將A客運公司2012-2016年之營運資料進行整理及分析，並分別就其總體營業收支概況、公路客運概況及虧損路線營運概況之分析結果臚列於後。

㈠總體收支營運概況

就A客運公司之公共汽車客運之整體營運收入、營業支出進行整理分析，平均年營業收入爲13億6,590.9萬元、每公里收入爲37.603元，每公里成本爲36.859元，年收益爲2,702.9萬元，其整體營業狀況差強人意，尚有盈餘（如表9-7所示）。

表9-7　A客運公司2012-2016年收支營運概況表

年份	總收入（元）	總支出（元）	行車里程（公里）	公里收入（元）	公里成本（元）
2012	1,318,009,746	1,284,859,279	34,473,275	38.233	37.271
2013	1,328,053,810	1,300,652,661	34,447,149	38.553	37.758
2014	1,355,998,444	1,338,497,078	34,948,961	38.799	38.299
2015	1,401,924,092	1,321,459,349	37,837,430	37.051	34.925
2016	1,425,563,835	1,448,937,406	39,916,099	35.714	36.300
平均	1,365,909,985	1,338,881,155	108,653,308	37.603	36.859

資料來源：本研究整理自中華民國公共汽車商業同業聯合會各年度資料

二、公路客運營運概況

A客運公司2012-2016年之公路客運86條路線營運資料進行整理分析，分析資料顯示（如表9-8所示），其每公里載客8.36人、每公里收入35.89元，若再以上述之每公里成本36.910元進行分析、平均每年虧損1,784.8萬元，資料顯示其整體路線營運績效不彰，其公路客運路線之經營實有汰弱留強之必要和急迫性。

表9-8　A客運公司2012-2016年公路客運營運概況（含虧損路線）

年份	營運收入（元）	行車里程（公里）	總延人公里（人）	公里載客	公里收入	公里成本	路線損益（元）
2012	659,290,914	18,212,988	174,623,761	9.59	36.20	37.271	-19,506,110
2013	649,430,695	17,731,575	160,285,361	9.04	36.63	37.758	-20,001,217
2014	659,829,460	17,897,505	154,351,278	8.62	36.87	38.299	-25,575,535
2015	593,017,593	19,286,209	146,426,606	7.59	30.75	34.925	-80,519,923
2016	811,274,428	20,797,369	144,276,057	6.94	39.01	36.300	56,360,870
平均	674,568,618	18,785,129	155,992,613	8.36	35.89	36.911	-17,848,383

資料來源：本研究整理自中華民國公共汽車商業同業聯合會各年度資料

三、虧損路線營運概況

本研究整理分析A客運公司2012-2016年公路客運營運虧損路線58條營運資料，資料顯示其年營運收入6,242萬元、每公里載客7.3人、每公里收入僅14.34元，每公里虧損22.571元，其平均年虧損爲9,817.5萬元（如表9-9所示），再從其2015及2016年的營運資料顯示其每公里收入和載客人數都有呈現遞減下滑之情形，雖然虧損路線自85年起即有接受政府補貼輔導，但其營運狀況並未因政府補貼而有所改善，虧損路線實不具營運價值，業者勉強繼續營運除嚴重侵蝕客運公司的整體效益外，也造成政府財政沉重負擔，對民眾亦有公帑浪費之感。

表9-9　A客運公司2012-2016年公路客運虧損路線營運概況

年份	營運收入（元）	總延人公里(人)	公里載客	公里收入	實際公里成本	公里虧損	虧損金額
2012	53,269,417	30,531,176	8.3	12.62	37.271	24.651	104,021,341
2013	65,998,699	31,895,287	6.9	14.37	37.758	23.388	107,431,168
2014	64,869,130	30,773,883	7.2	15.13	38.299	23.169	99,349,578
2015	64,815,074	30,573,504	7.2	15.19	34.925	19.735	84,223,099
2016	63,151,702	29,852,813	6.8	14.42	36.300	21.880	95,817,990
平均	62,420,804	30,725,333	7.28	14.34	36.911	22.571	98,175,657

資料來源：本研究整理自交通部公路總局各年度資料

四、虧損路線補貼概況

現行虧損路線補貼金額之計算方式是其政府核定之合理營運成本扣除載客收入計算，A客運公司公路客運虧損路線營運資料進行整理分析，本節以政府核定之每公里合理成本38.894元計算，每公里虧損爲24.55元、每年營運虧損金額即高達1億677.7萬元，礙於政府預算編列及請領規定之因素，實際核定補貼金額僅5,345萬元，與實際虧損尚有5,332.4萬元之差距（如表9-10所示），其不足金額業者均須全盤吸收，對業者經營負擔之沉重。由分析資料顯示政府補貼金額實無法彌補業者之路線營運虧損，且嚴重侵蝕業者營運影響績效，以企業經營績效之理念，虧損路線實無經營之價值。

表9-10　A客運公司2012-2016年公路客運虧損路線營運補貼概況（政府核定成本）

年份	營運收入（元）	行車里程（公里）	公里收入	合理成本	公里虧損	虧損金額	虧損補貼核定金額
2012	53,269,417	4,219,762	12.62	39.716	27.092	114,322,631	55,759,485
2013	65,998,699	4,593,431	14.37	39.716	25.348	116,434,013	53,485,012
2014	64,869,130	4,288,039	15.13	39.716	24.588	105,434,631	57,855,405
2015	64,815,074	4,267,702	15.19	37.662	22.472	95,915,119	50,221,892
2016	63,151,702	4,379,250	14.42	37.662	23.242	101,779,604	49,940,516
平均	62,420,804	4,349,637	14.34	38.894	24.554	106,777,200	53,452,462

資料來源：本研究整理自交通部公路總局各年度資料

五、虧損路線營運補貼概況之檢討

有鑑於前述政府補貼金額無法彌補業者之路線營運虧損，且嚴重侵蝕業者營運績效，本節將A客運公司2012-2016年之公路客運虧損路線與其公路客運營運資料進行切割分析，發現其每公里由原收入35.89元提升爲36.911元、其營運收益可由原來的每年虧損1,784.8萬元，翻轉爲盈餘2,586.6萬元，其營運績效特別顯著（如表9-11所示），可見業者經營虧損補貼路線，除損及業者營運績效外，亦有浪費政府公帑之疑慮，更有悖企業經營效率之宗旨。

表9-11　A客運公司2012-206年公路客運營運概況（不含虧損路線）

年份	營運收入（元）	行車里程（公里）	延人公里（人）	公里載客（人）	公里收入	公里成本	盈餘
2012	550,262,012	13,993,227	144,092,585	10.3	39.32	37.271	28,720,448
2013	529,946,984	13,138,144	128,390,074	9.77	40.34	37.758	33,876,943
2014	537,104,925	13,609,466	123,577,395	9.08	39.47	38.299	15,875,987
2015	477,980,627	15,018,507	115,853,102	7.71	31.83	34.925	-46,540,730
2016	698,182,210	16,418,119	114,423,244	6.97	42.53	36.300	102,204,490
平均	558,695,352	14,435,492	125,267,280	8.77	38.70	36.911	25,866,907

資料來源：本研究整理自中華民國公共汽車商業同業聯合會各年度資料

六、虧損路線與績效路線重疊情形

A客運公司58條虧損路線大多與28條績效路線有重疊行駛之情形，路線重疊比率超過50%就有20條，僅有7條未有與績效路線重疊（如表9-12所示），業者雖有考量政府預算不足及避免行車資源浪費，均有依監理規定辦理路線整併、裁撤重疊路段及行駛未重疊路段之區間車之申請，但因政府考量民眾便利性或礙於地方民意壓力而未有核准，以致虧損路線自1996年實施補貼迄今，長期存在著路線營運績效不佳業者改善無期、政府補助無力、浪費公帑之民眾觀感情形。

表9-12　A客運公司虧損路線與主線重疊統計表

序號	路線編碼	許可證里程	重疊里程	比率	序號	路線編碼	許可證里程	重疊里程	比率
1	5001	13.55	7.4	54.6%	30	5105	28.8	1.8	6.3%
2	5064	13.85	4.15	30.0%	31	5107	16.4	13.2	80.5%
3	5068	5.9	2.85	48.3%	32	5097	8.2	1.8	22.0%
4	5065	11.8	4.7	39.8%	33	5110	8.5	0	0.0%
5	5057	24.3	4.7	19.3%	34	5051	8.4	0	0.0%
6	5071	25.4	14.6	57.5%	35	5049	5.2	0	0.0%
7	5020	26.5	15.3	57.7%	36	5050	25.9	11.3	43.6%

序號	路線編碼	許可證里程	重疊里程	比率	序號	路線編碼	許可證里程	重疊里程	比率
8	5021	23.3	14.9	63.9%	37	5055	25.7	10.8	42.0%
9	5016	18.6	12	64.5%	38	5006	6.95	0	0.0%
10	5023	20.6	16	77.7%	39	5027	30.2	14	46.4%
11	5015	23.6	16.6	70.3%	40	5028	9.4	0	0.0%
12	5083	3.8	0	0.0%	41	5031	27.4	14	51.1%
13	5084	4.7	0.6	12.8%	42	5026	16.1	9.2	57.1%
14	5085	7.1	0.6	8.5%	43	5039	50.1	33.5	66.9%
15	5040	29.85	15.55	52.1%	44	5032	22.3	14	62.8%
16	5061	12.55	7.45	59.4%	45	5033	24.0	14	58.3%
17	5018	10.95	3.85	35.2%	46	5041	26.6	12	45.1%
18	5019	18.25	9.3	51.0%	47	5043	19.0	11.8	62.1%
19	5008	18.3	11.65	63.7%	48	5025	19.1	12.8	67.0%
20	5010	17.72	11.07	62.5%	49	5038	12.0	7.5	62.5%
21	5056	25.5	18.3	71.8%	50	5118	12.2	2.5	20.5%
22	5044	25.6	15.0	58.6%	51	5081	15.2	0.1	0.7%
23	5060	10	5.2	52.0%	52	5082	16.7	6.5	38.9%
24	5101	14.7	1.4	9.5%	53	5077	15.0	4.6	30.7%
25	5109	46.8	19.9	42.5%	54	5017	23.2	7.8	33.6%
26	5093	53.8	19.9	37.0%	55	5078	14.9	4	26.8%
27	5094	65.8	5.8	8.8%	56	5106	28.5	1.8	6.3%
28	5099	15.3	7.9	51.6%	57	5090	76.1	17	22.3%
29	5104	19.9	1.8	9.0%	58	5091	75.3	16.2	21.5%

資料來源：本研究整理自A客運公司各年度資料

伍、結論與建議

一、結論

由研究發現政府補貼政策有無法彌補業者虧損及造成路線服務績效不彰，規劃不周的因素，使得客運業者在嚴重營運虧損及嚴苛經營環境下，實無力扮演好企業社會責任角色，亦非政府原制定公路客運偏遠路線的虧損補貼政策之德政初衷。

㈠補貼政策無法彌補業者虧損

本研究發現地區公路客運目前困境是經營績效不彰虧損嚴重，雖政府與予營運虧損補貼，惟受限編列財源不足、設有包括班次數、乘載率、營運里程及路線重疊度之門檻，及有補貼額之上限不符實際需求之法規限制等因素，個案A客運公司的每年路線營運虧損金額9,817.5萬元，而政府實際核撥業者的營運損補貼金額僅5,345萬元，與實際虧損尚有4,472萬元之差距，補貼金額實無法彌補業者虧損，除對業者造成沉重的經營負擔，政府亦無法全力要求業者改善提升營運服務品質。

㈡補貼政策造成服務績效不彰

雖然有研究顯示，公共運輸的補貼能有效提升客運運輸服務和照顧偏遠地區民眾基本行的權益之目的，但相對會造成客運業者的生產力或營運成本的影響。誠如學者們研究指出的補貼路線政策，會造成總勞工生產力降低，班次、乘客數及票款收入減少，工資及車公里成本增加等負面影響。且現行補貼制度係採虧損補貼，似有鼓勵客運業者降低載客數量及降低服務投資成本，以爭取較高補貼金額，使客運業者缺乏行銷及服務改善之缺點，建而影響民眾的權益。

㈢補貼政策致業者無力承擔企業社會責任

以個案A客運公司的每年路線營運虧損金額高達9,817.5萬元，而政府核撥的補貼金額並無法彌補業者虧損損失，亦連帶拉低其整體營運績效，對業者造成經營負擔之沉重，除無法面對企業必須對股東及所有利害投資關係人的權益，如何再有能力去承擔企業社會責任和維護政府所託付的公眾利益的責任呢？

二、建議

交通係民眾生活之基本權利，對地區之弱勢族群更是不可或缺之生存權，政府應予必要之尊重與維持（監察院，民99）。如何讓公路客運業者在再無虞的經營環境下，扮演好企業社會責任角色。本研究建議分述如後：

㈠持續推動公共運輸

我國自1995年起推動各項公路公共運輸發展計畫後，載客量已逐年增加，近年國內公共運輸市搭乘率由2012年14.3%至2016年提升為16.0%，成長率11.9%，使大眾運輸環境逐漸改善，間而帶動業者經營績效成長，公部門應持續編列穩定預算，持續推動公共運輸改變民眾搭車行性，使用大眾運輸乘載率提升，使業者在無虞經營環境下，盈虧自負。

㈡落實虧損補貼金額

政府路線補貼制度是以營運虧損補貼為主，以成本效率管控為考量，因此設有門檻值，因此政府路線虧損補貼一直無法彌補業者實際虧損情形，間接造成業者服務品質及營運條件無法有效改善。政府對地方公共運輸對於無法駕車的及長者老人的有關醫療、社會福利、商業等連接的公共運輸作為其施政重點，因此業者就是政府政策服務代理人，其服務表現與政府施政效率息息相關，如業者虧損就無法全心全力服務民眾，相對民眾也就對政府施政不滿意，業者負擔政府照護民眾的責任所造成的虧損，自無要業者負擔之正當性，政府對其虧損應予重視，並給予全額補貼，使其在基本營運成本無虞下，安心服務並滿足弱勢基層民眾基本交通運輸需求。

㈢適當路線整併裁撤

政府虧損路線補貼政策對業者經營僅是治標無法改變路線虧損情形，個案公司虧損路線大部分皆與其績效路線重疊，政府應主動鼓勵減少干預，以市場機制讓業者在客運路線經營上能汰弱留強，透過路線整併或以區間車方式行駛未重複路段，以效提升路線績效讓業者適當獲利，除可減少政府補貼款支出，亦能讓業者自主性改善營運服務品質，心誠悅服主動承擔其企業社會責任，也讓民眾眞心感受業者的眞誠付出。

陸、討論議題

1. 政府公路客運偏遠路線的虧損補貼政策可能還牽涉到哪些利益關係人？
2. 目前政府的虧損補貼政策的利益關係人還需要考慮哪些因素？
3. 目前相關的利益關係人之間是否仍有未被發掘的交互關係？
4. 如果您分別扮演業者、政府、乘客或者是納稅義務人，您要如何提出對各方都更有利的解決方案？
5. 如果沒有，而必須在不同解決方案之間做取捨？您的優先原則會是什麼？
6. 試圖找出核心觀念來描述及討論本議題，並溝通說服他人接受您的觀點。

附件

A客運公司公路客運路線明細表

序號	路線代號	路線名	序號	路線代號	路線名
1	5000	桃園—至善工商（經大溪）	27	5035	中壢—新屋（經過嶺）
2	5001	桃園—三峽（經中湖）	28	5038	中壢—東福園 （經山東）
3	5005	桃園—三峽（經尖山）	29	5039	中壢—中壢（經永安、觀音）
4	5006	中壢—長安路	30	5040	桃園—觀音（經中厝）
5	5008	桃園—中壢（經龍岡）	31	5041	中壢—觀音（經白玉）
6	5009	桃園—新莊（經臺1）	32	5042	中壢—觀音海水浴場
7	5010	桃園—中壢（經仁美）	33	5043	中壢—樹林新村
8	5011	桃園—中壢（經竹巷）	34	5044	桃園—龍潭（經十一份）
9	5014	桃園—南崁	35	5045	桃園—石門水庫（經員樹林）
10	5015	桃園—大園（經南崁）	36	5046	大溪—龍潭（經九龍村）
11	5016	桃園—竹圍（經山腳）	37	5048	龍潭—石門水庫（經十一份）
12	5017	中壢—沙崙（經楊厝）	38	5049	龍潭—逸園（經三角林）
13	5018	桃園—水尾（經蘆竹）	39	5050	中壢—石門水庫（經員樹林）
14	5019	桃園—沙崙（經蘆竹）	40	5051	龍潭—大坪

序號	路線代號	路線名	序號	路線代號	路線名
15	5020	桃園—下福	41	5053	桃園—龍潭（經九龍村）
16	5021	桃園—下海湖	42	5055	中壢—石門水庫（經山仔頂）
17	5022	桃園—沙崙（南崁）	43	5056	桃園—大坪
18	5023	桃園—大園（經楊厝）	44	5057	桃園—桃園長庚醫院
19	5025	中壢—新屋（經藍埔）	45	5059	桃園—桃園機場（經南崁）
20	5026	中壢—新坡（經富源）	46	5060	桃園—榮民之家
21	5027	中壢—後湖	47	5061	桃園—建國十九村
22	5028	新屋—下北湖	48	5063	桃園—竹林山寺（經光華坑）
23	5030	中壢—下北湖	49	5064	桃園—三德煤礦
24	5031	中壢—永安漁港（經新屋）	50	5065	桃園—體育學院
25	5032	中壢—觀音（經石磊）	51	5066	桃園—長庚醫院分院
26	5033	中壢—觀音（經保生）	52	5068	桃園—合家歡社區
53	5069	桃園—竹林山寺（經赤塗崎）	70	5093	大溪—羅浮—巴陵
54	5071	桃園—竹林山寺（經外社）	71	5094	大溪—三光—巴陵
55	5072	桃園—外社	72	5095	桃園—中壢（經更寮腳）
56	5073	桃園—頂社	73	5096	桃園—大溪（經更寮腳）
57	5077	中壢—大園經柴梳崙）	74	5097	大溪—竹篙厝（經美華）
58	5078	中壢—建國八村	75	5098	中壢—大溪（經官路缺）
59	5079	中壢—下內定（經五塊厝）	76	5099	大溪—阿姆坪（經懷德橋）
60	5081	中壢—大園（經下洽溪）	77	5101	大溪—鶯歌（經中新）
61	5082	中壢—大園（經雙溪口）	78	5104	大溪—復興
62	5083	大園—潮音	79	5105	大溪—小烏來（經三民）
63	5084	大園—下古亭	80	5106	大溪—霞雲村（經復興）
64	5085	大園—沙崙港	81	5107	大溪—蝙蝠洞（經三民）
65	5086	桃園—大園（經五塊厝）	82	5109	大溪—高繞（經羅浮）
66	5087	中壢—大園（經青埔）	83	5110	大溪—坪林
67	5089	中壢—桃園機場（經大園）	84	5112	大溪—中壢（經八德）
68	5090	桃園—上巴陵—林班口	85	5118	中壢—下內定（經五塊厝）
69	5091	中壢—上巴陵—林班口	86	9102	臺北—臺一線—桃園

資料來源：本研究整理自A客運公司公路客運路線資料

第十章

年改抗議下不變的熱情與承諾

許蕙菁[1]、丁姵元[2]

摘要

高度工作熱情和投入的教師，來了解其被背後原因，希望發掘年改抗議下不同的聲音，以提供相關單位提升教師工作投入與士氣的參考。研究結果顯示，這群依然熱情投入教改並參與108新課綱的老師，他們在早期已經立定工作志向，喜愛教學，也在學生身上看到其影響力，進而更願意更多投入與提升專業。同時，教改的多元性也給他們更多創新課程的機會。最後，這群樂在工作的老師也以正向的態度來看待年金改革，認為讓下一世代更好是他們衷心的盼望，但也同時建議政府應於年金規劃上採更完善的措施和計畫。

關鍵字：年金改革、工作投入

壹、緒論

由於世界各國多數已邁向老年化社會，政府財政支出、社會福利及老年照顧出現環環相扣的問題，加上數次的金融海嘯使財政惡化，各國紛紛對年金制度進行改革。在2018年，美國各州因為財政問題再次改革教師退休金制度，引發各州教師的抗議並導致罷課，學生的學習因而中斷（CNNmoney, 2018）。相隔數月，英國二個最大的教師工會也針對教師的薪資，進行大規模罷課及遊行等抗議行動（Hannah Richardson, 2018）；此外，日本、澳洲、希臘、中國、印度，甚至遠在非洲的老師

1 中原大學企業管理學系碩士。

2 中原大學企業管理學系助理教授。

們，雖然有著不同的教育制度與文化背景，但是都同樣面臨退休生涯或職場上多變的壓力與困境。

如同其他國家，國內近年來軍公教年金改革，也引發許多的衝突及爭議。隨著年金改革於2018年7月1日定案實施，暫時走出破產危機。政府表示目標是健全年金制度，讓改革的成果來造福下一代，但是對於公立學校教師而言，年金改革對教師族群帶來各種層面的影響，除了降低教師的職業聲望，也影響在職教師的生涯規劃。未來薪酬條件變得較不利，將影響年輕世代想成爲老師的志向，也影響教育界人才的培育（通識在線第75期，2018）。因此要如何維持教師的士氣，成爲教育界重要的議題，因爲教育是師生雙方互動的過程，充滿熱情與活力教師才能帶動學生的學習。老師們除了不希望成爲後代子孫沉重的經濟負擔，更肩負著教育下一代的重任。站在教育前線的老師，如何在薪資結構及退休基金破產等不利狀況下，仍奉獻時間與熱情來保有積極的工作態度、參與新的教育方案、配合新課綱來支持教育改革。

在高中校園內，需要老師協助的工作如：高中優質化計畫、107前導學校計畫、發展各校特有的校定必修課程等。這些計畫維持數年到十多年不等，需要有一群老師們主動付出時間、心力來參與。所以發現讓高中教師不失去內心的熱忱的秘訣有其重要性，也能讓其他教師學習正向的工作態度。用理性與正面的態度來面對年金改革的問題，使教師的尊嚴仍被保有，這樣的態度與心路歷程值得學習。在過去，教師工作投入（teacher job involvement）已被研究，Syed Mohammad Azeem（2010）提出教師工作投入受到多重內、外在因素的影響。教師工作投入爲影響學校日常運作一項重要因素。現職高中教師面對富有創意的千禧世代學生，如何保有積極的工作態度，並且調適外界不利條件衝擊，以實現內心工作理想，來達成師生互動融洽之教學？所以本研究希望可以訪談不受年改影響，仍保持高度教學熱情、積極參與教改的現職高中老師，來了解他們在年改下如何調適自己心態，保持工作熱情，並期盼本研究的結果，可以在年改下發掘不同的聲音以提供高中教師不同想法或方法調適內心情緒，作爲提升工作投入及規劃個人工作與調適心態之參考依據。

貳、文獻探討

一、年金改革與相關文獻

(一)世界先進國家年金改革

世界先進國家歷經多年發展，爲解決社會與經濟變遷下，保障國民生活，陸續執行退休年金制度。在西方工業化國家從十九世紀到二十世紀中期已經開始實施公共年金，1980年之後，英國、德國等有年金制度的國家，陸續針對制度上的矛盾與問題進行改革。在世界銀行1999年的會議中，學者Peter R. Orszag提出引發年金改革的問題，這些問題不只威脅經濟穩定，也排擠教育、社會福利各方面的預算。世界銀行於1996年所提出「對抗老年危機」（Averting the Old-Age Crisis）這份報告中，提倡一個「三柱式」的模型，其中第一層公共年金應該把焦點放在減少貧窮，由健全且強制提撥儲蓄的基金作爲第二層，私人儲蓄的商業年金爲第三層。2005年，世界銀行（The World Bank ）進一步提出「二十一世紀老年所得維持」（Old-Age Income Support in the 21st Century），被多數國家視爲年金改革的第三條路，就是所謂的新中間路線。這個作法的中心思想是：堅強的家庭和民間組織構成完善的社會，由廉能有效的政府來支持年金制度的運作。基於新中間路線，世界銀行提出多層次的老年經濟保障模式，在制度上由國家建立「強制性公共安全制度」及「強制性企業退休金制度」，以解決老年所得中斷的風險，再加上個人儲蓄計畫，形成退休後經濟安全的社會保障（The World Bank, 2005）。

(二)臺灣年金改革

身處於全球化時代，臺灣經濟也和世界經濟密不可分，近年來面臨金融海嘯、雷曼風暴等世界性經濟衰退，薪資成長趕不上通膨，軍公教因爲終身制、薪資穩定，且退休金之所得替代率較其他行業高，因此社會觀感將保障軍公教人員福利的年金制度，當作壓垮整體財政規劃的最後一根稻草（呂家穎，2017）。此外，國家發展委員會在2016年所做的預估，臺灣人口結構將在2018年近進入高齡社會，並且在2025年進入超高齡社會，轉變的時間只有七年，相較於歐美等先進國家，臺灣接受衝擊的時間只有不到其他國家的二分之一（國家發展委員會，2018）。中央研究院經濟研究所於2017年提出臺灣的人口紅利期將於2027年結束，這樣的現象也讓各職業類別退休金失衡的現象更加嚴重。

2016年蔡英文當選總統後爲落實政見，成立專責委員會處理軍公教、勞工及一般國民的退休金刪減事宜。在2017年，政府決定全面停發18%優惠存款，將它列入「公務人員退休撫卹法」等相關法案草案中，年金改革有十個重點，包括確保一個世代不會用盡、調降軍公教所得替代率，與國際接軌、延後請領年齡以因應人口老化等（總統府年金改革辦公室，2017）。年金危機是各國政府給付退休年金上可預測的困難，人口結構的變化，勞退比例不斷降低。這些問題的影響、重要性與亟需解決的狀態，導致各國年金制度紛紛進行年金改革，因爲各國設立機制與行政程序有差別，在處理方式上有些差異（The Economist, 2011）。而相似的地方：在財政壓力下，必須設法增加收入並降低支出，也就是提高提撥水準而延後支領退休年金。此外，考慮公平性，必須在不同族群間尋求平衡，也就是削減偏高優惠或是不合時宜之制度。臺灣年金改革和世界先進國家一樣，幾乎都有艱辛的歷程。

二、工作投入的理論與研究

工作投入（Job Involvement）是近幾年組織行爲學中新增加的課題，但目前這個名詞還沒有一致的定義。較早期工作投入之文獻，指工作投入顯示出一個工作者以工作爲人生福祉中心的程度，它被視爲滿足內心重要需求的來源（Dubin, 1968）。有關工作投入Lawler&Hall（1970）提出個人把所有工作的現況視爲生活中很重要的一部分，是個人的重心和認同感的中心，因爲工作投入提供機會來滿足內心重要需求。這三位學者的觀點共同指出工作爲生活重心，而且從工作中可以滿足內心的需求。

Kanungo（1982）進一步闡述，工作投入包括心理與社會因素，基本概念爲工作投入受到個人社會化經驗的影響還有工作環境可以滿足個人需求的可能性。具有高度工作投入的人把工作當作生活中很重要的一部分，這些人眞的在乎並關心他們的工作（Aradhana Sethi, Dr. Kavita Mittal, 2016）。也就是說，工作投入是一種結合認知、情意、行爲，所產生的複合性概念。在認知方面包括個人對工作的認同態度與知覺。在情意方面，包括個人對工作的態度和內心情感。在行爲方面，則是個人在工作上採取的實際行動，但是個人特質與環境交互影響也會影響工作投入的程度。Rabinowitz&Hall（1977）回顧並綜合先前這個領域的研究，認爲工作投入可以分爲三個方面：一爲個人特質，二爲個人受環境影響而產生的結果，三爲個人特質與工作情境互動之後的結果。在個人特質方面，工作投入被視爲個人化的特質，且在組織內不易受外在影響而改變。這樣的工作者擁有特定程度的渴望和價值觀，這樣的想法會驅使他更努力。然而Robbins（2001）提出工作投入是在心理上認同工作的程度，並且把工作績效看作是肯定自我價值的重要因素，也有研究者提出「較高程度的工作投入是工作者身上一種與生俱來，值得擁有的的內在特質」（Mudrack, 2004）。Vroom（1964）提出管理者應該好好利用個人的期盼來鼓舞員工，工作投入受到不同期盼程度的影響，這樣的影響產生工作者受到鼓舞、激勵，願意去努力的現象。還有其他學者 Paulley, Alliger 和Stone-Romero（1994）也將工作投入定義爲「個人在認知上全神貫注、參與並關注自己目前的工作。」，並且提出「參與工作相關的決定及其他事項」可以增加員工的表現（Tariq Iqbal Khan Farooq & Ahmed Jam, 2011）。

Kanaungo（1982）及Paulley, Alliger和Stone-Romero（1994）都共同強調個人認知或個人工作信念的重要性。個人特質、個人認知、個人信念的共同之處皆是內在心理層面的因素。因此本研究對工作投入的定義，採用Paulley, Alliger 和Stone-Romero（1994）的看法認爲工作投入是「個人在認知上全神貫注、參與並關注自己目前的工作，能從中獲得工作樂趣，來滿足自我尊嚴需求，並且進而肯定自我價值。」，在訪談的部分也探究

「參與工作相關的決定及其他事項」可以增加工作表現的部分。

三、教師工作投入之研究

教師工作投入指教師體認工作的意義與重要性，將工作視爲生活的重心，並且用堅毅熱忱與積極投入之態度。除了自動自發來完成學校指派的任務之外，並願意付出更多心力，例如：爲了使教學更完善而多花時間準備教材，爲教學注入創意，願意充實自己加強專業能力。就高中老師而言，他們對學生的人格及生涯發展扮演重要的角色。教學是一份責任重大的工作，教師的人格特質直接或間接影響學生的人格特質與成長，透過教師樹立的典範影響深遠。紀秀娥（2009）提到教師對工作高度投入，通常是指教師在心理上對學校教育工作有認同感，進一步把個人對教育的信念和態度融入教育工作中。外在表現爲肯付出，有專注力，努力度，並積極參與學校的工作，並且從工作中得到樂趣（鄭愛玲，2015）。高度工作投入的老師傾向於滿意工作且對組織具有較高忠誠度。這樣的老師幾乎不會想要轉換職場跑道，對於職場上的任務也不會表現出表裡不一的態度（insincerity）（Aradhana Sethi, Dr. Kavita Mittal, 2016）。

老師的品質影響學校的風氣和教育的品質。老師投入學校活動影響學校和學生的整體表現，因此教師工作投入是促進教學效能和學校進步的基本重要因素，工作投入的程度對教學目標的達成有舉足輕重的影響。國際教育及心理學期刊也提出教師被視爲教學過程的促進者（facilitator），隨著環境的影響與變遷，老師也是學習環境的組織者。所有教育方面的成果取決於老師的人格特質與性格、教育資格、與專業素養。老師實爲教育事業的基石，老師要致力於工作才能擔負起這份工作不斷改變的角色與功能（Narayanaswamy. M Shalini Rao. N, 2014）。在教學現場，教師的教學技巧、工作性質、工作價値，尋求自主權以及工作回饋的程度較高時，教師的動機、熱忱及工作投入的程度也相對越高。此外，當工作出現變化、感受到責任感和價値、擁有更多做決定的權利、收到正向回饋、有較多滿足感的情況時，教師們產生較多工作投入及動機來繼續他們的工作。因此，學校行政部門可將工作性質列入考量作爲影響工作投入的重要因素之一，並且強化它。如果工作需要技巧和才能來做有變化的活動，這樣的工作可以說是有意義的投入，這樣的狀況不只帶來滿足也帶來不僵化（non-monotony）的感覺，教師個人也因此產生工作投入及動機。此外研究也顯示出適量的工作變化可以更加有教學效果，過量的變化帶來不明確的感覺及壓力，另一方面來說，沒有變化的工作帶來單調及無聊，這兩個狀態會導致工作不滿足（Aradhana Sethi, Dr. Kavita Mittal, 2016）。大部分的老師願意爲教育付出心力，學校方面必須提出能滿足老師工作參與的作爲，例如給予肯定與支持，或給予資源。如果學校能當老師強而有力的後盾，並且讓老師知道教育工作者的奉獻是無價的，值得尊重的，進一步提高教師的工作投入。

參、研究方法及問題

本研究以訪談參與新課綱和「預計2018~2030年退休」產生交集的在職教師，探討受訪者在年金改革的影響下，願意積極投入工作，進行教育改革及新課程研發工作的心法，以下就研究方法、研究架構、研究設計、研究對象說明之。

一、研究方法及工具

質性研究是社會科學中用來收集資料的方法之一，「質性」二字強調整體、過程及意義，探究這些無法實驗性地檢測或測量的特質，這類型的研究對情境中複雜的主題來加以探討，可以生動地描述現象、做出跨案例的比較（cross-case comparisons），或是分析個人或群體（RV Labaree, 2009）。此外，它可能有關人們的感覺、情緒、行爲、生活經驗，也可能有關組織功能、文化現象等方面的研究。它以微觀的角度研究人的內心觀點、對於特定事件的感受。質性研究關注受訪者所賦予人、事、與環境的意義，或是人與人，人與環境的社會行動意義。所以質性研究是產生描述資料的研究，及描述人們說的話和可以被觀察的行爲（葉乃靜，

2012）。

質性研究適用於新議題及社會現象的深入剖析，因爲年金改革爲近年來的新政策與議題，對公立學校教師的影響深遠，因此事先規劃找出符合條件的受訪者，也就是「參與教改之新課綱校定必修研發或選修課程授課」的老師，和「預計2018～2030年退休」之交集者，2017年3月教育部次長林騰蛟表示，原本教職人員的基金餘額將於119年用罄，改革後教育退撫基金破產預估自民國2030年延後至民國2049年。這群年紀45～50歲的教師，以2017年內政部統計出來的平均壽命來計算，女性83.4歲、男性76.8歲來計算，年金若可以支付到2049年，這群老師（2018年爲45～50歲到2049年爲76～81歲）可能在退休後的老年時期，直接受到年金破產的影響。確定受訪對象資格之後，接下來帶著設計好的訪談大綱，以「深度訪談」的方式取得田野資料。接著以文書處理軟體將表格化之逐字稿印出，並做編碼及分析資料。研究者反覆閱讀逐字稿及初步歸納之後，從中找出關鍵字詞，再將關鍵的字句即合起來形成有意義的單元，下一步則是重組相關的意義單元，並且形成主題，針對每個主題來敘述情境，並且解讀受訪對象的觀點。這樣將資料編碼、分析、歸納，得出可以解釋某一現象的概念，再加上概念陳述，藉此形成理論建構的基礎。

二、研究設計

質性研究面對的是一個「意義世界」，而這個意義世界並不是脫離人而獨自運作的世界，它是由人們所建構出來的（吳靖國，2010）。針對本研究所列舉的研究目的而言，國內尚無實質的實徵研究，因此本研究使用半結構式的質性訪談法，以求釐清待答問題。

表10-1　半結構式訪談大綱

構面	訪談大綱
背景	1.您在這個學校任教多久？學校的環境如何？同事、氣氛、資源？

構面	訪談大綱
教師工作投入	1.當初為什麼您投入教職？工作的意義？ 2.您的個性為何?哪些個性特質和工作具有關聯性？ 3.當初為何會參與新課程？你參與了什麼？作了什麼決定來協助工作？這些決定對你有哪些影響或意義？
年金改革	1.您對年金改革的看法？年金改革對現職教師的教學有哪些立即的影響？ 2.年金改革對您有哪些立即的影響？ 3.年金改革下為何仍願意那麼投入？
建言	1.對那些受年金改革影響而抑鬱不得志的老師，您有什麼建議或是想說的？

設計好問題後，約定訪談時間、地點，與受訪者聯繫，以「深度訪談」的方式進行。

三、研究對象

本研究針對執行108課綱之前導學校——內壢高中爲研究之田野，內壢高中成立約二十年，目前教師平均年紀約45歲，參與課程改革多數爲十到十五年之內即將退休的老師。這群教師在任教時所受到的年金衝擊大，且受到政策直接的影響。在研發新課程或是參與選修教材時，投入的時間比教育部原有一綱多本的內容相比，需數倍的準備時間，無論是參加研習進修或收集資料。爲了設計程適合教材，通常一節課需要花費3～8小時來準備。這些參與新課綱的老師不受年改影響，仍願意投入更多的時間和心力，因此研究者以107學年度任教於桃園市立內壢高中，已參與教改新課程研發，且預計12年內（2030年金破產前）退休並有參與課程改革之教師爲研究對象，共訪問10人。

肆、訪談結果分析

一、訪談結果

㈠熱情

1. 早期社會經驗

我決定當老師是在我大二的時，……，在大二的時候我碰到一個我的選修老師是教生涯規劃的老師，……，我發現他在兩百多人的教室中總是非常有正能量的，總是在引導我們思考。A-1-6

我在家裡是大哥，以前弟弟妹妹數學不會時，都是我來教，他們都能很快學會，甚至跟我說我教得比學校老師好，那個經驗讓我覺得我可以當個不錯的老師的。C-1-9

我的爸爸媽媽都是國小老師。……，其實從小就會對教師這個職業其實是熟悉的，然後那個畫面很容易想像之外也很清楚，所以決定要當老師這件事情對我來說是很早很早就決定的事。E-1-6

受訪老師們表示，在投入老師這個行業之前，通常是和小時的經驗有些關係。老師這個職業的圖像早已在腦海中熟悉並且成形。透過環境刺激和生活體驗，遇見認眞的典範讓受訪者得到正向的影響與啓發，或是透過教導家中手足學習數學，進而發現自己善於表於達的特質，認眞思索從事老師這份行業的可能性。受訪者因爲早期對於這分工作的形象與定義明確，天賦及熱情提早定錨，讓他們很早就立定走入這個行業，內心不會有入錯行的感受。總之，藉由早期的經驗累積與探索，最後明確走入教師行業，對這群受訪者在工作上的態度有很大影響。

2. 工作信念

去研習的時候你就是會碰到一些志同道合的好朋友，……，你就會覺得身爲教育工作者就是爲了一個理想在支撐著，所以他們的理念會觸動你就是要堅持做下去。H-4-5

因爲老師不只是一個知識傳遞者，因爲講到所謂的知識分子，他所隱含的一個所謂的社會責任在裡面，所以我想對社會責任這件事情有多一份擔當、多一份思索的人，可能也會因爲這樣對於教學的工作有另外一種投入。C-4-7

我覺得有時候我們做什麼事情我們也不會知道會有什麼樣的影響，有做就會有改變，不做就是零了。J-9-1

受訪教師表示，教師的職業，除了傳遞知識，更有對社會貢獻的責任，爲工作上重要的信念。很多老師知覺有更大的使命和責任，特別是在遇到一群理念相近的人，覺得自己不孤單，讓他們感覺更有擔當，而且願意投入下去。受訪教師也表示，責任感使他們更有動力去解決工作上問題，並且深信採取行動會有改變，雖然不見得馬上有效果，但不採取行動就不會任何改善。這種對工作的願景和理想，使他們願意投入心力，也使他們對任重而道遠的工作持續堅持。

3. **個人工作觀**

願意自己在工作內容上有些變化，因爲覺得沒有變化眞得是非常非常的無聊，所以我覺得老師做這些事情其實是跟錢沒有關係，都是跟個人有關係。J-7-3

會覺得身邊的學生，其實對我來說都是跟我不一樣，每個人都會有不同的生活的體驗或者是生活上的樂趣，然後我覺得跟它們在一起的那種感覺，……，然後這樣子覺得有時候自己眞的是被需要的，跟年金改革或是錢沒有關係。B-6-1

受訪老師表示，願意投入工作這件事跟他們拿到的薪水沒有關係，而是取決於個人的工作觀。他們遇到不一樣的學生、不同的工作夥伴和不一樣的工作內容，使工作多些趣味和變化，工作起來也更有勁，更覺得自己在職場上被需要，得到成就感。同時他們用正向的態度看待每一位學生，和學生接觸所產生不同的體驗和經歷，讓他們時常在工作上有新鮮感，並從每一個可以影響的學生上看到希望和未來，看到工作的影響力和重要性。

4. 付出心力

傳統的教學目標就是讓他們能夠考試考到比較好的成績，然後讓他們得到想要的好的未來，可是現在就會變成在實用層面上就會看得到。D-4-3

像我自己覺得課本的教學很呆版、沒有什麼值得期待的東西，我覺得這十年因爲有不斷的想要在這三個主題上面去累積資料跟資源，我覺得教學是開心跟愉快、值得期待的，然後我發現當我的教學心情是愉快的，其實我的學生也會受我影響。E-4-1

就想說應該來做一些不同的課程，特別是數學，同學都會覺得除了考試以外大概都沒有什麼用。G-2-5

受訪教師表示，許多原因使得他們願意付出額外的心力。過去因爲考試引導教學，讓他們覺得沒有期待，現在新課綱的選修課程，除了增加實用性，也明顯提升學習動機，所以他們願意花很多力氣在工作。也就是說，現在有不同的選修課程，學生更有學習動機，老師們教學心情也會是愉快的。在教學內容上有改變，啓發學習動機，讓師生達到成正向的循環，也就是老師願意花額外心力跳脫傳統教學，致力於創新，達到學生樂於學習的狀態。

5. 工作上的創新

在三年前剛好配合學校爲了新課綱要開選修課所以就直接把它放在網路上，然後那時候剛好可以開始接邀約，然後出去分享這個決定，以我自己這樣三年後來看我覺得很正確是因爲其實不管做什麼事閉門造車都不好。E-5-1

我就做了一個探究與實作，就是未來新課綱裡面把它列爲必修部分，……我本身就是爲了這個新課程所以我去當了化學課種子老師，然後就是跟著它做，跟著這個學科中心的步伐，因爲那個學科中心就是整個脈絡都在跟課綱走都會很連貫，所以這個我就爲了這個108課綱做了這件事情。H-3-4

我未來會幫忙做108課綱，之前就是決定參加共同備課，和其他學校的教務主任一起找資料再討論，產生一個18週的自主學習課程大綱，先試跑我們彈性選修的的自主學習。I-4-2

受訪老師表示，他們工作上投入的另一個證據，是在工作上做了創新且突破的決定。在學校面對108新課綱全新的課程內容，許多老師都因沒有前人經驗可循的狀況。但這些受訪老師，卻做出一些前所未有的舉動，用積極和創新的態度來主動解決問題。在課程內容方面，包括選修及必修課程的改變，考量到個人經驗及校內資訊都已不足，他們決定走出校園，利用網路的平臺，建立可以讓同一領域的老師存取的資料庫，甚至到校外單位，藉著彼此交流，可以得到更多與新課綱的訊息或資料，讓他們更有能力去開創多樣性的課程。另外，也有老師去主動受訓，成為種子教師，或參加學校規劃108課綱的團隊，用主動和創新的態度去解決這個工作上重大的變革。

㈡天賦

1. 耐心

我的耐性，然後我的耐性在對的時間給予學生幫助。A-2-3

應該是有耐心……，所以有時候比較容易跟學生聊天，比較能跟他們談他們想要談的事情。D-2-2

耐心這件事應該分兩件事來看，如果是聽別人的想法的時候我是很有耐心的！I-3-2

受訪的老師表示，有耐心是對他們工作有助益的特質之一。也就是說，許多老師極有耐心，也就是不急躁、不厭煩。這種保持冷靜的特質讓他們適合這份教學工作，除了可以等待學生抒發己見，並且在傾聽之後開啓以學生為主體的對話。這種有耐心特質的老師，通常在乎別人的感受，好溝通且不直接灌輸教師個人的意見，學生比較容易找他們尋求協助。

2. **包容心**

我覺得我包容心滿高的，我看到會講但是我覺得我也不會管他，……就不大管，因爲我會在旁邊陪著、看著，但是我不會強制要去修改什麼或怎麼樣。F-6-8

這種陪伴就是，例如說等待他犯錯，這時候學生來找你跟你說他爲什麼犯這個錯，……老師可以給他時間，也給他支持，讓他想要把自己的錯誤改正。A-2-5

我其實一直都明白學生如果還眞的遇到某些可能是情緒上的、心情上的或者是家庭上的事情，我其實能夠改變跟幫忙的沒有那麼多，但我發現單單只是聽他們講、讓他們抒發他們的情緒、釐清他們的思緒，好像就是對他們來說很重要的事情。E-3-1

受訪老師表示，在教學現場包容心高也是好老師的重要特質之一。因爲高中生不夠成熟，成長的過程產生的情緒或是難免犯錯，也可能是家庭問題困擾著他們。老師的陪伴不僅協助學生釐清思緒，老師的包容也讓他們卸下心防抒發情緒，雖然很難立即改變太多已發生的事，但是他不急著採取行動去修正。因爲藉由老師上對下的要求，也許修正行爲只是暫時的，靠著包容的心，提醒與陪伴，讓學生從內心發現自己的問題，進一步改變外在行爲，才是最重要的目的。

3. **好奇心**

好奇心，對人的好奇心。因爲每個孩子都是獨特，都是不同的。他做一件好是讓你開心或是他做一件不好的事要吸引你的注意力。事實上他的背後都有一個非常值得我們去了解去挖掘的動機，那如果我們老師沒有好奇心的話我們很容易從一個單純的表向去解讀他的行爲。A-2-6

就好奇現在年輕人他們的世界或者他們的看法，然後也滿享受這樣跟學生的互動。D-2-1

我覺得對人的好奇心，是一個開心的老師在教學時能夠投入的

一個很重要的特質。C-3-2

受訪老師表示，擁有好奇心是另一個他們喜歡這個工作的原因。確切地說，就是對不同的學生，或他們的行爲感到有興趣，並且想要探索與了解。擁有好奇心的老師不會只想從表面，也就是外顯行爲去詮釋學生的言行舉止。學生表現好的時候，老師想知道背後驅策學生前進的力量，學生表現不好的時候，老師試圖去發現背後的原因，不急著貼標籤。老師進一步去了解學生的世界，也就是他們的生活與看法，並且開心享受與不同世代年輕人的互動。

4. **擅於溝通**

我喜歡跟人家互動，個性也比較活潑外向，因爲當老師就是要跟人家溝通，所以我覺得我的個性是比較適合教書，因爲我也比較愛講話，所以特質都很符合，喜歡講話。H-3-3

我覺得是愛講話吧！我很喜歡說話，而且很喜歡把自己知道的事情跟別人說，就是很喜歡講，喜歡分享。J-3-1

受訪的老師表示，個性外向且喜歡說話、樂於分享自己所學，也有助於教師的工作。他們喜歡傳達自己的想法給學生，樂於與人相處互動。在口頭表達的過程，老師們因爲愛說話的個性，再加上的口語表達與技巧，讓他們與學生相處愉快勝任工作。

㈢態度

1. **成就感**

就是跟年輕人聊天、跟他們相處，跟年輕人在一起然後去理解他們呀！然後如果他們有一些改變的話，覺得成就感就出來了！G-2-1

其實對我來講是說給我很多成就感，我自己的成就譬如說我覺得我可以做這麼多事情，行動之後證明原來我眞的可以做這麼多事

情。J-2-5

因爲當你在教書的現場，如果學生認爲你上課上得很棒的話，你會變成一個偶像，覺得有成就感。I-2-1

受訪教師明確表示，從工作中得到肯定讓他們獲得成就感。有教師提出，看見自己對學生的影響，或是發揮自己的能力，不僅把事情做得更多而且更好，還有在教學現場被學生崇拜，這些原因都讓他們產生無比的成就感。運用自己的優勢，例如親和力、執行力與表達力，並且把這些優勢與工作需求互相結合，教師們得以在工作中獲得樂趣、意義與成就感。

2. **自我實現**

我覺得我自我實現很多，我覺得我想做什麼就可以做什麼這很重要，這是老師最好的地方。F-2-3

申請優質化的計畫的話就會有錢，那就可以做我想做的事情，所以我就可以把我想做的事情寫成計畫，然後就變成有經費來支持，……，其實就變成是這樣，就是這樣開始的。J-3-3

受訪教師表示，把心中想做的事情付諸實現，對他們來說很重要。根據受訪資料顯示，這些所謂「想做的事情」爲教學之衍生性活動，教師透過申請計畫的補助款項，可以帶學生去參加實地考察或是製作成品，學生從而應證課本所學，並且給予老師正向的回饋，這樣的活動對受訪的兩位自然科老師來說，等於是實現教學上的理想。受訪教師察覺到工作的過程和結果，例如：申請計畫和實現想做的事情，可以滿足內在和外在需求，並且查覺到只有透過努力及行動才能使這項需求獲得滿足，因此發揮個人能力，投入自己的工作上達到自我實現的理想。

3. **提升專業能力**

有些研習是針對社會人士開的，有不同學習的方式、跳脫傳統的課堂排列，接著教法的上面也會跟傳統的課堂也會有所不同，……，會比較有不同思維的方式。看到這個，自己心裡面就會

覺得好像自己心被觸動了！B-4-3

我跟另外一位老師合作，做一個英語繪本的課程，我們兩個人就是從上網找資料、互相討論、看別人的schedule，我們應該要列什麼樣的東西在裡面。D-3-2

找資料啊、上網google、到書店看書啊！書店去找相關的書籍。我覺得我自己知識多了一些，除了教書以外還有成就了一下自己，這個我覺得很好。G-3-5

受訪老師表示，專業能力的提高也是工作投入的重要元素之一。在最近實施108課綱中，老師常需要跨領域的能力，過去的經驗不足以解決現在教學方面的問題，因此他們開始使用不同的方式和資源來提升自己。有的受訪老師參加針對社會人士開的研習，思索並且評估新的做法在課堂上實施的可行性。有的老師藉由自己上網，或是到書局找尋相關的書籍，來補足自己的專業能力並充實教學內容。此外，小組合作的老師，藉由互相討論去探討課程，或是觀摩他校作法及課程安排，並且加以學習。由於新課綱的到來，老師跟學生一起學習，受訪教師表示在找尋資源的過程不只成就自己，也感到內心被觸動，可以說專業能力的提升，帶來更多的工作投入和感動。

㈣影響他人的機會

1. 對學生的影響

就如以前人所講的，百年樹人，就是覺得看小孩子在你的教導裡面，不只是在那個學科他們懂事了！在做人方面他們也懂事的時候就是會覺得滿高興的。H-2-5

我想是帶領學生的這整個過程當中到底有什麼樣的一個理念，在傳達給這些學生，而一剛開始學生可能不太理解，到後來他慢慢體會到老師過去講的這些事情去改變的時候，我想那個東西才是老師的一個最核心的價值。C-7-5

我對教書這個行業是好像滿有興趣，原因是你會改變很多人的想法，所以我想把正確的觀念傳達給學生I-2-1

受訪教師表示，對學生的影響是他們覺得工作重要的意義之一。受訪的老師不只內心認同這份工作，也明瞭這份行業給下一代深遠的正面的影響與改變。除了學科部分的進步之外，更多老師共同提到教育是一份百年的志業，透過啓發與引導，學生產生內在自發性的改變，行爲上也變得更成熟，讓他們感到欣慰，教師不只是專業知識的傳遞者，更是學生在人生路上的心靈導師。老師的角色只是傳道授業的人，傳遞出來的經驗、建議與影響力，才是老師這份工作最大的價值。受訪教師高達五成以上認爲，看見對學生的影響，才是這份工作的核心價值。

2. 學習過程的快樂

我會覺得自己覺得好玩我才會帶這個活動。所以學生也會有這種感覺，比較有感覺，我自己就覺得很快樂了！所以學生也會覺得很快樂，想法是這樣子的。F-8-1

第一年做培訓的時候資料都是從網路上來，那後來……，我們就做自己校園的資料，……，然後我們就做自己的東西，自己寫、自己繪圖、自己做出成果來，些成品學生開心，也會很有成就感。J-3-5

我都希望他們保有一個上英文課都是很開心的感覺，因爲我覺得這種感覺會讓他們以後離開了高中，不管是進入到哪個階段，他們還會有美好的回憶在心裡。B-3-1

受訪老師表示，在個人專業領域做出判斷，讓師生雙方都感受到學習過程的快樂，也是工作上重要的元素之一。教師根據個人的專長及過去的經驗，設計出最適合學生的活動，教學活動的成功帶給師生良性的互動，帶來師生兩方面許多愉悅的感覺。受訪的自然科老師讓學生從做中學，沒有資料時靠網路搜尋，再進展產出各式成品，給大家帶來許多成就感。英文科老師則把重點放在未來運用到這門學科能力，希望學生不排斥英文，在未來的生活能夠開心地運用自己所學。

3. **和學生有連結**

我仍然願意投入我的教學工作，是因爲只有當年輕人，他們健康、他們有希望，他們知道說他們是被肯定的，他們知道他們是值得被關愛的。他們帶著一分勇敢去爲了自己的未來打拼，他們好，我才會好。A-7-3

像你在課堂上你只要講完跟他們的期許……，他們其實會放心上而不是置之不理之外，他們在畢業以後其實是會感念老師的，……，我會覺得那個師生的情誼是一輩子的，這樣子的溫暖對我來說才是有意義的，……這一批有溫度有生命的人，他們會跟我產生連結，而且這個連結有可能是一輩子。E-8-2

受訪老師表示，不在意年金改革，仍然願意投入教學工作是因爲看到他們和學生可以有強烈的連結。他們在學校工作時，對學生諄諄教誨，給予肯定和關心，盼望學生在畢業之後有能力去面對自己的未來，用正確的態度去努力和打拼。受訪老師認爲，他們的用心學生是有感受到的，不只因此建立情誼，也讓學生的生命因著與老師的連結而有改變，這樣的回饋是對老師們有極大的意義，讓他們覺得工作有額外的價值和意義，因此他們願意不受年金改革的影響，和往常一樣投入他們的教學。

㈤工作環境

1. **學校資源**

算是新學校，設備很好，教學上需要用到的物品、耗材，透過計畫申請一般來說都可以獲得資源。A-1-2

那學校部分，我覺得如果真的他們能夠有經費補助的事情，他們也絕對會提供，……，我感受的是學校會想辦法看能不能夠有經費讓我們做一些事情。E-1-4

我覺得在教學方面設備都非常充足，足夠我在這個學科上好好的發揮。H-1-9

受訪的老師表示，學校提供充足的資源，支持他們在教學上的需求。有老師表示，主要因爲學校是新成立的，硬體設備相對新穎。除了肯定這項優點之外，其他消耗性的資源，如：平日教學需要的物品或是耗材，都能充足地供應給老師。對於想做教學相關活動的老師，除了寫計畫申請之外，學校也盡可能提供協助，支持老師去實踐個人工作上的規劃。根據採訪資料顯示，高達八成的受訪者表示學校提供相當充足教學資源，讓老師在這個環境工作感到順利並且受到支援。

2. **相處融洽**

所以就我們英文科辦公室來說，氣氛很好，同是感情也不錯，工作上會彼此支援，意見交流的時候也會互相支持。A-1-4

你跟不同人在一起……，感覺就是爲自己的生活也會帶來不同的趣味。B-1-4

我覺得辦公室老師非常好相處，我覺得在工作心情上有絕大部分的影響。E-1-4

受訪老師們表示，同事相處融洽爲工作環境來良好影響。證據顯示，許多分科辦公室環境內的成員能互相鼓勵、互相合作、欣賞不同的特質。除了工作上的支援，在意見溝通方面可以時常相互支持，或是因學科特性而可以理性溝通。整體而言，多數同事們的特質爲友善、好溝通，即使意見稍有不同，也不會破壞彼此的感情，因此整體工作氣氛良好。換言之，眞誠相待及良性溝通創造出好的工作氛圍，同一學科的老師們才能愉快地一起工作爲共同的目標努力。

3. **工作夥伴**

事實上英文科是一個開放的環境，所以呢，在新課綱上，我隨時都可以找到一群人，我們可以分享，也可以把利弊得失做一個眞

切的討論。A-4-2

很有趣的現象是，……，總是會有一群比較熱血的老師會出現，所以當大家對於在現場的看法一致的時候就match上了，C-4-2

我可以獨立完成很多事情，也可以找人幫忙，像我都會找我很熟悉的人幫忙，……，就會抓進來一起辦，他們都會很快樂，我覺得最主要就是大家快樂在一起工作那種感覺。F-8-3

受訪教師表示，自己在職場上容易找到理念相近的一群人，他們一起工作時感到快樂。證據顯示，在教學現場遇到新課綱的問題，或是新的工作內容，教師們用開放的態度來討論並且分享。透過討論過程，漸漸找到看法一致且同質性高，也就是同爲熱血教師，願意積極付出的一群人，他們發現彼此一起合作，讓工作氛圍更愉快。因爲熟悉彼此的理念與工作態度，進而一起形成團隊的工作模式，也因爲有夥伴彼此互動與支持，受訪教師邁向教學理想的路上不孤單，也使得工作上帶來更大快樂和滿足。

㈥正面肯定年金改革

1. 幫助下一世代

如果是已經退休的老師，或是即將退休的老師，大概他們的孩子也多是成年了，我想跟他們說與其我們留給自己的孩子很多，但是我們讓更多的年輕人沒有了機會，那麼這是很可惜的。A-7-5

我們的錢少領，事實上可以嘉惠年輕世代，……，這樣對我們退休的老師才是眞得更好。一方面我們不奢望孩子以後要養我們，但是我們需要的事一個很安定的社會，這樣的社會來支持著我們的老年環境。D-7-4

受訪老師表示，他們想對抑鬱不得志的老師說，年金改革整體而言並不是壞事，反而是可以幫助下一世代。他們建議老師們，不要只在乎個人家戶所得減少的問題，因爲宏觀來說，年金少領或是延後退，可以讓所有的年輕世代少負擔一些。也就是說，年金改革符合世代正義、嘉惠年輕世代，也讓年金系統可以平衡收支，藉此塑造一個互助且安定的社會，並以一個較穩家的的社會安全制度及社會氛圍支持著老年生活，並不全然是負面的。

2. **年改與教改是兩件事**

這個跟課程應該是兩件事吧？因爲我覺得當老師就是眞的是良心的事業呀！是要把你會的東西教給正在學習茁壯的小孩子，那本來老師薪水就不是高的，我們後來當老師也不是看在薪水的面子上呀！D-6-2

覺得這應該是兩件事，年金改革是政府改變，我們無奈。那我們教書的原因沒有改呀！我喜歡跟年輕人在一起，然後看年輕人的改變啊！就兩回事、兩件事！G-5-6

如果老師把自己期許爲一個知識分子的話，哪些事情是該做的，而不是要不要做、有沒有能力做，是該不該做，如果因爲會背負一些人家的罵名或者是要背著一些想法，如果站在改革的的一線的話這些東西都要去摒除。C-7-6

受訪老師表示，年改與教改應該被看作是兩件事，他們大多不會因年改影響自己在教學工作上的態度。換句話說，他們經過理性思考之後，認爲這項政府的改革和學生無關，不能影響他們的學習的權益。也就是說，年金改革是政府政策上的改變，老師的福利或是薪水提撥等確實會受到影響，內心感到些許無奈，但是他們面對的是一群正在求知和成長的年輕人，希望下一代更好的目的依然沒變，所以不會放棄教育改革的工作。同時，在他們的認知裡，教育是一份良心的事業，他們在有能力的時候，就去做教學現場應該做的事，不應受年改影響或改變。

3. **必要的改變**

我預期到當我可以退休的時候，政府可以給的退休金絕對會是打折，所以慢慢的當我越可以去了解現在年輕人的辛苦，我反而是

深深的覺得年金改革是必要的。因為，必須給年輕人未來，給年輕人希望，這個很重要。A-5-2

我覺得如果我們國家稅收夠的話，如果我們的經濟的整個發展……是沒有問題的話，我相信沒有人會想要動年金的這一塊，……，所以年金的問題勢必是要去解決的問題。C-4-9

這些受訪教師表示，年金制度是有必要做出改變的。從預期政府的政策發展，或是觀察整個社會的經濟情勢，都早有軌跡可循，改革已成為趨勢。同時，他們可以體諒並理解大環境的改變而導致的問題，進而願意接受改變，希望不要成為下一個世代的負擔。但是也有老師提出新制度的不合理之處，現在學校裡工作負擔較重的行政職，在年金方面並無行政加給，一律改成齊頭式的平等，這樣一來，可能會造成老師們比較沒有動力去承擔行政事物。總之，從受訪過程感受到，他們以平和的態度接受這項必要的改革，目的是讓下一個世代更有希望。

㈦建議

1. 找出自己能做的事

我覺得那些不開心的老師，我不覺得要做很多改變，也不用勉強自己，也許每天工作或生活上做零點零一的改變，日積月累之後就會是一個非常驚人的力量。E-9-1

因為有時候就是有些事，像是政策的問題，不能改變就順其自然，找自己的出路，說不定會找到自己還可以發揮能力的部份。F-11-6

抑鬱不志的老師，要看開一點，看有沒有辦法再去找一個可能性，有時候會覺得已經沒辦法再找新的可能了，但事實際上還是有一些事情可以做的。J-8-1

受訪教師表示，對於年金政策感到不開心的人，順著政策的發展之餘，可以去發掘自己能做的事。對於制度改變感到耿耿於懷的人，也許目前找不到解決方法，也有可能強調原本所擁有的保障，而忘記還是有能力去做一些改變。受訪老師建議他們，若是能跨出一小步，激發自己改變的意願，時間久了或許能夠自主、自立。這些改變可能工作的些微改變，或是尋找事業的第二春，或是改變自己的生活型態。老師們可以多方探索有能力去做的事，進而找到自己的價值感。

2. **規劃配套措施**

受到年金改革影響的都是大部分退休有一段時間的，其實大部分這些年金的收入，他們會有他們一定的規劃，當你要變更他們這些規劃的時候，也去想想該這些問題怎麼被解決，例如提供長照或是低利率貸款給他們。C-7-8

現在才講有長照，但是以前沒有耶！那個安置的費用要靠月退俸，還有另外的負擔都是家裡的人都是要去支付的，所以眞的他說每個月的五萬多，反正就是幾乎剛剛好打平，如果沒有月退俸的話，他根本沒有辦法，我覺得大家擔心的應該就是這個老後的生活，應該先規劃。J-9-1

受訪教師表示，對退休已有一段時間的老師來說，大部份對於月退俸已有一定的規劃，政府應該在政策之外採取弭補性的措施協助他們。也就是說，大多數對於年金改革沒有辦法釋懷的人，許多都已經離開職場或退休多年，當年領取的退休金已經做規劃，也許是個人失能後的長照或是供應整個家庭的開銷。政府的政策執行之後，銳減的月退俸造成入不敷出的現象。雖然以長遠來看，這群抑鬱不得志的老師終究還是要接受現況，但是在過渡期間，政府可以提供長照的補助或是低利貸款，利用配套措施來協助他們。

3. **轉念**

如果轉個念頭如果可以讓自己比較快樂一點，就轉念讓自己比較快樂，……，重新再規劃就是檢視自己的生活的所需，讓自己可

以在有限的資源做有限的事情。H-7-3

影響不會那麼大，不用那麼早去憂愁、去不開心、去開始去想未來的事情，那就是把這些放到旁邊去。I-8-3

我覺得看個人你自己要怎麼去面對你自己的這樣的狀況，當每個人都說高興也是一天、不高興也是一天，可是有的人就是聽不進去，他就是沒有辦法，我覺得眞的是個性，我覺得這個可能就是那個念頭沒有轉過來！J-8-2

受訪教師表示，對於年金政策感到不開心的老師，他們建議可以用更開闊的態度來看待事情，靠著轉念讓自己比較快樂。他們建議不快樂的老師要跳脫個人認知的框架，不受社會負面氛圍的影響，利用有限的金錢做最好的運用，不用提早去煩惱與不開心，先把年金的問題放到一邊，日子還是要努力過下去。因爲未來不可預見，不盲目執著於未來，而是在今天盡力去過好自己的生活。

4. **健康爲重**

我覺得就是身體很重要，就是你領四萬、領六萬、領八萬，假設身體不好你這些錢有什麼用，那如果身體好的話說不定你四萬塊就夠了，生活沒問題啊！G-6-3

其實不開心會影響健康，你幹嘛……不健康好好活著，你要在憂傷、病懨懨裡面，這樣其實會影響免疫系統，那就是把這些放到旁邊去。I-8-3

受訪教師表示，因爲年金問題長期產生負面情緒，進而影響到身體健康，自身的損失可能更大，因此健康才是最重要的。從受訪資料得知，他們認爲如果擁有健康的身體或是將健康管理做好，那麼在老年或退休期間，不需要太多的金錢就可以生活無虞。相反地，如果沉浸在負面的情緒，像是對政府政策體驗到不公、委屈、沮喪、憤怒等情緒，可能會影響生活和工作的順利進行，時間長久之後，身體會有不適或是其他免疫系統的問題產生，因此他們衷心地希望對年金改革感到不滿的老師們，能夠注意自己身心的健康。

伍、結論與建議

本研究主要的目的在於訪問一些不受年金改革影響的老師，了解他們持續高度工作投入的原因。這群不受年金改革影響，帶著使命感而來，這份具有使命感的工作背後有兩大成份「熱情」與「天賦」在支撐，兩大要件「態度」與「影響他人的機會」支持著。證據顯示，在投入教職之前，他們對這個職業的圖像熟悉、成形，並且產生熱情。也就是說，在過去的經驗中，他們遇見認眞的典範，希望可以追隨並從事這份有意義的工作。他們追隨內心的熱情，透過不同管道，設法當上老師。他們深信除了傳遞知識，老師具有教育下一代並且影響更多人，對社會做出貢獻的責任。在學校裡與不同學生接觸，讓他們在工作上常有新鮮感，並從可以影響的學生上看到希望和未來。在教學內容上，他們力求變化，希望可以啓發學習動機，讓師生達到成正向的循環。爲了培養更深厚專業能力的，他們用主動和創新的態度去解決這個工作上重大的變革。由證據上可以看見，他們眞正的熱情是由使命而來，在嘗試尋找使命的過程中，透過一些經驗去幫自己釐清，進入教職後，藉由工作內容去積極影響學生，發現自己能夠影響世界，更加激發他們的熱情去投入自己的工作。即使工作不是輕鬆愉悅，但是他們還是樂在其中，因爲他們有熱情去證明自己之所以存在的價值。資料顯示，這些老師的好奇心、耐心、包容心、和擅於溝通的特質讓他們能夠以學生爲中心去思考及解決問題。受訪老師也會在有限的時間內給予學生耐心與陪伴。透過和學生溝通，提升自己和年輕世代學生的溝通技巧。在溝通的過程，他們溫暖的個性，讓師生相處愉快。他們進一步去了解學生，並且開心享受與不同世代年輕人的互動。

證據顯示，配合新課綱的到來，老師擁有主動學習成長的態度，在找尋教學資源的過程，不斷地學習來提高專業能力，讓他們在工作上得到肯定。證據顯示，除了與他人交流學習，且運用自己的優勢，例如親和

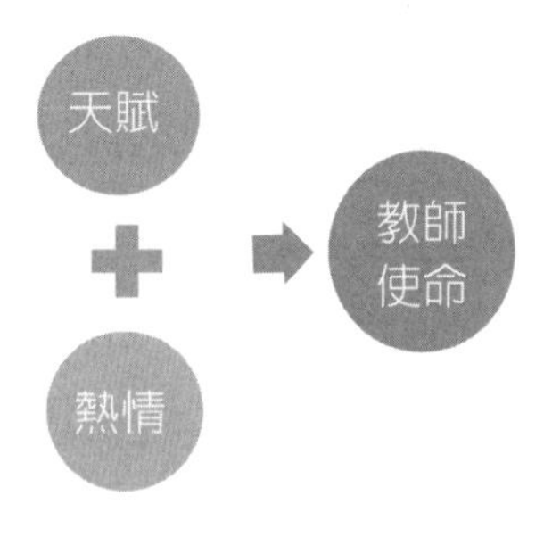

圖10-1　工作使命感構成圖

力、執行力與表達力，並且把這些優勢與工作互相結合，他們得以在工作中獲得樂趣、意義與成就感。他們充分理解自己的工作環境，了解自己的角色，透過個人的努力搜尋工作相關資訊，把個人能力發揮到最大並且享受與他人的互動。除了投入工作得到肯定之外，高達五成以上受訪教師認爲在工作時看見自己對學生的影響，才是這份工作的核心價値。教學過程中，以教師個人專業素養準備教學，讓師生雙方都感到學習過程的快樂。此外，他們也表示教師不只是專業知識的傳遞者，傳遞的人生經驗、建議與影響力，才是這份工作最大的價値。學生感到他們的用心，不只因此建立情誼，也讓學生的生命因爲與老師的連結而有改變，讓他們覺得工作有額外的價値和意義。證據顯示，受訪者自我察覺工作上的需要，藉由不斷地學習的態度來提升自我，再從學生身上看到付出的教學和建議能發揮影響力，在這樣良性互動及循環的過程，他們願意不受年金改革的影響，和往常一樣投入他們的教學，發揮他們的能力去影響學生。

圖10-2　教師工作投入良性循環圖

證據顯示，受訪者認爲年金改革給予正面的肯定，對於已經退休的上一世代教師，建議他們未來要樂觀面對並且積極調整生活模式。從訪談內容得知，他們可以體諒大環境的改變，理解稅收、財政狀況不佳或是人口結構改變而導致的問題，希望不要把年金失衡的問題帶給年輕人去承受。對於仍在工作崗位上的人，證據顯示高達6成的受訪者呼籲抑鬱不得志的老師們，跳脫個人認知的框架，不受社會負面氛圍的影響，利用有限的金錢做運用，不去煩惱年金的問題。受訪者建議若是現職教師對政策感到不滿，不如在目前的工作上做出些微改變，或是進一步尋找事業的第二春、擔任志工或是改變自己的生活型態，多方探索自己有能力去做的事，進而找到自身的價値感。因爲不需盲目執著於未來，而是在今天盡力去過好自己當下的生活。

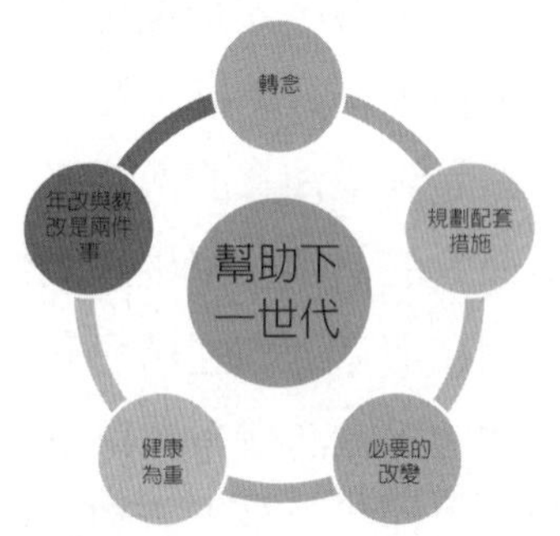

圖10-3　年改與教改世代互助圖

從研究結論得知，受訪者擁有包括對學生有耐心、包容心、好奇心、擅於溝通等，並且擁有自己的工作信念，就如研究結果也同樣顯示，這群受訪者將教育工作視爲自己的使命，擁有適合教學工作的特質和充滿熱情的工作態度。這和Mudrack（2004）認爲較高程度的工作投入是工作者一種與生俱來，値得擁有的的內在特質相符。同時，由於早期社會經驗的影響，他們遇見認眞的典範，希望可以追隨典範並從事這份有意義的工作，因此這些老師發自心層面願意投入，而且更進一步把個人對教育的信念和態度融入教育工作中，也和文獻中提到所提出工作投入受到個人社會化經驗的影響相同（Kanaungo, 1992）。此外，學校的充足資源和好溝通的工作夥伴，也是老師們願意高度投入的條件，是工作環境可以滿足個人需求，帶動更高的工作投入（Kanaungo, 1992）。相較於舊課綱屬於單一領域和固定的教學進度，新課綱的多元及創新課程，會給予讓這群老師有更多機會去做與教學有關的決策，也如Paulley, Alliger& Stone-Romero（1994）提出，當人們參與工作相關的決定時，可以增加其的表現。另外，研究結果也發現，在工作投入之外，全數的受訪者都擁有自我學習的態度，他們察覺工作上的需要，藉由不斷地學習來提升自我，再從學生身上看到付出的教學和建議能發揮影響力，在這樣良性互動及循環的過程，顯示他們在工作投入外也達到工作上自我實現的理想。並且研究結論得知，五成以上訪者認爲年金改革能夠減輕下一個世代的負擔。研究結果也顯示，大多數受訪者可以體諒並理解大環境的改變，他們希望不要把年金失衡的問題帶給年輕人去承受。他們建議教師族群多方探索自己有能力去做的事，進而找到自身的價值感，更提出不需盲目執著於未來，而是在今天盡力去過好自己當下的生活的心法。

由研究結論得知教師的動機、熱忱及工作投入的程度高，學校教學事務推展則越容易成功，學校行政部門可協助並鼓勵變化教學工作的內容，因爲工作變化是影響工作投入的重要因素之一。工作需要技巧和才能來做變化才是有意義的投入，它不只帶來工作上的滿足感，也可以加強教學效果。爲了強化教師個人工作投入及動機，學校也應盡力配合有教學理想的教師給予資源，讓老師知道教育工作者的奉獻是無價的，值得尊重的，必定能夠進一步提高教師的工作投入。另外，學校行政主管在教學研究會或是其他的場合，可以邀請這些高度投入工作的老師來分享職場上的心得，並且給予肯定與支持，目的是希望能夠喚起初衷、引發教學熱情。學校行政部門可以鼓勵老師參與選修課程的研發，讓已經投入的老師來帶領其他人。校方應盡量採取鼓勵性質，而且必須尊重教師工作上的安排與選擇，畢竟每個人對工作適量與否的認知不一致。

在研究限制部份，由於時間和人力的因素，受訪對象爲10名參與107

學年度任教於內壢高中，且預計12年內（2030年金破產前）退休之教師爲研究對象，若是能對他們曾認任教的畢業學生進行訪問，可以從不同角度深入了解這些老師的工作投入，而不會流於自我陳述，相信可以得到更完整面向的討論。同時，質性研究在訪談之前需要多所思考，訪談時也要發揮記憶力和判斷力，深入挖掘資料，訪談後的資料詮釋與歸納更要靠經驗的累積，研究者難免因爲資料剖析能力不足，雖然反覆審示資料，希望使研究結果有邏輯性且能夠描繪出應有的圖象，但難免有不周全之處。

由於時間方面的限制，本研究沒有探討同一田野較年輕族群的教師的工作投入成因以及對年金改革的看法，在廣度上較爲不足，後續的研究，可以對不同年齡層的教師進行了解，期盼能得到更客觀的結論。除了本研究探究的個人特質及外在因素，還可以進一步探討較年輕的教師族群工作投入的成因。此外，政府的教育改革與年金改革政策於2018年同步進行，如果教改成功，應該對人才的培育及減緩人才外流有幫助，可探究教改與人力資源培育方面的關聯性，以及人力資源培育對於國家稅收和經濟層面有何具體的影響，建議進行規模較大的研究來驗證，並以此結果提供相關單位作爲教育改革政策之參考。

第十一章

探討Uber App新專利「酒醉狀態分析」適用性

以AI預判乘客狀態是否侵犯隱私權？

蔡婷婷[1]、曹薇茵[1]、梁璇美麗[1]、謝佑得[1]、嚴奇峰[2]

摘要

建立在數位平臺的Uber（優步），以新型態的商業模式進軍市場，然Uber近期推出以AI（Artificial Intelligence）透過演算法（Algorithm）與深度學習（Deep Learning），分析乘客之酒醉狀態，App新專利「酒醉狀態分析」，是透過用戶的打字速度及準確性、手持手機角度、行走速率，及上下車的地點等，進行分析，並將這些訊息透過演算法計算，推測出乘客是否喝醉，此項專利引發乘客對於隱私方面產生憂慮。本研究目的主要爲探討，Uber應用此新專利，將引發的議題爲何？並針對隱私權、酒醉狀態分析之內容進行探究，故本文將採用個案研究法，藉由分析政府、乘客以及司機三方，對於Uber引進新專利帶來的效益與隱憂，及新專利是否應該通過？並加入App應用進行探討。本研究最終分析結果，認爲該專利可被應用，但須進一步加註「隱私設計」及「行使再同意權」，使乘客明確了解隱私權之權限範圍及提高該專利的分析準確度，以保障乘客的乘車及隱私權益。

關鍵詞：Uber App；酒醉狀態分析；隱私權；乘客個人權益

1 中原大學企業管理學系碩士。

2 中原大學企業管理學系教授。

（說明：本文原稿係企業管理學系嚴奇峰老師在「企業倫理專題」課程中指導蔡婷婷、曹薇茵、梁璇美麗及謝佑得等同學完成，並發表於「2019企業倫理與社會責任精進國際學術研討會」中，而本文後經嚴奇峰老師修改並刪除三段論論述後定稿。）

壹、緒論

一、研究背景

隨新興科技發展，共享經濟平臺以破壞式創新帶來全新的供給與需求，打破傳統產業的界線，其興起更爲數位經濟帶來新風口。劉照慧（2015）指出共享經濟（Sharing Economy）中個人可透過互聯網平臺，將閒置或未充分使用的資源，將其進行供需調度管理，向需求者及時提供服務。丁予嘉（2017）則說明共享經濟爲透過第三方網路平臺，以租借的商業交易形式，將閒置資源進行暫時性分享與再利用，提高個人資產的使用率，以達對於分享者與使用者的雙贏局面，共享經濟亦可稱爲租賃經濟或協同消費經濟（王菲，2011）。騰訊創辦人馬化騰、張孝榮、孫怡及蔡雄山（2017）彙整多位學者與機構定義之共享經濟，其主要爲四要素：個人、閒置資源、網路平臺、收益。綜合上述，意即透過網路平臺以租賃方式，將個人所擁有之閒置資產，分享給需求者使用，共創需求者、分享者與網路平臺之效益。

以平臺爲基礎發展共享經濟，透過媒合閒置車輛服務的Uber，爲新興商業模式之代表，其市場規模高速成長，馬若飛（2017）指出在全球69個國家中，有400多個城市都能透過Uber叫車。新興產業不僅提供新經濟型態，更創造商機，同時爲國家提升工作機會，然而新科技誕生打破產業間界線的同時，也造成政府現有的法規難以妥適監管，導致全球各地的本土合法領照計程車業與之衝突，並衍伸出多起公安事件，如：2014年，法國計程車司機爲反對Uber，而進行暴力抗爭；2015年，美國Uber司機遭醉漢乘客痛毆。因此，社會秩序維護、人身安全保護，以及市場自由競爭皆爲支持新興服務型態的重要考量。

隨著互聯網普及和應用，Uber爲供需兩端帶來直接與間接的影響及效益，全球各地出租車的搭車服務，其本質即從一地送乘客到另一地，而Uber在運輸服務過程提供附加利益，如：App叫車便利性、車輛品質、附加服務、動態調價、無現金支付等，以提高新興服務型態的競爭優勢。Uber爲力求更加優化乘車服務品質，高敬原（2018）指出Uber於2018年在美國申請一項「新專利」，運用AI技術預測使用者是否爲「酒醉狀態」，以提供貼心服務，同時避免乘車衝突，但在網路資訊時代，對於科技安全認定及隱私權協定，致分析使用者習慣可能有隱私資料保障之隱憂。故本研究目的爲了解新興平臺科技可能引發的議題，在提升服務的同時可能潛藏著的風險，以及對於所涉及對象個人隱私之影響爲何，並探討新專利是否能加入Uber App中應用以帶來效益。

二、研究目的

由於酒精誕生於社交文化，隨人類生活壓力變大，使品嚐生活的飲酒文化向逃避壓力轉向，而飲酒過量會爲個人及社會帶來負面的影響，包含：撿屍、酒駕、鬥毆等，近年酒醉乘客毆打司機的事件頻傳，Uber公司不僅想保護自家司機，另一方面，亦想針對特定族群（酒醉乘客）提供優質服務，因此Uber近期向美國專利暨商標辦公室（United States Patent and Trademark Office; USPTO）申請一項專利，其專利內容爲：透過App加上人工智慧（AI）判斷乘客的酒醉程度及其所潛藏的危機。

「酒醉狀態分析」專利，利用乘客的所在位置、乘客的打字精準度及手持手機的角度等訊息加以分析，對Uber來說，此項專利造福不少拒載酒醉乘客的司機，而看似良好服務，對使用者卻是潛藏風險。此專利提案祭出後，引起各方的疑慮，便遭到撻伐，擔心遭有心人士，利用預判服務，來趁機找弱勢的乘客下手。

綜合上述，本研究想了解Uber App加入新專利「酒醉狀態分析」應用之影響，依此提出的研究目的爲針對不同利益關係人來：1.了解新專利對政府的影響；2.了解新專利對司機的影響；3.了解新專利對乘客的影響；4.了解新專利的適用性，以及5.其在數位時代對個人隱私權的影響。

貳、文獻探討

一、Uber公司與App介紹

㈠Uber簡介

Uber網路企業爲一間風險投資新創公司和交通網路公司，總部位於美國舊金山，由Garrett Camp與Travis Kalanick共同於2009年創立，並於2010年6月正式在全美提供載客服務，Uber透過自身企業優勢開發一套屬於自己的App，其App提供載客車輛租賃及共乘的共享經濟媒合服務，乘客可利用簡訊或App預約載客車輛，乘客及司機皆可透過App追蹤車輛位置。目前Uber企業規模已在全球至少100座城市提供服務。

兩位創辦人在大學時期，透過賣掉自己開發的兩個網站，以9,000萬美金開始著手建立Uber平臺。Uber在2011年起獲得Benchmark Capital、高盛集團（The Goldman Sachs Group）、Menlo Ventures與Bezos Expeditions等創投的資金挹注，共取得4,950萬美元的資金，進而穩步的建立其市場地位。

Uber創始初衷爲利用Uber司機的閒置資產與空閒時間，彈性開車載客戶到目的地，順便獲得合理的利潤，而利用司機與乘客的互相評分社群管理機制，使消費者找到更好的Uber司機服務。並透過巧妙的「收費機制」，區隔其他計程車，將其計費分類成菁英優步（Uber-X）和尊榮優步（Uber BLACK）兩種，依不同的分類調整不同的費用、時間與距離費率。而「付款方式」則是結合現今的數位科技與金融支付，將信用卡與智慧裝置結合，下車後可直接利用智慧裝置進行支付。

Uber公司趁著共享經濟趨勢，透過互聯網達到有效管理與成本降低之效益。以平臺爲基礎的Uber不僅提供尊榮的載客服務，更是將企業資源的優勢深入到各個行業及產業，如：2012年推出Uber Ice Cream、2013

年7月提供Uber CHOPPER服務、2014年Uber XL與Uber Family車接送服務、2016年Uber RUSH與Uber eats快遞服務。Uber透過新興科技將觸角伸入不同的產業，此「破壞式的創新」將打破所有產業界線，建構獨特消費者體驗，且著重服務在地性，藉以打造專屬市場，而這正是Uber致勝之路。

㈡Uber發展歷程

Uber創立於2009年，其企業的創意理念來自於兩位創辦人在巴黎的某一個夜晚，站在寒冷的路邊招不到計程車，對此萌生構想Uber最初的源頭。同年3月Uber開始以「Uber Cab」的模式在市場中出現。

隨數位科技的應用及發展，智慧型手機逐漸普及，對此，Uber應用程式於2010年開始支援iOS系統及Android的智慧手機系統，並獲得加州矽谷創投資金挹注，企業的發展逐漸受到關注，於2011年初Uber前後獲前述創投公司投資，初期創投資金約近五千萬美元。在受到大量資金的挹注下，Uber於2012年宣布擴展業務計畫。於7月進入倫敦市場並在七個城市推出「Uber Ice Cream」慶祝「國家冰淇淋月」（National Ice Cream Month），使用者以手機應用程式呼叫冰淇淋車外送服務後由帳戶扣款，爲外送服務掀起一個開端。在2013年，Uber進行大規模的募資，最終取得高達3.61億美元資金，其主要的投資者是投資2.58億美元的Google創投（Google Ventures）。

現今的Uber不僅提供高品質的叫車服務外，也嘗試在不同領域發展新產品，2013年9月，Uber與美式足球聯盟（NFL）球員工會合作，提供球員接送服務。2014年，Uber亦推出許多利基型服務的產品，包括Uber XL與Uber Family，前者爲提供大型車輛的接送服務，後者則是提供有兒童座椅的接送服務。此外，Uber則在紐約推出Uber RUSH的快遞服務，將服務延伸到宅配服務，將所有資源建立於平臺，提供多元的服務內容。於2017年，Uber與各國的多扶事業攜手合作「Uber ASSIST 關懷優步」，爲有通行需求的老弱婦孺、視障朋友、復康人士等，提供即時的交通選擇。

㈢Uber產品服務

Uber成立至今，僅利用五年的時間就快速崛起，Uber僅透過「平臺」提供媒合叫車服務，創造驚人的企業規模，如今Uber進行股票首度公開上市，雖然上市首日股價大跌7.6%（中央社，2019/05/13），但其企業的估值仍高達1,200億美金，顯示出Uber的身價已大於諸多具規模的企業。Uber提供的平臺服務建立在Uber App上，透過Uber App提供全方位的產品服務，使消費者有更多的乘車選擇，並為世界帶來新的移動方式，縮短人與城市的距離。

近年來我們隨處可在報章媒體雜誌中看到Uber相關的報導，因App應用興起，Apple與Google先後推出App Store及Google Play的行動應用程式商店，吸引不少新創公司與個人經營者投入App的開發。開發App不僅可透過販售App或App中的額外付費內容（Buy-in-Purchase）來獲取營收之外，更能將開發者腦中的無限創意付諸實現。Uber App的使用及操作簡易又快速，不論身處在美國、歐洲或亞洲的各大城市，只需開啓Uber App，即可迅速叫車，車子會在十分鐘內抵達指定的上車地點，另外使用者可透過App查看車子的行進狀態，整趟路程的費用皆自動從信用卡扣款，省去支付現金的麻煩，多項的貼心服務，為平臺加值不少，本段將針對「Uber App產品服務」分為六點進行詳細的說明：

1. 隨叫隨到：為乘客與合作駕駛打造雙贏服務，隨心所欲前往任何地點，從清楚明確的導航選項，到無現金付款功能，可協助人們前往目的地。核心服務為提供到府服務的交通技術，而連結代僱駕駛與乘客App就是實現此目標的工具。
2. 即時報價：每次確認行程前，可以查看估價資訊，不須猜測行程費用金額，即可直接比價以找到最合適的搭乘選項。
3. 完美接送：預約搭乘時，App會自動建議一個方便乘客與代僱駕駛碰面的地點。若要調整乘客的所在位置，只要輸入新地址，或在地圖上將大頭針拖曳至灰色圓圈內的任何地點。
4. 安心搭乘：Uber以行車安全為核心信念，致力協助乘客安全往來各地，透過事故防範工具及各種連線追蹤技術，提供安心搭乘的服務設計，其功能說明如下：

(1)緊急援助按鈕：乘客若遇到緊急狀況時，可以使用App內建的緊急按鈕直接撥打。App會顯示地點及行程詳細資訊，因此可以快速地與執法單位分享資訊。

(2)全天24小時事故支援：支援團隊皆經過特別訓練，以回應緊急安全問題。

(3)分享行程：設定乘客信任的聯絡人並建立提醒，才能即時與親朋好友共享乘客的行程狀態。

(4)安全中心：當使用Uber的搭乘服務時，可從App直接存取Uber集中於同一處的安全功能。

(5)隱藏電話功能：App具隱藏電話號碼功能，不洩露個人資訊。

(6)每趟行程皆享保險保障。

5. 認識駕駛：乘客可以在App中查看駕駛基本資料，了解駕駛的有趣事蹟，包括評分表現和好評回饋。能查看其他乘客留下的好評或感謝留言。所有準駕駛都必須完成審查程序，接受審查的項目包括附相片的身分證件及其他相關文件，通過審查且符合資格者，才可獲得授權並透過App提供行程。

(四)App新專利介紹

Uber新專利爲「酒醉狀態分析」，利用AI技術機器學習分析用戶使用Uber App的行爲模式，以演算法計算預測使用者在叫車時潛在的任何異常狀態，判斷使用者有多大機會爲酒醉乘客。以下爲此專利的分析指標：1.打字速度；2.按鍵準確度；3.手持手機角度（是否搖擺不定）；4.當下行走速度與模式，以及5.叫車時間點及地點（深夜時分在酒吧區叫車）。

此專利的目的是爲讓Uber司機透過App分析，能夠事前知道乘客當下的狀態，並依其狀態調整或選擇不同的Uber服務方式。如此以來，司機若是遇到酒醉的乘客，司機可以有權拒載，或是由Uber指派對於酒醉乘客較有經驗的司機，這樣才能夠避免乘客在酒醉的狀態下，與司機發生一些糾紛，以藉此保護Uber司機的安全，並提高Uber服務品質。

二、隱私權意涵

㈠隱私權

Prosser（1960）提出將隱私權的侵害行為分為四類：1.干擾他人生活安寧及獨居或隱私事務；2.公開他人姓名及肖像或揭發與其有關的隱私資訊；3.公開錯誤的描述他人，使其為公眾誤解，以及4.將他人人格作為商業使用等。基於人性尊嚴與個人主體性之維護及人格發展之完整，大致上可以將隱私權分為四種類型。在對Prosser的回文中，Bloustein（1964）進一步提出「隱私是人類人格的利益，隱私保障個人人格的不可侵犯，個人的獨立、尊嚴與正直」。Westin（1967）則進一步將隱私定義為「個人得以自由選擇在何種環境、何種程度下，向他人揭露他自己、他的態度及他的行為」。後來Gavison（1980）提出隱私的三項特性，分別為：祕密、匿名、獨處等。我國司法院大法官於釋字第603號解釋，明白承認隱私權受憲法所保障，隱私權雖非憲法明文列舉之權利，惟基於人性尊嚴與個人主體性之維護及人格發展之完整，隱私權乃為不可或缺之基本權利，而受憲法第二十二條所保障。綜合上述學者及法規等說明，本研究整理隱私權類型及內容如下表11-1所示。

表11-1　隱私權四大類型

類型	內容
身體隱私權	即有關保障人之身體不受侵犯的部分，例如：藥品測試。
通訊隱私權	即有關信件、電話、電子郵件及其他形式通訊的安全及祕密的部分。
領域隱私權	即有關限制侵犯家庭、工作場所或其他領域的部分。
資訊隱私權	即涉及建立相關規範，管理個人資料之收集及處理部分。

資料來源：本研究整理

各國對於隱私權規範內容有所不同，而美國1974年的《隱私權法》，被認爲是美國保護隱私權的基本法。後續又針對特殊領域頒布隱私法規。在資訊隱私的方面，美國採行業自律來保護網路隱私權，如2018年美國加州的消費者隱私權組織通過了AB 375號法案─消費者保護隱私法，藉由此法規更完整的保護網路消費者。而歐盟各國與美國對於資訊隱私的保護方式不同，歐盟國家是由政府採取相對應的手段來保護消費者的隱私權，所以歐盟在1995年就通過《個人數據保護指令》，後續也有攸關電子商務服務商與消費者之間的網路隱私權法規，以及2018頒布的資料保護原則（General Data Protection Regulation; GDPR）即著重消費者個資的隱私。

㈡數位隱私

Wang, Lee & Wang（1998）指出消費者隱私多與消費者在使用網站時留下的個人資訊有關，衍伸出的隱私侵犯行爲，通常是是未經授權收集、曝光或直接擅自用個人資訊等方式以謀取商業目的，其可能涉及個人資訊隱私之行爲彙整如下表11-2所示。個人資訊隱私可分爲動態與靜態兩類：個人資訊會隨著時間產生巨大變化者爲動態私人資訊，若不會因時間而產生變化者爲靜態私人資訊，如個人從屬關係和信仰。

表11-2　可能涉及個人資訊隱私之行為

行為	說明
不當存取（Improper Access）	未經消費者同意，侵犯個人電腦，存取個人隱私資訊，如Cookies使用。
不當收集（Improper Collection）	未清楚提示消費者，收集個人隱私資料，如E-mail位址、軟體使用、Trace Web等。
不當監控（Improper Monitoring）	未經消費者同意，利用Cookies監控個人網路行為，如網站瀏覽紀錄、停留時間及交易行為等。
不當分析（Improper Use）	未經消費者同意，對其個人資訊進行不當分析（Improper Analysis）等。
不當傳遞（Improper Transfer）	未經消費者同意，將個人隱私資料傳遞或轉售，以達商業目的。

行為	說明
多餘的推銷（Unwanted Solicitation）	未經消費者同意，大量傳送廣告之垃圾郵件。
不當儲存（Improper storage）	未經消費者授權，即保存網站之個人隱私資訊。

資料來源：本研究整理自Wang, Lee, & Wang (1998)

任文媛、范錚強及許通安（2006）認爲資訊隱私權是指特定人、團體與機關等，必須在合法且必要的情況，才得以收集個人資料，而且在使用個人資料時，必須受到一定程度的規範；且個人擁有存取檔案資料，以及更正錯誤資料的權利；任何人、團體或組織，針對於自身之資料，得以自己決定何時、何地、如何及在何種程度內，將個人資料傳達給他人的權利。並且對「資訊隱私侵害行爲」的定義，爲在沒有通知當事人或獲得當事人同意之前，以不當行爲方式將他人的隱私資料應用在特定目的之行爲。

三、專利權意涵

專利權意指政府單位向發明人授予的具一定期限內生產、銷售或以其他方式使用發明的排他權利」。另專利分爲發明、實用新型和外觀設計三種類型，相較於有形財產，其特徵具有「專有性」、「地域性」、「時間性」。本研究在此針對其他國家之相關法規進行簡單彙整如下表11-3所示。

表11-3　各國專利法規彙整

國家	說明
美國	專利法101條——可予專利之發明任何人發明或發現新而有用之程序、機器、製品或物件之組合，或其新而有用之改良者，皆得依本法所定之條件及要求獲得專利。
日本	專利法第29條第1項為「新穎性」規定—做出可供產業上利用之發明人，除下列發明（已於日本國內所知技術、已於日本國內實施、已於日本國內外公開散佈）外，可予以獲得該發明專利。

國家	說明
中華人民共和國	專利法22條——售予專利權的發明與實用新型，應當具備新穎性、創造性、實用性，其實用性是「發明或實用新型能夠製造或使用，且能產生積極效果」。
中華民國	發明專利要件—— 狹義：產業利用性、新穎性（包含擬制喪失新穎性）及進步性。 廣義：發明之定義、法定不予發明專利之項目、說明書與申請專利範圍之揭露要件（明確充分性、可實施性、支持性）。

資料來源：本研究整理

四、酒醉狀態與脫序

許多人在酒醉狀態下，常會有脫序行爲發生，舉凡行爲較平常大膽、說話大聲、無法控制其情緒、嘔吐等。由於人類腦部構造之每個部位皆有不同功能，如：大腦皮質負責理性與思考；內側的邊緣系統負責感情、記憶；小腦掌管運動功能；腦幹則掌管呼吸等維持生命之必要機能。然在酒精的攝入後，最先會抑制大腦皮質的活動，當大腦皮質功能減弱，被理性所壓抑的情感與本能的衝動，就會顯現出來。故平時較安靜的人喝酒後才會變得很活潑，或喝醉後則會哭個不停；如若飲酒過量，運動和記憶的機能會漸漸被抑制，以至於無法直線行走，甚至隔天醒來記憶也隨之消失。

參、研究方法

本研究爲質化的研究，透過個案研究法，進行資料彙整及歸納，並提出本研究之相關議題。個案研究分爲三種類型，分別爲：個人調查（即對組織中的某一個人進行調查研究）；團體調查（即對某個組織或團體進行調查研究）；問題調查（即對某個現象或問題進行調查研究）。Yin（1985）指出：個案研究爲一個實證研究，利用多種資料來源，在實際生活環境中，研究當前的現象或現象與環境之間的界限。高強華（1991）指出，個案研究是以一個個體或組織體，舉凡家庭、社會、部落等爲對象，進行研究某特定行爲或問題的一種方法。綜上所述，個案研究法之研究方法為一認定的某一特定對象，加以調查分析，弄清其特點及形成過程的一種研究方法。

Yin（1985; 2018）指出：「個案研究設計的目的在於：收集、分析、解釋，透過所觀察的現象過程引導研究者，其研究方法為一個求證的邏輯模式或研究藍圖，使研究者可以從這邊（構想）到那邊（執行）的行動方案。」

本研究根據第一章內容，進行彙整及歸納發現Uber App所涉及三大類對象包含：政府、司機、乘客，故本研究將針對政府端、司機端、乘客端三方之立場做探討，並將變數定義彙整如下表11-4所示。透過分析使用Uber造成的效益以及隱憂，進而發展Uber App新專利「酒醉狀態分析」之對立問題與適用性，進而以三段論進行三方的有效論證。

表11-4　政府端、乘客端、司機端之定義內容

立場	定義內容
政府端	於全球開放使用Uber App之國家政府。
司機端	於全球使用Uber App「提供載客服務」之司機會員。
乘客端	於全球使用Uber App「進行叫車服務」之乘客會員。

而相關的次級資料則是由前人的研究或機構所收集或者記錄的資料，多半為歷史性資料或已被收集好的資料，且不需受測者回覆的資料。對此可將資料分為「外部次級資料及內部次級資料」。故本研究採用「個案研究」的方式來探討，透過找尋多種資料與網路報章媒體等相關資料的「次級資料」來源找出關聯性。

本研究透過次級資料的搜查協助了解Uber App新專利「酒醉狀態分析」在法律上應不應該通過應用，並以不同的角度進行分析與歸納。在本研究中主要運用公開發行的資料，諸如從期刊、報紙、參考書、企業官網、電子資料庫等次級資料，針對Uber App在政府、司機、乘客等各方面訊息，和新專利「酒醉狀態分析」等報導。

肆、Uber App個案分析

本研究根據前述研究背景與目的、文獻探討，並透過個案方法進行分類與歸納後，發展出本研究的研究概念與架構如圖11-1所示。並Uber App對三方利益關係人（Stakeholders）之關係，本章將分三節說明，分別為研究架構、Uber App對三方分析、新專利對三方分析加以說明。

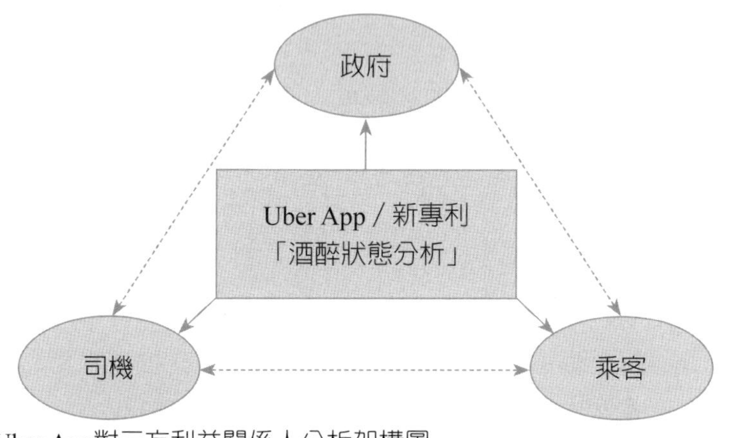

圖11-1　Uber App對三方利益關係人分析架構圖

一、Uber App對三方利益關係人的分析

隨著Uber盛行為司機帶來工作機會，乘客搭乘工具有更多選擇性，然而卻也衍生出許多安全疑慮及社會問題，為此本研究將分析的角色與立場區分為政府、乘客、司機，站在三方不同的觀點來進行探討，並針對各端分析使用Uber造成的效益以及隱憂。

㈠政府端

1. 效益：Uber為科技創新企業，透過網路平臺，創造共享經濟，發展出一套具透明性、安全性及手續簡便的工作環境。司機進入Uber的門檻低，為二度就業者提供工作機會，且工時具彈性。例如Uber在臺灣與財團法人勵馨社會福利事業基金會關懷婦女之組織合作，提供許多經濟重擔的弱勢婦女之彈性工作環境，以協助弱勢女性正面成長。藉由多元工作機會，降低國家失業率並進一步提升國家稅收。

2. 隱憂：因各國法律制定的不同，加上Uber在產業的界線模糊，迫使Uber在各國營運受到限制，如：德國白牌車只能分攤不得盈利；法國計程車司機暴力抗爭；歐洲各國政府取締Uber；美計程車和Uber司機爆發抗議；韓國Uber司機需營業執照；日本非特許、可自營、司機條件嚴苛；香港勞雇爭議多等等，種種法律的因素，增加不少社會議題，同時亦增加政府解決相關案件的成本。

㈡司機端

1. 效益：成爲Uber司機的限制遠較計程車業寬鬆，僅需年滿21歲、具汽車駕照，無重大犯罪及肇事紀錄者，並且無需再另外考取職業小客車駕照與計程車駕駛人執業登記證，即可成爲Uber司機。在工作方面，不僅工時彈性，更提供不少二次就業及賺取外快的機會，工作時無需穿著制服，車殼顏色亦無需漆成黃色，故可提供更多彈性的就業方案。
2. 隱憂：Uber的平臺服務費爲乘車費用的20%，其抽成比率較計程車業高，導致司機實際所得相對較低。此外，若一般發生交通事故或消費糾紛，皆有第三方公證人或業主出面負責，但Uber則反之。另若遭遇乘客惡性檢舉，試圖以檢舉降低車資，極易造成司機營業及信譽上的損傷。

㈢乘客端

1. 效益：Uber的浮動費率與優惠方案以及共乘服務能降低車資，另外，App系統會自動提供司機名字、車牌號、行車路線及評分紀錄等訊息，給予乘客較佳的安全服務，且針對身障、孕婦及老弱等行動不便的乘客，提供邀請服務，幫助弱勢乘客減少被拒載的可能。
2. 隱憂：Uber雖然帶給大眾全新便利的叫車方式，但仍有不少的負面議題產生，如：不良司機的案例層出不窮（美國自2014年起有高達103件的Uber駕駛被乘客指控性侵、性騷擾）；Uber司機的素質不均（司機對於不熟悉路線的乘客，刻意繞路收取車資）；Uber系統安全的疑慮（Uber因系統障礙，導致個資外洩、信用卡被盜刷）。綜合上述內容，顯示Uber的負面事件及新聞頻傳，使得乘客的乘車安全及交易安全受到各方質疑。

三、新專利對三方利益關係人的分析

Uber的新專利理念是「為避免安全意外以及個人衝突事件」，並以優化服務為主要目的，但優質的服務背後卻潛藏著對使用者隱私偷竊以及濫用AI的問題，故本段內容將依政府、司機、乘客三方之立場，針對Uber新專利之應用上的效益以及隱憂進行探討，在Uber新專利「酒醉狀態分析」在法律上應不應該通過應用的議題上進行探究。

㈠政府端

1. 效益：經新專利的研判與分析，能安排有乘載酒醉乘客經驗的司機，或提供司機是否要載酒醉乘客的選擇，可解決酒後鬧事的社會問題，如乘客酒後鬧事、打架鬥毆等相關社會案件，新專利的誕生不僅減少社會安全問題，更協助政府達到反酒駕之監督效果。
2. 隱憂：法律調整的速度跟不上科技高速的發展，造成科技與權益之間產生問題，使新商業模式與法律產生對立。隱私權被許多人視為最重要且最在乎的權利之一，而科技的使用可能會影響個人的權利，若科技無法給予完整的安全保護，且政府無法完全掌握，將造成民心的恐慌與不安。然Uber新專利可減緩社會案件，但遇到有心人士使用，反而會使受害者人數劇增，造成更多社會安全的成本增加。

㈡司機端

1. 效益：Uber新專利讓司機為酒醉乘客預先準備，以因應不同狀況提供不同服務，並避免酒後鬧事，或在車內嘔吐、隨意便溺破壞整潔，進而優化乘車品質，協助司機快速累積好評，增加所有顧客的乘車意願。同時，司機有權選擇載客，或由系統配對其他資深司機，避免衝突事件或未知風險，保障司機與乘客雙方人身安全。
2. 隱憂：透過新專利篩選酒醉乘客，雖以提供服務優化為目的，由系統指定配對資深司機服務，但對於司機可能選擇拒載，又或乘客基於隱私考量，不願被新專利分析使用狀態，而選擇其他搭載工具，皆可能影響司機載客數，導致收入降低。此外，若由他人代酒醉乘客叫車，新專利功能將無法分辨而可能受影響，AI技術無法派上判別酒醉之用途，使司機安全保障被弱化。

(三)乘客端

1. 效益：新專利能配對曾受訓或資深司機爲酒醉乘客服務，包含提供嘔吐袋及瓶裝水、指示光線較佳處上車、開啓拒絕共乘模式，不僅酒醉乘客以享有更佳的乘車服務，亦同時保障一般乘客的乘車品質。
2. 隱憂：新專利系統紀錄乘客使用App的狀態，以及個人乘車生活的習慣，將可能有侵害個人隱私的疑慮，且乘客如有多次酒醉叫車的紀錄，可能面臨被司機選擇拒載，而系統所會提出的預判分析，易誘發心懷不軌的司機，找酒醉乘客侵犯（尤其是女性乘客），使乘客陷入危險中，安全堪憂。

四、相關個案簡述

(一)酒醉行爲脫序問題

1. 加州Uber司機載醉漢趕客下車反遭痛毆（TVBS, 2015）

事件經過：美國加州的Uber司機載到酒醉乘客，乘客醉到沒法正常報路，駕駛便要求乘客下車，沒想到喝醉乘客竟然覺得對方找麻煩，動手毆打司機，最後酒醉鬧事的乘客被警方逮捕，而且終身不能再搭乘Uber。

後續發展：無辜挨打的司機表示，之前也和客人起過爭執，所以他才會在車裡裝行車記錄器，但壓根沒想過會被客人毆打，他決定不再替Uber開車，以遠離隨時可能失控的乘客。

2. 澳洲醉漢無故開車門下車被撞死Uber司機連同遭起訴（ETtoday新聞雲，2019）

事件經過：澳洲一名男子和朋友喝醉從派對搭Uber回家時，直到車子開到一處路口時，該男子無預警的將後方車門打開，直接走到大馬路上，直行的公車看到他時已經來不及煞車，加上因爲Uber的車燈太亮，導致男子無法清楚看見來車，最終遭到公車撞擊捲進車底。

後續發展：地方法官指出，該男子沒有發出聲響的開門固然有問題，但開門時車內的燈會發光也會是一種對司機的提示，因此判定Uber司機也將負起責任，全案將進入最後判決。

㈡App定位功能引發的問題

1. 你下車繼續被追蹤！Uber遭踢爆侵犯隱私（TVBS, 2017）

事件經過：乘客下車五分鐘內的GPS定位，仍會透過App回傳給司機，以至於乘客下車五分鐘內的行蹤將無所遁形。2012年Uber曾公布一份令人驚艷或驚嚇的「輝煌之旅報告」，其報告內容指出美國各地的一夜情的比例，甚至統計出一年內的退稅日是一夜情的高峰期，情人節則是谷底，該Uber的「輝煌之旅報告」惹惱了乘客們，並表示個人隱私完全不保。

解決方案：美國聯邦貿易委員會接獲投訴後，裁決確定，因此Uber宣布不再追蹤用戶下車後GPS信息。

2. 定位錯誤？搭Uber遭丟包荒郊野外，乘客嚇哭（TVBS, 2019）

事件經過：一名女乘客於凌晨一點半多，從西門町搭車至林口，直至下車才赫然發現下車地點只有一塊空地，其人煙稀少沒有路燈，且旁邊的工地仍在施工，另有10隻狗對著她吠，導致該名女乘客極度害怕，當女乘客要掉頭返回車上時，發現車已駛離，此事件讓女乘客痛批Uber司機行爲不負責

解決方案：Uber司機從系統確認定位，和下車地點是一致的，但表示會主動跟客戶聯繫，會補償下次乘車的回饋點數，對於乘客有不好的經驗感到抱歉，只不過半夜被放在陌生地，也難免讓乘客難以釋懷。

伍、結論與建議

回顧本研究欲探討之議題——「Uber App新專利」在法律上應不應該通過應用？或須在什麼乘客同意的條件下應用？綜觀上述之內容，Uber App新專利對於Uber而言，可提供消費者更好的服務，亦可保護Uber司機的載客選擇權。雖然政府認爲現階段所施行隱私政策能保護個人隱私，但乘客則普遍擔憂會侵犯個人隱私，基於大眾普遍對於此項新專利可能帶來的隱私憂慮，對此，本研究認爲應權衡政府、司機、乘客之三方利益關係人立場考量，建立一套在不侵犯個人隱私權的前提下，亦能提供優化服務，及協助乘客了解自身提供Uber隱私內容，再來選擇是否轉搭其他交通工具？並與因應政府所倡導隱私權與反酒駕政策一致，提出降低社會公共安全問題的解決方案，以更佳的解決方案來跟進科技發展腳步。

故本研究認爲「Uber App新專利」，應加註設計，開啓第二次同意權（Consent），其內容包含「本人已同意Uber得爲安全目的偵測、使用及分享本人資訊」、「本人已同意分享優化服務資訊以協助完善服務」及「本人已同意於本次搭乘時提供App使用狀態」等三項設計。Uber App新專利完成加註後再允許該專利在法律上通過，加入App完成新應用，以利加註後設計能創造三方利益關係人皆可接受的共贏結果。

陸、討論議題

1. Uber App新專利議題可能還牽涉到哪些利益關係人？
2. 目前這三方利益關係人還有什麼相關的效益和隱憂？
3. 目前這三方利益關係人之間是否仍有未討論的交互關係？
4. Uber App新專利議題是否有更佳、對三方都更有利的解決方案？
5. 如果沒有，而必須在不同解決方案之間做取捨？您的優先原則會是什麼？
6. 試圖找出核心觀念來描述及討論本議題，並溝通說服他人接受您的觀點。

第十二章

誰來保護我們的小孩？以專家學者角度探討臺灣兒童廣告倫理之現況

丁姵元[1]、楊敏玄[2]、顏昌明[3]

摘要

由於近年來全球兒童肥胖問題嚴重，很多研究顯示其原因與兒童廣告有關。爲了保護兒童健康並免於受到商業行爲操控，有許多國家都有相關法令進行規範。但反觀國內狀況，雖有相關團體發聲，不僅很少規範，相關研究也很少。廣告無處不在，爲了保護下一代，兒童廣告倫理的議題需要更多的探討和研究。因此本研究主要在探討從國內相關專家學者的角度，來探討解析臺灣兒童廣告倫理的狀況。研究結果發現，臺灣社會對兒童廣告倫理知覺與了解程度並不高。判斷力不足是兒童最主要的特性，他們面對廣告時常毫無招架之力。加上近來少子化與雙薪家庭現象，導致兒童在家庭中決策地位提高，更多廣告商趁機將兒童設爲其廣告目標。針對國內幾乎沒有相關法令的狀況，有部份專家建議可參考國外法令制定加強，但也有學者認爲即使有法令，也會受限於國內法令落實程度不盡理想的限制。所以，要提升國內廣告倫理風氣，多數專家認爲廣告商自律效用大於法律制裁，建議廣告商對兒童廣告時，需顧及基本道德倫理的要求及考量。但廣告商仍以營利爲主，故消費者意識的覺醒也是約束廣告商的有

1 中原大學企業管理學系助理教授（通訊作者）。
2 皮亞諾股份有限公司店長。
3 銘傳大學資訊管理學系助理教授。
感謝中原企管評論同意授權刊登。

效方法。另外，學校方面也應於中小學推動媒體素養教育，希望培養兒童不輕易被廣告說服的能力。最後，多數家長對此議題的知覺程度也不高，很少盡到此方面的教養責任。總之，兒童廣告倫理議題在臺灣仍是個很陌生的議題，需要得到更多關注，才能得以共同來保護下一代的健康與生活。

關鍵字：企業倫理；兒童廣告；廣告倫理

壹、研究動機與目的

在現今的社會環境中，各樣的商業化活動已經成為人們生活不可或缺的一環，而其中廣告則扮演著決定和影響人們行為的重要角色。它已經在生活中無所不在，從產品包裝、街上各式招牌和廣告、到各式媒體，如報紙、海報、電視、廣播與網路等，各式廣告24小時比比皆是，利用各種方式希望可以吸引人們的目光。正面來說，廣告提供消費者產品資訊，因此可以買到適合且有價值的商品。但在另一方面，易產生負面之效果，容易危害社會公序良俗、交易之公平性。Pollay（1986）結合許多各領域之學者觀點後，他提出廣告已滲透至人們的生活中，且帶給人們負面的影響是大於正面的。他認為廣告所傳達之訊息常是帶有操控意味的，它漸漸使得人們改變思考行為模式，讓人們易變得更加自私、貪婪、猜忌及偏向追求物質等導向。因此，廣告對社會及各種族群所造成的負面影響，是需要各界關心、重視及解決的議題之一。

被廣告影響的廣大群眾中，兒童也是許多廣告與商品的目標對象之一。但是他們不同於成人，心理與生理都在發育階段，沒有能力分辨廣告背後所隱藏的商業訊息，比起成人更容易受到廣告影響（McGinnis, Gootman, and Kraak, 2006; Welcox, Kunkel, Cantor, Dowrick, Linn, and Palmer, 2004）。事實上，以兒童為目標對象是否合乎企業倫理，一直是受到爭議的話題。除了兒童無法辨認商業廣告後說服消費的目的，因而容易相信且認為廣告內容是眞實、準確並沒有偏差。並且，很多研究也顯示，電視廣告造成是兒童現今過度肥胖的原因之一（Ofcom, 2006; World Health Organization, 2003; Harris, Bargh, and Brownell, 2009），因為大部份兒童廣告皆為高糖高鹽有油的食物。除此以外，更有研究顯示，廣告對兒童的影響還包含推崇物質主義的價值觀，強調物質上的擁用才是成功與快樂的象徵（Asadollahi, Tanha, 2011）；兒童會因要求父母買廣告商品，而與父母產生爭執或衝突的機會大為增加（Arnas, 2006; Gunter, Oates, and Blades, 2005）。因此，廣告對兒童影響範圍包含其在生理、心理、行為、學習能力、社會關係等，皆會造成負面之影響（Pollay, 1986）。

鑑於廣告可能產生對社會的負面影響，各歐美先進國家皆有相關法律令或業者自律公約約束廠商。例如針對兒童部份，歐盟於2007年限制業界不能利用兒童無法辨認的特質，以其為目標對象推銷產品；兒童節目中的廣告的內容和時間都受到限制，兒童節目裡不能也有置入性行銷。然而在臺灣，廣告倫理的議題已漸漸在國內興起討論與重視，在節目廣告化所引起的置入性行銷的問題上，2013年五月底立法院初審通過，將立法院昨初審速食兒童餐可能不允許送玩具、餐前或兒童節目時段也不允許播送廣告（管婺媛，2013）。但是，這個法令只是經過初審，保護兒童不受廣告影響的法令仍付之闕如。並且，國內目前仍尚未有專門針對廣告訂定的法令，因廣告規範是散亂於各個法規之內，法令執行多處於灰色的模糊地帶（劉承杰，2003；彭鈐濤，2008）。所以，當法條規範不夠完備，或在執行力無法及時處理之際，倫理道德的考量就必須歸為廣告商自律責任範疇之中。而臺灣廣告商自律風氣和效果也仍有改進空間，所以廣告到底誰來把關，減少對社會的負面影響，是值得注意及探討的議題。

現今，廣告倫理之議題受到眾人之注意及相關單位之警覺，國外亦有針對廣告倫理的部份進行許多研究，但相對國內來說，關於廣告倫理的相關文獻及研究可謂是寥寥無幾。即使有針對兒童廣告之研究，亦大多是以教育及幼兒保育方面的觀點切入，而從行銷學角度來思考國內兒童廣告倫理的研究，更是相當缺乏，針對國內相關況的探討和了解也付之闕如。所以，本研究爲探索型研究，希望可以探討臺灣兒童廣告之廣告倫理狀況，並縮小範圍以UNESCO所定義之兒童（12歲以下）作爲對象。本研究針對與行銷廣告相關專家學者做深入的訪談，了解並診斷目前臺灣國內兒童廣告倫理之概況。由於他們是該領域之專家，更是廣告界的重要推手，應可以給予未來國內在推動廣告倫理上有所看法與建議。另外，專家們經驗豐富，且與廣告無任何商業利益之關係，可對此議題之評論有較公正客觀之觀點，並能給予在不傷害兒童之狀況下又可兼顧廣告商之利益間抓取合適的平衡點，創造雙贏之局面，希望可以獲得在其專業領域上珍貴的看法及建議，並讓研究結果爲能提供給欲推動廣告倫理之政府相關單位與廣告商作爲參考。

貳、文獻探討

爲了解本研究所探究之問題，於此將回顧國內外相關文獻，並整理歸納分爲四部份：第一部份爲兒童廣告，主要介紹兒童消費者的重要性、兒童廣告定義及特性以及常用媒體。第二部份以兒童此特殊群體之特性，與兒童消費者的特色。第三部份爲兒童廣告之影響，說明兒童廣告對兒童所產生的正面與負面之影響。第四部份則爲國內外針對兒童廣告法令制定之概況。第五部份則爲國內爲推動兒童少受媒體影響的媒體素養課程簡介。

一、兒童廣告

兒童是國家未來的主人翁、將來的棟樑，更是父母家庭的明日之望。由於現今社會少子化之因素，兒童就如同家中的一寶，以致其在家庭的地位以及發言權逐漸愈來愈高（李淑芳，2009）。不僅如此，隨著單親家庭及雙薪家庭之比例越來越高，父母親也較無多餘的時間陪伴他們的小孩，導致賦予小孩有較大的權力去控制錢財，因此許多時候，小孩成爲父母親採購物品的重要決策角色（Sheehan, 2004）。Smith（2009）也發現父母親在購物時，會因兒童的喜好而影響。例如文具、食物、旅遊地點和飯店的選擇，或者甚至連對每戶家庭都視爲重要的耐久財——汽車的選擇上，兒童皆會影響父母親的購買決策。統計指出，每年光受兒童直接或間接影響的消費金額大約4兆美金（Smith, 2009）。4至12歲的兒童皆有自己的零用錢可運用（Sheehan, 2004），在2000年，他們花超過290億美元零用錢來購買衣服、糖果和玩具等產品（McDonald and Lavelle, 2001）。如此龐大的利益市場，導致廣告商會把銷售目標指向兒童市場，兒童可謂是眞正的消費者。

兒童廣告多指對兒童使用的產品所做的廣告，例如食品、玩具等其他兒童用品（李淑芳，2009）。多數兒童廣告特徵在於廣告商會利用豐富的視覺效果，例如多變化的聲光、賦予物品生命力等手法，加上有故事性的結構、迅速的節奏、朗朗上口的音樂或標語和附贈品的誘惑（吳知賢，1998; Roberts, 2005），所以這些手段可常見於針對兒童的廣告。其中，針對兒童的廣告又大多以食物廣告爲主。2010年臺灣兒童福利聯盟文教基金會的研究調查指出，兒童在每年收看三萬支以上之廣告當中，有近萬支廣告是食物廣告，在兒童收看的電視廣告中占約三分之一。並且，數據統計發現，食物廣告播放在假日期間更加頻繁，也就是說此類的廣告與兒童接觸的機會很高。同時，他們發現平均幾乎每6.6分鐘就會出現一次食物廣告，且用餐時間出現的頻率高於非用餐的時段（臺灣兒童福利聯盟文教基金會，2010）。

在兒童所接觸的廣告中，電視爲最重要的傳播媒體之一。觀看電視已成爲兒童主要的休閒活動之一，兒童平均收看電視的時間最長，只僅次於退休的老人（吳翠珍，1992）。2005年調查報告中，發現臺灣學童平均每星期看電視的時間超過17個小時，非假日平均每天收視2.3小時，其中有近三成的學童每天看3小時以上，因此電視可說爲兒童花費最多時間及最容易接觸的媒體（臺灣兒童福利聯盟文教基金會，2005）。另外，調查也中竟發現，超過五成的兒童通常不會有父母陪同收視。因此，在不知不覺下，電視儼然成爲兒童在社會化過程中的重要角色，甚至讓電視成爲兒童的保姆（沈文英，2009）。同時，兒童接觸到的節目頻道並非只限於兒童頻道，他們在成人的節目中也會接觸到廣告，因此這些不當之廣告極可能對兒童也造成損傷。並且，兒童電視廣告之數量正逐漸往上攀升（Kunkel and Roberts, 1991）。依臺灣兒童福利聯盟文教基金會2010年的報告指出，臺灣兒童約有七成左右最常收看卡通節目，而在這些受兒童歡迎的節目中穿插的廣告數量驚人，臺灣兒童目前平均一年看約三萬支以上的電視廣告。因此，電視廣告已成爲兒童認識產品的最大宗之管道（Sheehan, 2004; Belch and Belch, 2004）。

同時，隨著現代傳播科技之進步，網路成了近幾年來不容小覷之趨勢。研究結果發現，網路在臺灣兒童心目中之重要性逐漸增加，甚至超過了電視（沈文英，2009）。因此，專門針對兒童的網站就順勢地大量湧現，許多廣告商在網路上對兒童採用「一對一行銷」，針對每位兒童之不同需求與特性，來呈現不同的廣告內容吸引兒童（江佩穎，2003），藉此拉近與兒童間之距離，且拉長他們於該網站停留的時間（Austin and Reed, 1999）。其中，最大的爭議爲兒童個人之隱私權。許多廣告商爲了收集兒童相關資訊，在進入他們所設立的兒童俱樂部或遊戲前，要求兒童須申請或成爲會員才能享有該網站的權利。但兒童們通常不引以爲意，無法警覺資料洩漏之嚴重性（Austin and Reed, 1999）。此外，兒童也不明瞭網路聊天交友對象之眞實性，容易導致受騙。同時，兒童因判斷力尚不充足，無法辨別娛樂與行銷之差異，所以易在無形中受廣告操弄，陷入廣告之誘惑（Austin and Reed, 1999）。

二、兒童爲無助的消費者

兒童之所以易受廣告影響的主要原因，在於兒童與成人特性是相當不同的，特別在生理、心理及社會等層面之發展尚未健全，社會價值及自我人格也在形成的階段中，對世界缺少一定的認知和辨別能力，因此兒童被視爲一個特殊的群體（李秀美，1993；李淑芳，2009；陳巧燕，2002）。而在倫理道德方面，相較於成年人，兒童的道德架構尚未發展成熟，他們無法了解何謂合乎社會標準的道德觀，沒有判斷是非與對錯之能力（Hackley, 2010）。另外，兒童是相當脆弱及易受傷的群體，易受到成人、周遭環境及好奇之事物左右，學習能力較成人強且快速，而他們能表現其思想及行爲的獨特方式爲「模仿」，不管是好或壞之外在因素，均於無形中亦成爲兒童學習模仿的範本（Hoerrner, 2009）。

針對上述兒童之特性，廣告尤其對學齡前的兒童影響力最爲廣大，主要原因之一在於他們生活中所接觸及接受的資訊來源相當有限（李淑芳，2009），電視可以說是他們重要的資訊來源之一（Sheehan, 2004）。此外，兒童缺乏足夠購物經驗，且尙未具備充足之知識來理解廣告的內容，對產品的認知相當有限。因此，他們大多數相當相信廣告，容易將廣告所傳遞的訊息全部照單全收（Hoerrner, 2009）。不僅如此，六歲以下的兒童也無法清楚分辨廣告與節目之間的差異，因此會把廣告視爲節目的內容來收看（Livingstone and Hargrave, 2006; Buijzen and Valkenburg, 2003）。換言之，孩童無法辨認廣告意圖銷售的目的，很容易把廣告視爲資訊來源（Blosser and Roberts,1985），沒有判斷與拒絕廣告所傳遞訊息的能力。他們要至八歲時才開始發展對廣告訊息不盡相信的過濾機制（Brucks, Amstrong, and Goldberg, 1988），要到約十一或十二歲時，才能有如成人的成熟度，可以了解廣告的情境、內容與目的，最後發展出對廣告的批判性思考能力（Boush, 2001）。總而言之，雖然各種研究對於兒童何種年齡，可以開始獨立思考不受廣告的影響，仍有不同說法。但是早期兒童心理學家Piaget and Inhelder（1969）的說法仍然於今廣受認可，他們認爲兒童的認知發展階段，至少要十年才能達到成人心理上的複雜度和思考能力，進而了解廣告的目的、情境、適當性與眞實性。而全世界國家開始發展有關兒童廣告相關法令的限制，許多都是依此研究爲依據。

三、兒童廣告之影響

也有廣告商提出，對現今兒童來說，廣告是富有教育意義的，他們教導孩童提早認識產品與品牌。許多廣告商也認爲當今的兒童已跟過往不太相同，他們較先前世代之兒童成長的更快速更爲成熟（Sheehan, 2004;

Hoerrner, 2009）。Sharp, Kindra, and Bandyopadhyay（2001）研究發現，約有二分之一的幼稚園兒童了解商業廣告之目的是販售他們產品，8歲以上的兒童能清楚理解許多產品的資訊是以他們爲目標的。Sheehan（2004）亦指出，多數兒童僅只把廣告當作爲一項娛樂，而忽略意圖指向他們的產品。廣告商也指出商業廣告是對兒童的心理發展既沒有正面影響亦無負面影響。也就是說，廣告的娛樂價值對兒童來說並非全是不利的（Sheehan, 2004）。

雖然如此，多數專家則批評，兒童廣告對兒童所產生負面之影響力是遠遠大於正面的。其帶來之負面影響，其包含：生理、心理、行爲、學習能力、社會關係。首先，肥胖症近年來已成爲全球性的問題，世界衛生組織（World Health Organization, WHO）統計了其60個會員國家的相關資料，調查顯示全球兒童及青少年過重及肥胖人數正持續往上攀升。2010全球5歲以下兒童超重或肥胖之人數已超過4,200萬名（張子清，2011），臺灣亦不例外。根據聯合國肥胖監測小組－IOTF於2010年所公佈的資料顯示，臺灣6至18歲兒童及青少年的肥胖率爲全球59個國家中之第16名，較鄰近的亞洲國家，例如日、韓、中國和新加坡等國家還嚴重。兒童廣告似乎也是導致兒童肥胖的關鍵因素，而其中垃圾食品被視爲罪魁禍首（張子清，2011）。世界健康組織（WHO）和兒童食品廣告聯盟（Coalition on Food Advertising to Children）都認定兒童肥胖與愈來愈多的速食廣告鼓勵兒童吃不健康食物有關。這些食物皆有高鹽、高脂、高糖之特性，此高劑量的食物成分對人體來說不僅大多有害無益，同時也是現代慢性病的主要因素之一。WHO於2011年一月表示已經把「肥胖症」列爲全球第五大死亡風險，此警訊不只限於成人，兒童肥胖的議題也日益險峻（張子清，2011）。

在面對食物廣告方面，也有相關研究顯示兒童是相當無助的。臺灣消費者協會曾對兒童購買零食進行調查時發現，有85%的兒童是了解垃圾食物是有害的，但他們還是無法反抗廣告的利誘，且約每三位兒童就有一位會受到電視上食物廣告的影響，去購買所謂的垃圾食物（臺灣兒童福利聯盟文教基金會，2010）。耶魯大學的Rudd Center專門研究食物政策及肥胖單位則指出，食物廣告會使人自動進食，吃下更多的零食及垃圾食物（臺灣兒童福利聯盟文教基金會，2010）。調查也分析7至11歲的兒童，只看30分鐘有穿插食物廣告的卡通，會較沒穿插食物廣告的兒童多吃45%的零食，此證據再次說明，兒童對廣告商所運用的銷售技巧是無力抵抗的。

對兒童心理之影響上，Sheehan（2004）和吳知賢（1991）提出廣告會使兒童混淆眞實與虛構之間的關係，並一味地相信廣告內容皆爲眞實，而不當的廣告內容易誤導兒童對於事情有錯誤的認知。另外，廣告商易在廣告內容中塑造傳統兩性之刻板印象，尤其是男主外、女主內之工作分配等（Hoek and Sheppard, 1990）。嚴重時，廣告則更容易阻礙兒童的思維能力，潛意識的掌控了其思想及行爲模式（Sheehan, 2004）。例如，以廣告告訴兒童，應該要玩什麼玩具，穿什麼衣服才是流行，什麼樣的長相和身材才是漂亮的。此外，廣告還可能會誤導兒童相信消費主義，使他們產生錯覺，以爲一切問題皆可藉由購物而得到釋放，或是唯有按照廣告宣稱的去做才能眞正快樂（李淑芳，2009）。Christakis and Zimmerman（2006）亦認爲廣告造成小孩趨向物質主義，注重品牌來證明其自我價値，並對其所認同之品牌忠誠度持續至成爲成人，甚至終其一生（吳知賢，1998）。Opree, Buijzen, and Valkenburg（2012）的研究也發現，常看電視的兒童會有較強物質主義傾向，並且也會有較低的生活滿足感。

在電視廣告對兒童行爲之影響上，吳知賢（1998）提及那些極具吸引力的廣告即使只看一次，還是能影響兒童的態度及行爲。雖然，隨著兒童的年齡增長，其對廣告的負面程度愈高，對產品不會有太積極的渴望，但並不表示其實際購買行爲之慾望會降低（吳知賢，1998）。並且，許多行爲亦會受廣告效果影響，不管是同儕或父母的想法及購物經驗，還是長時間收看電視導致觀看的廣告次數頻繁，都會有助於兒童對廣告內容的記憶加深（吳知賢，1998）。不僅如此，廣告商爲了要了解兒童的需要而去販售他們喜好的產品，會使其消費的欲望增加（吳知賢，1991），更能進而影響家中成員的購買行為（陳正輝，2008; Smith, 2009）。

另外，電視廣告亦會對兒童在學習能力上造成影響。當兒童面對琳瑯滿目的同類商品而拿不定主意時，廣告無疑地成為其參考或決策的依據。長久性一味地依靠廣告，可能會使兒童獨立判斷力下降（陳正輝，2008）。也有研究顯示兒童學習能力與看電視的時間有關聯性，看電視的時間愈久，其在課業上的專注力愈短、閱讀能力也較差（Sheehan, 2004）。另外，兒童太早接觸媒體，也會在其之後造成較低的認知發展程度與學業程度（Kirkorian, Wartella, and Anderson, 2008）。同時，廣告也會影響兒童之人際社會關係。兒童有時會因要在同儕間爭取認同，以突顯其自我價值，或是欲得到其喜愛的產品，而對有購買能力的父母親有哭鬧、任性等予取予求之動作，因此常出現父母親與子女間產生衝突。有些父母親會因經濟因素或是產品非有其必要性而拒絕兒童，導致家庭關係不和諧，讓兒童有不愉快的經驗（吳知賢，1998；陳巧燕，2002）。Sheehan（2004）也提出兒童社會化的範圍逐漸縮小以及與社會互動的時間變少，主要原因在於看電視的時間多於與同儕、父母親之間的互動，久而久之，便會忘了如何與人相處之道，人際關係勢必遭受到影響。另外，過去也有許多文獻研究兒童廣告與要求父母購買產品之行為（Pester Power）之間的關係。許多研究顯示，兒童廣告次數是要求父母購買產品行為原因之一（Arnas, 2006; Fletcher, 2004），也就是兒童看廣告的次數卻和他們要求買聖誕禮物，還有與要求吃高油高糖和高鹽份等不健康之食物（例如速食）（Ofcom, 2006）有相關。總之，因著兒童容易受影響與相信廣告的特性，使得其認知發展和人際關係都因此受影響，廣告對兒童的衝擊力不得不小覷。

四、兒童廣告之法令

因著兒童無助以及容易相信廣告的特性，同時也為了處理兒童過度肥胖的問題，各先進國家近來紛紛開始之法限制兒童廣告。事實上，WHO早就提出警告，認為許多食品與飲料的廣告利用兒童無助的特性，引發消費行爲傷害健康。聯合國兒童權力公約（United Nations Convention on the Rights of the Child, UNCRC）也倡導，兒童有權力食用足夠且對健康有幫助的食物。WHO進而希望各國立法限制或禁止高熱量少營養的食品飲料針對兒童作廣告。大致上來說，兒童廣告的限制包含相關政府與組織的立法，以及廠商的自律規範。在立法上，大多數國家以12歲以下爲法定兒童年齡，因爲12歲的人已發展出一般消費者的行爲，並能有效地識別出廣告並能用批判性的思考面對廣告（Valkenburg and Cantor, 2001）。但另外也有國家用更高的法定年齡，例如:英國則爲15歲，紐西蘭澳洲則爲17歲。

以美國來說，早在1970年期間，美國通訊傳播委員會（Federal Communication Commission, FCC）應父母親要求，針對兒童之電視節目與廣告間設定界線，比如說：「休息一下，廣告後馬上回來」等之類的區隔表示（Hoerrner, 2009），使兒童能辨認節目與廣告間之差異。之後於1990年通過了兒童電視法案（Children's Television Act, CTA），除了對兒童節目做規範之外，在針對兒童之廣告也有相關之限制。當中提到的具體規定包含，在平日週一到週五所播放的兒童節目裡，每小時只能播放12分鐘的廣告；週末所播放的兒童節目裡，每小時最多只能播放10.5分鐘的廣告（廖淑君，2005; Hoerrner, 2009）。另外，此法案甚至更嚴格的要求廣告必須與節目劃分界線，所以在兒童節目中，插播的任何廣告都有限制規定，唯有如此，才可使得兒童可以清楚得分辨節目與廣告的差別（Well, Burnett, and Moriarty, 2006）。CTA雖尙未達到規範電視廣告業者應有的效果（Sheehan, 2004），但是至少於時間之限制上是可以控制商業廣告出現的機會。

爲了回應Federal Trade Commission（FTC）曾要禁止兒童所有廣告之行動，美國大廠們，包含麥當勞和可口可樂等公司，成立Children's Advertising Review Unit（CARU）等自律規範，來減少政府在未來之干涉。CARU針對12歲以下兒童之廣告有以下幾項基本的規則（Sheehan, 2004）：廣告商在做廣告時，需要考慮其廣告內容的知識程度、複雜程度以及觀眾的成熟度；其所提供的產品資訊必須爲眞實且準確之手法，產品和內容不能播出對兒童不利或造成不良影響；應鼓勵兒童有正面的態度，例如友誼、誠實、正義和尊重等有價値的觀念，進而取代鼓勵兒童消費；強調廣告商們應避免社會刻板印象及會使兒童產生偏見的廣告出現。另外，CARU具體的規範禁止使用令兒童興奮的語言來慫恿兒童購買產品；減少受兒童喜愛的偶像及動畫之廣告；不能製造兒童購買此產品就能比同儕更爲優秀的形象；廣告不能使孩童感到害怕或焦慮，也避免暴力、危險等擾亂社會之行爲（Sheehan, 2004）。同時，其也針對目標設定爲兒童的食物和玩具廣告作規範，鼓勵廠商多利用視覺及聽覺來描述食物對身體健康均衡之影響。但另一方面，要記得CARU並沒有法律上的權力可以規範各廠商，約束效力仍然依多數依廠商個別行爲而定。

在歐盟方面，不公平商業行爲指令（EU Unfair Commercial Practices）是一項專門針對廣告的規範，此法令主要宗旨爲禁止廣告誤導行爲，不可誤導兒童就是其中一項，規定歐盟所有成員國皆須遵守此法令（段梅紅，2010）。段梅紅（2010）整理對歐洲部分國家之兒童廣告相關規範可發現，歐盟各國早已對其國內之兒童廣告有所規範，其中以瑞典實施的最爲強硬。瑞典早在1991年就立法，全面嚴禁針對12歲以下兒童的電視廣告，成爲第一個禁播兒童廣告的國家。鄰近之國家也因此紛紛陸續致力於兒童廣告的法規，英國於2006年，全面禁止於晚上9點鐘以前播放任何針對10歲以下兒童之食物廣告。不僅如此，同年英國電信局亦禁止在16歲以下兒童及青少年喜愛之電視節目中播出垃圾食品之廣告，包含零食和速食等高脂、高鹽、高糖的食物。2008年開始更加嚴格，高脂、高鹽、高糖的食物廠商，在廣告中使用代言人和發送免費贈品等促銷行爲，亦受到嚴格限制。另外，愛爾蘭也規定禁止名人代言兒童廣告，且要求糖果廣告商於廣告中須有提醒兒童刷牙之標示。意大利亦嚴禁拍攝電視廣告之對象爲14歲以下之兒童；烏克蘭則禁止在播放兒童節目時插播廣告，並一律禁止對兒童有不良影響內容；希臘嚴格禁止在早上7點至晚上10點時段播放有關玩具的電視廣告；德國、荷蘭、瑞士皆禁止在周日以及有假之節慶日有針對兒童之廣告。

目前臺灣雖有針對廣告之規範，但並非相當完整成熟，針對兒童廣告部分，至今仍缺乏相關法令規範業者行爲。不過兒童廣告的影響甚大，所以兒童是極需有完備的法令來保護他們。當世界各國開始紛紛重視兒童肥胖之問題且向肥胖宣戰，並且致力於減少兒童接觸垃圾食物廣告的機會時，反觀國內垃圾食物廣告仍在許多兒童頻道中反覆地出現。雖然，行政院衛生署食品衛生處曾於2007年，期待國內兒童頻道電視廣播業者，於下午4點至8點時段中禁播垃圾食物廣告，然而僅停留在柔性勸導階段（臺灣兒童福利聯盟文教基金會，2010）。經各界警告性的呼籲，國內亦似乎開始正視此議題，行政院衛生署國民健康局（2009）草擬一項健康促進法，其主要優先保護對象爲兒童，內容則爲避免兒童吸收誤導訊息，進而危害健康，此法重點方向是預防兒童肥胖、避免孩童吸菸、飲酒。其較具體措施大致爲垃圾食品廣告、菸酒廣告、吸菸鏡頭等不得出現在兒童節目時段當中，且不得播放有害孩童健康之資訊，同時並且參照其他國家規範，禁止垃圾食物廣告於傍晚時間之電視時段播出。不過，此草案僅針對兒童之生理層面做規範，而其他部份國內法令仍顯得大爲不足。並且，政府、廣告界跟相關組織對此議題之知覺程度仍較低弱，所以需要更多研究和探討來制定適合臺灣社會背景的法令與方向，如此更能突顯本研究之重要性。

五、媒體素養課程

面對媒體的普遍現象，聯合國UNESCO開始倡導媒體教育，希望藉由教育教導人們知識和技巧，以便有能力可以有批判性的角度，來評估以及使用媒體給予的資訊，之後便有「媒體素養」（Media Literacy）課程的產生，在臺灣也有人稱爲「媒體識讀」。Considine and Haley（1999）提出媒體素養（Media Literacy）是指是在各種媒體情境中（包含平面和非平面），接觸、理解及創造媒體訊息的能力。Smelser and Baltes（2001）在定義媒體素養時，認爲人們面對媒體時，應該是主動，而非只是被動的接受者。一個媒體識別度的人，因此可以解讀、分析、評價與製作平面和電子媒體上的資訊（Aufderheide, 1933）。Neuman（1995）則提出媒體素養教育訓練個人能運用邏輯批判思考的能力，在面對媒體傳遞的訊息時，能有獨立的判斷能力，免於輕易地被勸服。Center for Media Literacy（2002）也定義媒體素養教育是二十一世紀的教育重要的課題，以各種方式使用、分析、評估及創造訊息的能力。同時，媒體素養可以幫助人們建立對媒體作用的了解，並培養探究思考的必要技能和民主中公民所須的自我表現能力。「媒體素養教育」和培養媒體從業人員的媒體專業教育教育不同，其對象是全體公民。其教育目標在於培養全民具備有思辨與創造資訊的能力，並可以用批判性的角度去解讀所有的媒體信息，其內容包含了熟悉各式媒體與其運作方式、了解媒體在政治上，社會上，商業上和文化上的角色與目的、學習詮譯媒體背後的訊息和價値觀、媒體如何選擇宣傳管道和方式，來接獲並說服其目標顧客（Fedorov, 2003）。在教學方法上，媒體素養使用的討論的教學方法，鼓勵學習者針對他們所看到，聽到與讀到的來提問（Buckingham, 2007）。換句話說，媒體素養教育幫助學習者學會使用工具來以批判性思考的角度分析所接收到的訊息，並提供學習者機會來拓展他們的媒體經驗，進而幫助其可以發展創意的技能，最後可以創造自己的媒體訊息（The European Charter for Media Literacy, 2011）。批判性的分析可以辨別媒體背後的作者，目的與其角度，並發覺其訊息建議的技巧和元素，媒體呈現的方式，進而可以偵測到其背後的意圖與其中可能有的偏差。在接受過這樣的教育訓練後，媒體消費的過程被轉爲主動且有批判性的過程，最後，學習者因此較有更高的知覺，避免被媒體的訊息誤解或操弄，並且可以了解大眾媒體的角色與其在社會中塑造意識型態的現象（Media Literacy Resource Guide）。

在其他先進國家推動媒體素養教育上，英國、加拿大、澳洲等，早已把它育納入正規教育體系中，紐西蘭也讓其學生在五年級時就已加入媒體素養的訓練。日本文部科學省於2001年設立「綜合教育」科目包含了媒體素養。香港部份，也於2005年開始於英語和中文課程中，都納入了媒體素養課程。臺灣則於2002年，由富邦文教基金會在2002年接受教育部委託，編寫《媒體素養教育政策白皮書》，將媒體素養教育定位於「優質公民」的教育，希望在媒體充滿的社會中，成有主體意志且具獨立思考能力的公民。然而臺灣在媒體素養教育的推動，卻仍充滿困境和挑戰，很多推動活動都很難持續。在師資部份，許多教師過去都沒有接受過相關訓練，也沒有媒體素養的專業技能（秦梅心，2007；徐照麗，2001）。同時如此課程對教師們來說教學負荷都很大（秦梅心，2007；林佳蓉、江艾謙，2009）。另外，在學校方面，校方缺乏長、短期的媒體素養教育規劃，同時也缺乏行政主管的支持，也是造成媒體素養教育不易落實之原因（鄭政卿，2004）。並且，大部份家長對於媒體的無法掌控及了解的不足（楊洲松，2004），家長不常與孩童來共同觀看媒體，所以也不了解媒體對孩童所產生的影響（吳玉明，2004），因此媒體素養教育推動上困難重重。

參、研究方法

近年來，在社會科學中，質性研究和量化研究爲主要使用的二大研究方法。其中質性研究以研究者本人作爲研究工具，在自然的情境下，採用多種資料收集方法，對社會現象進行整體性探究。它利用歸納法分析資料和形成理論，通過與研究對象的互動，對事情進行深入細緻長期的體驗和觀察，進而由意義建構的過程中，得到一個比較全面的解釋性理解（蕭瑞麟，2006）。本研究主要採用質性研究，希望發現關於研究主題豐富又詳盡的資料，增進對議題和情境的了解。本研究採用質性研究的原因如下。第一，由於本研究主要是在探討國內兒童廣告倫理概況，和質性研究擅長於對特殊現象進行探討，以求發現問題或提出新視角和問題的優點相符（陳向明，2002）。第二，質性研究擅長於探究事情的動態變化與意義建構（Flick, 1995），這也與本研究的目的相互呼應。第三，本研究將在社會的自然情境下，對於專家們的認知與意見進行整體性探索，從中了解與分析他們對相關議題的意義性解釋，同時符合質性研究擅長探索性研究的特性（黃政傑，1998; Moustakas, 1990）。第四，本研究欲探討在動態情境下的過程，其中包含不同情境、背景、與時空中的不同理解。質性研究也可以符合研究需求，協助研究者探索情境脈絡對研究的影響性，感受其實際內涵與意義（李克東，1990）。第五，與大規模樣本統計比較，本研究重視微觀且深入的探討，並同時強調情境與人的獨特性，來發現國內兒童倫理的狀況，希望探討事件的過程內涵和意義，而進行深度的探索（Merriam, 1998; Patton, 1990），如此的需求與質性研究重視微觀分析的特色亦相符（葉重新，2001；施文玲，2006）。第六，本研究的重點不在驗證理論假設，也不是企圖證明各變項間的相關連結及因果關係，而是希望在沒有預設立場的情況下，藉由歸納分析所收集的資料，嘗試去詮釋事情的本質和意義（Maxwell, 1992；歐用生，1999；蕭瑞麟，2007），希望用新的角度認識問題，了解脈絡中的複雜性，從研究對象本身的架構來解釋行爲。總之，本研究的目的與需求和質性研究的特色諸多相符，因此採用質性研究作爲研究方法。

質性研究中有諸多不同理論，例如民族誌、紮根理論、歷史研究、行動研究與內容研究等，因過去較少類似研究，故本研究擬採紮根理論作爲分析資料的主要方法。紮根理論（Grounded Theory）是一種從經驗資料的基礎上建構理論的方法，重點在於歸納田野資料，並對研究現象做意義的詮釋，透過觀察、訪問、個案史、及文件分析的方式，使用札記、筆錄、錄音與錄影等各種技術，同步進行收集與研究資料（Glaser and Strauss, 1967）。研究中嘗試從當事人的眼光出發，詮釋他們對現象的感受、意義、與對研究問題的看法，進而從中發展或建立理論，是一種相當微觀的研究方法（Strauss and Corbin, 1998；胡幼慧，2008）。在分析過程部份，紮根理論以開放性譯碼、主軸譯碼及選擇性譯碼，使得原始資料逐漸概念化和範疇化，逐漸把原始資料歸納、演譯和驗證，使得理論可以確實的建立（胡幼慧，2008）。簡而言之，本研究利用紮根理論作爲資料分析方法（Strauss, 1987），將收集來的資料進行整理、分析與歸納，進而建構出理論。透過感受與受訪者的互動過程，包含訪談、觀察和行為等作解釋性的理解（Denzin and Lincoln, 2000），並將獲致的資料交叉比對驗證，發展出難以預料之結果（Miles and Huberman, 1994）。

在資料收集方法上，本研究採用的是深度訪談，希望藉由研究者與被研究者私下面對面的接觸，有目的、聚焦某特定主題的談話（Mishler, 1986；藍忠孚，2001），了解每個人對研究主題的理解，以及細緻的過程與感想，發覺價值觀、情緒、態度，以及過程中的經驗、感受及想法。語言是個體解釋他們與社會世界間互動關係的主要工具（Waller, 1932），而訪談法可以允許研究者得以探索過去或對未來意向與決定（Kidder and Selltiz, 1981）。同時，訪談可以讓研究者進一步受訪者的答案，以進入更深入的探索，甚至可以獲得其他方法難以獲致的資料（Best, 1977; Robson, 1993）。因此本研究將透過半開放式的訪談（陳向明，2002），事先設計訪談題綱，並事前寄給受訪者，訪談時得依受訪者的回答，彈性地變動訪談內容，以更深入了解資料的多元性。同時本研究以有系統、具邏輯的訪問內容進行訪談，相對於開放式訪談更易整合資料，緊扣主題，從多重角度對事件過程進行深入且細緻的描述，而後加以系統化的歸納分析（孫義雄，2004）。本研究的訪談對象以十六位在行銷相關領域相關的學者專家，各自用半結構式訪談約一至二小時不等。這些專家在行銷廣告領域上有專精，比起廠商，可以脫離商業化的影響，得以用比較高且客觀的角度來看整個情況，了解臺灣兒童倫理發展的狀況。在研究限制方面，深度訪談的過程中，可能會受限於研究者的專業知識有限、訪談技巧與受訪者的主觀意識與認知，造成所陳述的情況與事實有程度上的差異。同時，因著時間和資源的有限，無法再收集到更多的資料，可能在展現內容深度上受到某些影響。並且，質性研究重點重新對問題有一個新的認識，不在驗證或推論，所以無法將研究結果進行一般化的推論。

肆、資料分析

本研究是以訪談與廣告相關科系的專家之內容，來進行資料的分析與歸納。並且以兒童消費者的特性、兒童廣告相關法規、廣告議題的複雜性、廣告商、學校教育及家庭教育六大構面進行探討，以下圖12-1即爲本研究資料之架構圖。而下方各資料後的代碼中，英文字母爲受訪者名的英文簡寫，數字則爲編碼後特定受訪者的資料碼號。

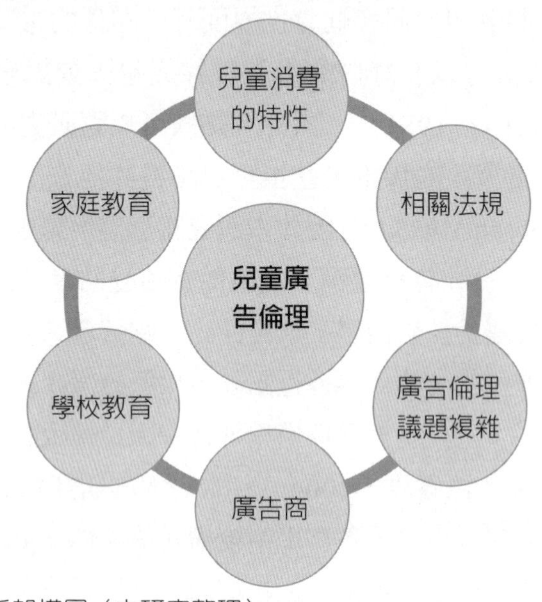

圖12-1　資料分析架構圖（本研究整理）

一、兒童消費者的特性

受訪談的專家表示，兒童消費者有一些別於成人消費者的特性，其中包含：缺乏判斷力、易誤解廣告、易受廣告特性影響、廣告間接影響兒童價值觀及其他特性。

㈠缺乏判斷力

首先，以兒童特性來說，大部分受訪的專家教師們對於兒童的看法是認爲兒童的判斷力是不足的。

就是說很多東西他也不是很了解，那判斷上他也沒辦法判斷這個產品對他好，或者不好，……可是並沒有去思考到這個產品，我買了對我本身是眞的很好嗎？〈LSL028〉

即使產品的廣告是改換包裝、改換廣告內容、賣同樣的產品，因爲小朋友的判斷力不夠，小朋友的認對廣告產品的認知度不夠，他都會認爲那是一個新的產品，會去Push他的家長去買。〈LSS005〉

大部分專家皆對兒童消費者的特性有極高的共識，認定他們缺乏判斷力是不爭的事實。兒童因爲年紀幼小，不懂得去思考，無法了解且判斷產品的價格、成分等資訊，也不會去考量商品對自己可能的影響。並且，他們涉世未深，並無法理性思考產品本身的效益和背後的目的，很容易被說服，更對廣告及其產品認知度也不足。當兒童發動家長購買產品或是其本身就是購買者時，只要看到喜歡的產品就很容易產生想擁有它的慾望，並沒有能力沒辦法客觀的去判斷事物的好與壞。因此，這也是爲什麼兒童對廣告沒有抵抗力，並且易受廣告操控的原因。

㈡易誤解廣告

另外，兒童也因爲判斷力弱，所以其容易誤解廣告的內容。

就是看廣告的部分，就是類似像我跟你說他解讀常常會誤解，常常會很容易被所謂訊息去左右阿〈WSF035〉

他因爲看不太懂廣告裡面所表達的訊息，所以他認爲同一個、他會直覺覺得就是說同一個產品不同包裝就是不同的產品。〈LSS006〉

由於兒童年齡較小，不僅看不懂廣告中的文字標示，加上其判別能力較弱的特性，對於廣告內容所要傳遞的訊息因而常常誤解。而且兒童亦不懂廣告背後的目的是想引起其購買的慾望，常會只受到直覺所看到的廣告圖示或音樂影響，因而無法完全了解廣告眞正的目的。

㈢易受廣告手法影響

兒童不僅是因天生的判斷力不足易受到廣告影響，其也會受到廣告本身所使用的手法，例如玩偶、代言人、音樂、顏色或贈品等，因而被吸引，成爲被廣告說服的對象。

> 小孩子會相信啊，或看到很多麥當勞送一些……他會覺得說好好玩喔，他就認爲說那些廣告那些動物一些玩偶是會動會旋轉，……對他來說吸引力很大，很能夠透過廣告的實際操弄影響到他們的購買決策。〈WSF012〉
>
> 電視對小朋友的影響力當然是大阿，只要它燈光效果、只要它的代言人是能夠吸引小朋友的、比小朋友年長幾歲的這些大哥哥大姐姐，或者是草莓姊姊、或者是柳丁哥哥柳丁姐姐他們是有具吸引力的代言人，那小朋友都會被他們吸引〈LSS010〉

以上證據顯示，由於兒童容易相信廣告，也容易被廣告的各種手法吸引。廣告本身的音樂及燈光效果、繽紛閃耀的色彩及讓人容易朗朗上口的音樂或標語，還有配合的可愛玩偶以及有吸引力的代言人，都可以輕易獲得兒童注意和喜愛，增加了廣告對兒童的說服力。換言之，對兒童來說，使用各種手法的廣告所發出的訊息及效果，對兒童的影響力是大於成人的。

㈣廣告間接影響兒童價值觀

有部分受訪專家提及兒童長期與廣告接觸之下，其價值觀也會間接因此受到影響。

> 我覺得（廣告）比較不會出現對兒童這麼直接明顯性、急迫性

的傷害，所以像我剛才說，比如他刻板印象啦，比較影射在裡面、涵蓋在畫面裡面，或者說一些用詞用語，或者是說動作，尤其是動作，這個可能會有負面影響。〈WSF082〉

有太多的媒體呈現，美容產品啊、廣告阿，他都在強調是說你一定要有這樣子的髮型、身材、你一定要穿這樣子的你才是酷等等，所以說特別是女孩子怎麼看自己，她永遠都對她自己的身材不滿意，就是說這些媒體它包括廣告，它塑造了一個理想美。然後，那小女孩她會覺得是說，我沒有達到這個東西的話可能對自己有不滿，她覺得她自己不夠好。〈TSC012〉

由專家訪談資料得知，廣告雖不會有立即性的急迫傷害，卻會對兒童產生隱性的負面之影響。具體來說，有些廣告部分影射性別刻板印象、身分地位等意涵，間接地灌輸了兒童某些特定的價值觀。舉例來說，多數的廣告為銷售產品，多呈現美貌姣好身材輕盈的女人，為現代社會塑造了理想美的觀念，導致小女孩會因此追求媒體廣告所塑造的價值，認為某種外在長相或身材才是最美的，因此會對自己原來的長相或身材產生沒自信或不滿等等負面的評價。簡言之，在媒體潛移默化的傳遞訊息之下，兒童在看廣告的同時，也無形深受廣告背後為商業目的而塑造的價值觀影響。

㈤其他特性

兒童除了判別能力較缺乏之外，受訪的專業教師也提出兒童還具有其他的特性，使得廣告對其產生特別的影響。

小孩會、多少都會啊，他回來會講啊，同學誰有什麼，我也好想要有一個。〈LSl053〉

甚至有一些、因為其實廣告裡面跟生活很有相關性，小孩有時候在看到廣告裡面，他會利用廣告的詞去、他有時候不懂什麼意思，可是他會跟著念，可能他會覺得說好像很流行的話語，很不恰

當的話，他會用，那這個是一個模仿的效益在裡面。〈WSF036〉

專家們表示，兒童的其他特性，例如容易受同儕影響以及喜歡模仿，也間接讓他們容易被廣告影響。首先，在兒童成長過程中，除了家長之外，他們也會在意同儕的看法。爲了引起注意，產生攀比的心態，認爲其他人有某項東西，我也應該擁有。此時，如此的特性就可能就被廣告所利用。另外，受訪的專業教師亦提及兒童模仿的特性。他們會去模仿廣告的臺詞、動作或音樂等，導致思想和行爲與廣告相似而受影響。

㈥兒童市場潛力大

大多的受訪專家一致認同兒童消費市場潛力無限。

不只是幼幼頻道那一些，那其他的一些綜合頻道裡面來講，四點到七點這個過程中裡面，四點到六點，兒童的產品的廣告量是非常非常多的，所以他某種程度可以突顯出兒童市場的一種潛在消費能量。〈LSS004〉

可是現在不一樣，因爲現在少子化，那家長對小孩子都相當的重視喔，所以現在很多的這個產品就開始針對兒童，很多很多產品廣告都是針對兒童的，所以跟過去的情況有非常大的不同。〈LSW009〉

受訪專家表示，現今受少子化的影響，每個家庭對其子女的重視程度比起過去大大提高。這個趨勢可以從兒童廣告數量大量提升而見，有越來越多的產品是將目標族群直接設定爲兒童。從兒童最常收看電視的下午時間，到現在的兒童專有電視頻道，都充斥著各種零食、速食或玩具等廣告，可見兒童市場潛在的消費力。另外也有專家，提到兒童市場雖受到少子化之波及，但愛子心切的家長對孩童付出的意願相當高，可見兒童市場的潛力不容忽視。

二、相關法規

針對專家們對於國內廣告法規方面的認知，內容包含國外重視程度較國內高、目前臺灣廣告倫理現況、無廣告法令之因以及廣告規範不宜過於嚴格。

㈠外國法令對兒童廣告較重視

對於國外的法令，有幾位受訪的專業教師有一些認知及想法。

像在國外的話，他們可能有一些廣告……英國吧，他們會對那個廣告，比如說小孩睡覺前，你可能不要去廣告那種糖果啦之類的廣告〈LSL003〉

但是各國在法規的那個制定上面不太一樣差異蠻大的，但是臺灣慢慢開始有一些跟進的地方，就是說北歐的國家是最早做這件事情〈WLS037〉

受訪資料顯示，專家是有對國外的法令有一定程度的了解，說明兒童法令是由歐洲國家最先立法及執行的，並且皆定有詳細的規定，例如禁播零食及糖果廣告，或者是出現零食及糖果的廣告的特定時間等。然而，各國法規的訂定不盡相同，也可以作爲臺灣未來制定相關法律作參考。

我覺得這個部份，因爲他們先進國家比較有經驗，而且垃圾食物對他們兒童的傷害的問題，比我們國內相對來講來的嚴重，因爲我們對垃圾食物的這些高熱量的速食，或是這些高熱量的巧克力啦，……我們其實相對問題不是這麼嚴重……在制定法令上面，應該不是太大的問題，有很多的先進國家的法條是可以做參考的。〈WLS064〉

專家說明，雖然臺灣的情況和歐美不同，但是歐美國家法律和經驗，特別是在針對兒童有害的垃圾食物管制上，作爲臺灣未來制定法律的相關參考。

㈡目前臺灣廣告規範的現況

雖然對國外法令有相當程度的了解，專家們卻對於目前國內的廣告法規有不盡相同的看法。

臺灣其實好像很少耶，……兒童的那個廣告的這種相關法律很少，因爲我們也其實也很少關心，就是說針對這個很細的部分去關心。〈LSL001〉

從上述的證據來看，有專家認爲因爲臺灣對於兒童的議題注意力較少，以致相關的細部規定很少。但面對少法令的狀況，卻也有專家提出不同的看法。

那法律現有的法律足夠就ok了，你不用去訂定太多的法律去空架廣告相關的一些內容表現〈LSS043〉

臺灣的立法喔，都是立法從嚴、執法從寬，所以就是說訂了很多法，但是都沒有眞的落實在執行，比方說廣電法規定，節目與廣告要明顯分開。〈LSW020〉

雖然國內相關法律很少，有些專家認爲訂太多的廣告相關法令的幫助不大。主要原因在於，國內的情況常是立法從嚴、執法從寬，也就是說，制定的法令雖多，但眞正落實的執行力則不盡理想。換句話說，即使廣告規範嚴格，在國內的環境下，很難有執行的效果。因此，他們建議，若是要落實廣告倫理，還是要以廠商的自律爲主，才會較有具體的效果，讓法律層面的問題爲規範的最後一道防線。

㈢無廣告法令之原因

有位受訪專家對於臺灣之所以沒有專門的廣告法規有其見解。

所有的廣告其實沒有明確的一套廣告法，那所有的法，它都散落在各個不同的法規裡面，爲什麼？爲什麼政府不立一個廣告法？要把它散落在各個不同的法規、那個法律層面裡面去，其實很簡單，因爲廣告是一個商業行爲，商業行爲是一個很難用法律去做強制規範的行爲。〈SBL033〉

譬如說，當你賣這杯可樂，你要規範我什麼？……裡面不可以摻塑化劑，所以我可以用食品衛生法告訴你，你不可以做這件事情……可是這是本來並不是規範廣告用的，它其實是規範食品用的。〈SBL034〉

專家表示，目前在國內，並沒有所謂的一套專門針對廣告之法規，與廣告相關的各樣法規皆散落在各個不同類型的法規之中，例如食品廣告的相關法規是規定在食品衛生法中。依此專家之說法，其原因在於廣告過於抽象，不若多數產品具體較容易有客觀標準。換句話說，廣告的內容屬無形的商業行爲，不如產品品質具象，難以用法律層面去強制規範的。另外，也有專家表示，散落在各處的法令，重點是在規範產品本身，較沒有規範廣告本身，所以也可以說，臺灣雖有宣稱融入於各式法令的相關法，卻仍是很難對廣告有所限制和管理。

㈣廣告規範不能過於嚴格

另外，專家們也提出，針對廣告法令的嚴格性，反而會限制廣告此商業行爲之發展。

那你說政府會不會把法律弄得再窄一點，不行，你這樣做就會影響到正常的商業活動，……規範那麼嚴我們就很多東西都不能出

來了，……我們社會人都鼓勵傳播要有創意，那你把我規定那麼死我哪來的創意？……〈SBL042〉

美國也有研究指出來講是說，即使你訂一個法律以後，你規定得比較嚴之後，其實他不但沒有解決問題，他可能會有些負面的，就是譬如說人們會覺得是說有被牽制啊、被嚴禁啊，而且就是說你這個法令的規範是誰來制訂或者就會變成是獨裁啊。〈TSC031〉

受訪專家表示，嚴格的法規是有很多問題的。原因在於其限制不僅會扼殺向來鼓勵以創意爲本的廣告活動，使得許多廣告之發想因而受到牽制，和民主的概念不符。另一方面，在民主社會中，嚴格的法律就像獨裁行爲，有違背基本言論自由的可能性。甚至有專家提到有研究指出，過於嚴格的法令不但會限制自由，而且無法解決眞正的問題。因此，欲制定有效且符合民主精神的廣告法規，可以說是一件挑戰的工作。

三、廣告倫理議題複雜

針對廣告倫理的複雜性，專家們也提出各樣的看法，其中包含議題包含層面大、標準抽象、國家文化與倫理之界定。

㈠廣告倫理議題包含層面大

多數專家認爲廣告倫理爲一個相當複雜的議題，其牽扯的層面過廣，難以釐清界定。

所以倫理道德如不只是廣告表現內容而已，它還有很多媒體載具的問題，播出時段的問題，這些通通加起來，加總起來才是我們講所謂的廣告倫理道德的問題。〈SBL014〉

受訪專家對於廣告倫理議題之想法，則表示其包含的範圍相當廣泛，不僅僅是廣告內容及呈現方式，更牽扯到播出時段、使用的媒體或載具等問題，從產品廠商、廣告製造商，最終到播出媒介，時間地點，其涵蓋方面廣泛且詳細。換句話說，廣告倫理內容牽涉多樣且複雜，範圍包含層面很大，其中相關的單位和細節也很多。

㈡倫理道德標準抽象

另外，針對倫理道德的標準，受訪專家也表示看法。

因爲我覺得道德跟倫理這種東西是沒有標準的，你說要做到什麼程度，那也是沒有標準的，那眞的都是自由心證啦。〈CHE067〉

倫理很抽象，因爲我覺得它是一個價值觀。我覺得是有一定的標準，但是你很難去說你不符合的我的標準。〈TSC018〉

依據受訪之資料，專家也認爲倫理道德是抽象的，每個人心中有自己的想法，很難有絕對的標準。也就是說，倫理道德中何爲對錯的標準相對抽象與主觀，很難有具體的標準去衡量個人的對錯，因其和個人的價值觀有關係，是個人信奉的無形信念。因爲很難有客觀且可以作爲法令的標準，所以制定具體的法令更相形困難。

㈢倫理道德與國家文化之關係

有部分專家也認定，倫理道德的標準也和國家的文化有密切關係。

那華人世界比較不一樣，華人世界最重要的問題應該是生存吧，只要生存下來就好了。〈CHE047〉

全世界最重倫理道德的國家是誰？就是中國啊，我們有孔子已經不停地在教我們阿，但是我們最討厭念的就是中國文化基本教材啊。所以它的難度是很高的，但是這是我們中國人一直想要懸在那一個道德標準，我們都希望有一些倫理規範，那其實它難度是非常高的……〈SBL047〉

那規範怎麼落實，所以就是說這個是臺灣的那種形式主義很嚴重啦，就包括那個那種臺灣那種什麼文憑、功利主義阿，都是一樣

的問題，所以這個有比較深的原因啦。〈LSW035〉

受訪的專家表示，理論上來說，在孔孟儒學之思維下，中國人應是最重視倫理道德的民族。但是傳統中國文化的道德標準太高，在實踐上有相當的難度，所以大多數只成爲形式上的勸說，生活中很難落實於具體行爲。同時，他們也表示，相較於西方人，現在華人面對現實狀況之觀念，生存即是王道。只要可以生存，其他事情都可以沒有一定標準，他人的利益等倫理道德更不是考量的重點。因此，目前在臺灣社會的狀況是，倫理道德常淪於形式主義，很難有實質上的表現。也就是說，現今社會價値觀多淪爲功利主義，很多法令規範在執行面則難以落實與實踐。因此，即使已有法令，想用法令要求廣告商，是一件挑戰性很大的工作。

㈣廣告倫理標準之界定

專家們對於廣告之倫理道德標準的界定方式，也有不同的想法。

違反社會善良風俗它本身法規就是非常模糊。然後其實在執行在認定上，它有很大的灰色地帶，也因此就我覺得廣告公司的人，他在操作的時候他也蠻難操作，因爲實在是非常的模糊。什麼叫做影響兒童身心健康，怎麼去定義？〈CTT012〉

所以說，你要廣告人在道德倫理上要考量到說，如果我誇大到了一個程度，會造成消費者開始反感了，那反而就是一種反行銷，就是失敗的行銷，這個時候就是我錯了，其實我內心認爲說我誇大的還不夠，可是你們已經認爲是啦，所以我只好往後退縮阿。其實會不會讓消費者覺得我誇大到了超過一個程度，造成反彈，其實那就是它的界線〈SBL038〉

依據資料顯示，有專家認爲倫理道德的界線很模糊，很難有鮮明之具體標準及定義，所以在實際的認定及執行上呈現灰色地帶，廣告商實務上也難以操作及認定。例如何為影響兒童身心健康？何為違反社會善良風俗，個人認定都不一樣。而另一位專家更進一步表示，廣告倫理的界線是可以消費者的感受做為標準。也就是說，廣告播出後，會不會使消費者產生反感便是很好的準則。如果廣告使得消費者反彈，造成反行銷的效果，對於廣告商及廣告主來說是不利的。因此，廣告倫理標準雖抽象難定及拿捏，但是仍是有一些準則，例如消費者的反應，可以做為倫理判定之標準。

四、廣告商

在針對廣告商部份，受訪專家也了解廣告商以營利為主要目的，很少考量營利之外的事以及以兒童設為其目標族群的原因。並且，雖然面臨創意和倫理尺度難考量的挑戰，但是專家們仍建議廣告商應學習自律，同時也提出可以有效約束廣告商的力量。

㈠以營利為最主要之目的

根據專家表示，一般企業最主要的目的為營利，而廣告業也不例外，其主要工作是受到企業的委託來完成顧客所需。

我覺得一個廠商最重要……是他可以先把錢賺出來，若錢都沒有賺好又不能長期生存，沒有持續性競爭優勢，在市場上不能穩定生存，那談倫理都是假的〈CTL013〉

基本上來說，因為廣告它本身就是要刺激消費，或是提醒消費，所以它事實上，你要求它去做自律這件事情，或是提升它道德這一件事情，比較難以做到，雖然我們有一個很高的期待〈WLS 045〉

專家表示，以營利為目的之廣告商，他們本身所欲表達的產品內容，除了要傳達訊息給消費者外，還有其要如何說服其購買產品，以增加銷售量來達到績效。換句話說，廣告商為了要達到營利目標，有時很少考量廣告播出後產生的效應，也可能較不會顧慮到倫理道德，只顧著要在市場上佔有一席之地，以穩定生存。另外，也有專家指出，即使社會大眾對廣告商在倫理道德的期望很高，但在商業導向和營利為主之下，要求廣告商自律以提升其道德倫理是較為困難的。

㈡針對兒童做廣告對象

專家們表示，因為少子化與兒童在家中地位的提升，所以他們經常以兒童作為目標族群進行廣告的設計。

那另外對廠方來講，他的感覺會是說，對兒童做廣告是有效的，因為少子化的緣故，所以很容易就刺激兒童，然後有透過兒童的要求、去要求家長，去購買相關的這些商品。〈WLS042〉

像現在基本上很多父母可能也沒空陪小孩，就是滿足他，就是買玩具給他，買玩具給他玩，他要你要吃什麼就給你吃什麼，你要玩什麼我給你玩什麼。〈LSl033〉

甚至說有時候到大一點，很多時候父母因為現在小孩少，所以很多的時候家庭決策的時候，小孩是扮演一個很重要的角色，他甚至會主導說小孩買的買的、家裡要買什麼商品。〈WSF008〉

專家表示，廣告商以兒童為主要的消費族群，主要原因在於，臺灣的人口結構少子化時，每位兒童都是家庭中的瑰寶，在家庭中的地位亦越來越高，足以影響家庭中的購買決策，比如玩具、餐廳，甚至旅遊的地點等等。並且，臺灣大都以小家庭結構為主，加上近來雙薪家庭的增加，家長忙碌中卻忽略陪伴孩童的時間。因此他們為了彌補無法參與孩童的成長，對於孩童的各項要求，都會盡量去滿足。而廣告商也就是看到兒童在家庭中的決策參與權逐漸提高，才會認為相對於其他消費者，兒童是很有效果的目標族群，利用兒童在家中的影響力，對商品進行購買。

㈢自律之重要性

受訪專家也說明，若要提升廣告的道德倫理程度，除了政府制定法規去規範廣告產業之外，廠商自律則是首先應考量的重點。

產業界喔，應該去了解到底、叫他們自己去思考嘛……或者說他們希望自己小孩不要看到廣告內容，他們自己先去擬出一套自律規範嘛，自律應該是高於法律的他律才對阿，但是現在沒有這樣做。〈LSW032〉

那廣告商跟廣告主來講的話，他們也要有一定程度的自我期許，跟一定程度的自律。〈LSS060〉

依受訪者的觀點，廣告產業中法律規範的效果有限，但業者的自律才是提升廣告倫理的重要動力。若業者在道德倫理上沒有自律的觀念，光只靠政府的力量來約束，還是可能會想盡辦法針對法律遺漏處來投機取巧，很難達到預期效果。因此，專家們認爲廣告業者應該要學習自律，也就是製作廣告時，不應該只考慮到賺取到的利益，還要思考其製作的廣告帶給社會大眾的影響，特別是針對兒童可能產生的負面影響，進而自己探討出一定的標準及約束，如此一來才可以帶領廣告倫理的提升。但是專家們也認爲，以臺灣目前的廣告商自律的狀況來說，的確還有許多進步的空間。

㈣應考量之範圍

也有受訪的教師覺得，廣告商通常爲了利益的考量及符合廣告主的需求，並不會去對其目標對象兒童有太多額外考量。

對我們認知上是覺得沒什麼差異，他並不會特別考量說兒童，就像比如說他會多少考量一點說小孩、因爲……你要跟小孩溝通應該要用他的語言溝通，所以說就是這樣而已。〈WSF046〉

消費者就是你把東西賣給他，至於他買了之後產生什麼後作

用、後遺症，那你是不管的嘛。〈LSW015〉

爲了完成廣告主所委託的任務，廣告商會想盡辦法製作能吸引消費者的廣告，而兒童廣告也不例外。根據訪談資料顯示，在製作兒童廣告的過程中，臺灣大多數廣告商並不會因爲兒童是特殊的群體，有較弱的判別能力，而有不同的考量。他們最多只會以兒童的口吻與其作語言上的溝通，以達到影響消費的效果。不僅如此，廣告商對於其廣告播出後，也很少事先額外去考慮對兒童所產生的後續效應及不利影響。

㈤創意尺度難拿捏

雖然大部份廠商沒有考量到兒童廣告倫理，專家們還是認爲希望廣告可以兼具創意與倫理道德，但其之間的界線難以界定。

他自認爲是創意上的表現，其實是違反這種社會價值跟道德的問題。〈WLS029〉

你同時要求他創意，你同時希望這個廣告出來又要吸引兒童喜歡，那你又要求他這個不行、那個不行，有時候那個拿捏尺度，我覺得是還蠻難的耶。〈CHE019〉

訪談資料表示，當廣告商在一心一意追求創意的過程中，爲了求更好的績效，通常不會去深入的考慮播出後所產生的影響，因此可能無意中違反了社會價值或道德倫理。因此，在只考量商業利益的前提下，很多廣告創意可能都是有道德上有爭議的。而專家也認爲，即使有心想要考量兒童廣告倫理，廣告商在製作廣告時，要達到廣告主的期望，以及以創意的方式吸引兒童目光之外，又要兼顧倫理標準，拿捏兩者之界線，對於廣告商而言是相當有挑戰性的。

㈥給予廣告商之建議

由於國內對於兒童廣告倫理還需要得到更多重視，因此受訪的專業教師也對廣告商提出一些建議。

那如果你把兒童當作兒童，你就要考慮就是說這個產品、或你這間廣告，你對他這樣子做廣告，對於他未來的成長會不會有不良的影響，這是廣告商應該去思考的。〈LSW016〉

我想如果是針對小孩的話，你應該是最考量的還是兒童的健康嘛、身心靈發展嘛……〈LSL035〉

所以他們看能不能想辦法把這些就整個、就是說在廣告的時候，也把能放進去，讓小孩我在吃完這些東西之後……用完之後我還要刷刷牙，或者做些什麼事情……那這個對廠商來講，他其實也是一個他該、我是覺得他該盡的責任。〈LSl064〉

受訪的專家認為兒童由於心智尚未成熟，其判別能力較弱，所以建議廣告商在對兒童做廣告時應有基本的考量與要求。除了應思考其廣告播出後對兒童的健康與身心方面的發展，或是在成長過程中會有什麼不良的影響之外，更可以主動的在廣告播出時，做建設性的建議，提醒或叮嚀兒童相關注意事項，比如說可以提醒兒童在食用完零食後，要記得刷牙以免蛀牙的動作，以盡廣告商的社會責任。

㈦使廣告商自律之力量

專家們認為可以有效約束廣告商的來源，分別是輿論力量和廣告業主之企業形象。

1. 廣告業主的企業形象

業主委託廣告商製作廣告，其除了實質的利益考量之外，其無形的企業形象也會透過廣告而傳遞，深植消費者的心中。

有一些家長也許會很注意這這些對小孩、小孩在使用的東西的是哪一些廠商生產的，你如果這樣做的話呢，也許有一些家長也會對你比較親信嘛，那你這個對你企業來講形象也是比較好。

〈LSl066〉

那再過來就是說我們剛剛講，他可不可以就是說他自己可以去想一些既可以增加……他自己的形象，對小孩這個產品，比如說這個產品對小孩在使用上，或者再吃啊，對小孩是很有利的，然後呢他又可以賺錢，那至於廠商他自己要去設計啊。〈LSl068〉

如果今天你的產品一天到晚就被人家扣著負面的一種image的話，你認知程度可能會高，但人家不一定會去購買你的產品。〈LSS057〉

專家們表示，正因爲廣告的感染力強大效果顯著，使得多數企業採用這種方式來做爲其行銷策略之一。而經由廣告的播出，直接接收的對象就是消費者，亦會進而讓消費者對廣告產生印象，並無形中建立對企業的認知和形象。訪談資料顯示，廣告商其實只需要多考量對小孩可能產生的負面影響，並以此成爲不會忽視兒童利益的品牌優勢，來爭取消費者及父母的信任。此舉不但可以讓廣告商和家長兒童二者雙贏，顧及兒童的健康與安全，更可以增加外界對企業的良好形象，最後也會因此帶來更高的收益，以及良好的品牌形象。相反地，如果廣告時常引人反感，引起爭議，反而會導致負面的企業形象，使得廣告的說服力減弱。

2. **公眾輿論壓力**

就約束廠商的力量而言，受訪的專家也認爲，社會大眾之輿論力量也是足以增強廣告商自律之因素。

如果消費者的力量眞的能夠發揮，對於那一些違反廣告倫理的商品，消費者能夠採取抵制或甚至拒買的行爲的話，加上媒體的報導，我想這個是比法令更有力的手段，去讓它整個廣告倫理的提升。〈WLS023〉

那另外，輿論要給予力量，或相關的利益團體，像比如兒童的健康的問題，或是說有一些誤用女性身體去做廣告這種女性團體，

他們站出來去提倡這些議題。〈WLS048〉

可是如果各公會或各個協會，他們有每年定期的一個review提醒，或者是reward動作的話，那廠商就會不斷的每年都在注意這件事情，那再加上消費者基金會，或是其他的一些公會團體不斷的monitoring，這樣的過程當中，大家才會一直記住。〈CHE045〉

專家們認爲，促使廣告商去提升其倫理道德，後面主要的力量可以是來大眾的輿論壓力。只有大眾自己興起的力量，喚起對廠商不道德廣告的挑戰，影響廠商信譽，甚至集體抵制購買商品，才會使業者感受到改變的壓力。而在此其中，利用相關利益團體的倡導，比如說：兒福聯盟、消基會等組織，即扮演了極爲關鍵性的角色。因爲只有他們才能有系統地監督，並且集結眾人的力量和資源發聲。同時，也可以透過媒體的報導，使得廣告商爲了回應輿論之聲音，而去改變自己的行爲。但是，也有專家提出在這種容易遺忘新聞的社會中，廣告商是需要靠外部力量持續的監督及提醒的，如此做法相較於政府制定的法令，對於約束廠商是更爲有效的。

五、學校教育

在約束廣告商之外，專家們也提出學校必須扮演好教育的角色，提升學生的獨立思考和判斷能力。針對兒童，專家特別推薦媒體素養之教育課程。

(一)倫理教育課程的必要性

針對目前大學的倫理教育課程，大多數受訪專家認爲是有其存在的必要性及原因。

這堂課本來就是一個應該要必修的課程，在我認爲。因爲就是說，當所有的同學離開學校進入社會的時候，他們是必需要被提醒的，不管他是在哪個行業，他都有一定的倫理跟道德、工作道德存

在。〈CHE028〉

所以你說企業、當然啦這樣企業倫理的課也是有幫助，因爲你有些時候的你的一些可能是一定有啦，就是說有一些也許他沒有、你在上這個課也許這群小孩將來有一天他也會自己會成爲老闆。〈LSL108〉

多數受訪者仍認爲大學倫理教育相關課程，應該列爲必修的課程之一。原因是當大學生脫離學生身分進入社會時，不管在各行各業，或有一天其會成爲帶領多位員工的企業管理者時，存在於職場上倫理道德顯得更爲重要。如能在在學生時代可塑性高時，可以培養起對倫理適當的認知和知覺，或許可以因此減少社會發生企業不道德的問題。

㈡倫理教育課程之教法

在教法上，專家們也對於學校在倫理道德教育方面之教法進行建議。

那學校老師的話，他可以針對比較爭議的兒童節目，或是比較爭議的兒童廣告，去在上課的時候把它做一個案例去跟同學講，這個就是知識教育嘛、機會教育。〈LSS066〉

其實學校也是可以教育的啦，它有類似這樣的課阿，或者平常有時候在某些時候，老師也是可以宣傳。〈LSL105〉

受訪的部分專家們認爲，學校相關的倫理道德課程，最少可教育學生在倫理議題上應有的思考與考量。例如，老師可以針對爭議性較大的廣告做案例，針對廣告的缺失或觀念上的偏差，對學生做一個知識上的教育，進而建立其獨立思考與批判能力，讓學生們可以在面對廣告時，不易受廣告影響，能有更多獨立的思考與判斷。

㈢倫理教育課程的效用

對於大學開設的倫理教育課程，受訪的專家對其課程的作用也有一些看法。

所以你在這個課裡頭，他有些事情他也許沒想到，當就是說很多事情、做事情他可能沒想到，可是如果你在跟他講教導的過程裡頭，可能就是他將來就會思考到這個問題。〈LSL109〉

我覺得至少他們會了解一些觀念，因爲他們將來要做廣告的人，所以呢他們至少會知道就是說不能虛僞不實，然後相關產品都有相關產品的相關規範。〈LSS070〉

不可能在大學一上學過這門課，然後就會了，我覺得你只是提醒他而已，要注意這件事，而你沒有辦法眞的改變他的行爲。〈CHE027〉

雖然陸續有大學增設倫理教育的相關課程，受訪專家們認爲，課程可以增加學生的認知和思考廣度，讓他們知道商業行爲的基本界線。但是課程僅能做到提醒的作用尤其對這些尙未有實務經驗的學生，商場中不倫理行爲是較難去體會及思考的。換句話說，企業倫理課程只能教導學生正確觀念以及基本的相關規範，使其在未來出社會後，能對職場上的倫理道德有進一步更深的思考，若是要具體改變行爲，則效果非常有限。

㈣媒體素養之教育課程

除了一般倫理相關課程之外，有專家也提出媒體素養課程。

媒體識讀（素養）的教育其實已經很普遍了。有往下走了，小學有些他們的program是在小學裡面，到各小學去教說媒體識讀。而大學通識教育裡面就有媒體識讀（素養）的課程，像我們的通識我們就有媒體識讀的課程，已經慢慢往下扎根了，其實大家也在重視這一塊。〈WSF088〉

學校這塊的話，是我們常常說媒體識讀（素養）的部分，可能會告訴他說怎麼去分冶、廣告跟節目的差異性，那廣告是怎麼樣說服的訊息，然後可能是分解的讓小朋友知道，廣告上面說的不是全然是百分之百是眞實的，就是等於只能就是協同教育小小朋友。〈WSF063〉

我覺得識讀（素養）的重要性或教育的重要性，就在於去培育每一個人，包括小孩子跟成人要有這種所謂的識讀跟辨識的能力，以及做理性思考決策的能力這樣子。〈TSC016〉

受訪專家也提及，媒體素養課程也可以是另一種幫助學生學習的方法。媒體素養指的是認識和解讀媒體的能力，並以培養有批判力、思考力的主動閱聽人爲最終目標，可幫助學生學習獨立思考，辨別廣告背後的目的與眞實性。專家認爲此課程可以向學生說明廣告傳遞的訊息、廣告與節目的差異和廣告的眞實性等等廣告之操作手法。其不僅僅只是給予資訊之解讀，應進而去教育孩童辨識及分解廣告之能力，並在面對廣告時，能有更深入的思維，做出理性的決策。

㈤學校教育和家庭教育

面對教育兒童廣告倫理議題，專家們對於學校教育與家庭教育也有不同的看法。

因爲畢竟父母不是這麼專業，那當然在教育上，假如說以這種專業的角色去進駐到校園裡面，去傳導這樣正確的訊息，其實是我覺得是很好的，因爲他專業、因爲他客觀，你知道有時候從有些話從老師的口中說出來，跟家長說出來是差異性也很大的，對學生說服力可能比較強。反而可能變成說是小孩子在學校接觸到一些媒體識讀的教育的訊息，回去反而去教導父母。〈WSF090〉

家庭是比較主要，因爲你知道每個小孩碰到狀況不一樣，學校的狀況是比較大層面，大家統一的行爲，可是學校老師也沒辦法知道誰會看什麼節目、誰是看什麼可能接觸到廣告，因爲節目不一樣，他的廣告就不同啦，對因爲他TA不同，那所以在這部分，我會覺得還是家庭是很重要的一件事。〈WSF065〉

因爲學校教育學生的loading太重了，我很反對動不動就什麼都丟到學校。那社會教育在幹嘛？家庭教育在幹嘛？家庭教育很重要啊。〈LSW063〉

有專家表示，此類教育還是由學校執行較佳，主要原因在於大部分家長並非如老師有相關專長，將客觀的知識傳授於學生，也更顯得有成效及說服力。同時，孩童也可以將其在學校中獲取的廣告相關知識，回去教育家長。但也有專家卻認爲，學校教師沒有辦法解決問題，因爲他們無法清楚掌握每位孩童在家收看的節目，及其所看到的廣告內容，所以，很難針對孩童的需要去進行教育。他們認爲學校要教育學生的知識太多了，應由家庭教育作爲主要力量，因唯有家長能清楚知道其自己的孩童狀況。總之，綜合專家的看法，學校教育可以對孩童進行教育，從專業的角度可以幫助孩童學習更多知識，但學校教育不是萬能，因爲只有家長了解孩童的需要，應該在倫理教育上扮演更重要的責任。

六、家庭教育

大多專家認爲家庭教育爲孩童重要學習之發源地，家長應陪同孩童觀看廣告，藉此教育下一代。

㈠家庭教育之重要性

專家們建議，家庭是塑造兒童價值觀的地方，也是提供兒童每天耳濡目染的環境，面對無法避免商業導向之行爲，家庭教育就顯得特別重要。

我們剛剛講很多，像他們用使用產品這些阿，像其實有很多也是跟家裡跟他們的習慣嘛〈LSL125〉

你父母如果有教導，那小孩受到廣告的影響也會比較低，他在買東西的時候這個多少錢，或者這個什麼東西，你有教導他的這些觀念，他可能就會去考慮，這個這樣的產品要不要買〈LSL127〉

根據專家們的看法，家庭教育在每個人的人生中扮演非常重要的角色，特別是在道德觀、習慣和思維方式。父母的消費行爲和習慣，都是孩子學習的對象和模範。所以面對廣告的充斥，父母親可以充份利用兒童容易受到外在環境影響之特性，以身作則，帶領他們學習思考和判斷、從購買決策到使用產品的學習，傳遞正確的價值觀和建立健康的家庭環境，培養良好的習慣。如此，兒童才能培養獨立思考的能力，減少廣告對他們的負面影響。

㈡家長應陪同孩童

對於兒童們，家庭教育固然是重要的一環，而家長們又應該如何去教導其下一代呢？

就像看電影一樣，有些電影他説要家長陪著看，爲什麼家長要陪同？因爲他有些東西他會誤解，就是透過家長成人陪伴的時候，才能夠告訴他一個應該要教他的一些觀念跟想法。〈CHE057〉

比如説，家長可以跟小朋友一起看廣告，然後呢，如果認爲這個廣告太過誇張，家長就要提醒兒童，這個是廣告的表現方式，那在眞實社會上面來講的話，不一定是這個樣子，家長要有很重要的一種責任。〈LSS062〉

專家們建議，面對現在許多廣告充斥，家長在旁陪伴共同觀看是很重要的。在家長陪同孩童的過程中，不僅可以過濾掉一些對兒童較不合宜的廣告，還可以藉由一起觀看廣告時，進而去教導兒童使其明白，廣告內容以及表達手法是較於誇張的形式，或者是說明廣告背後想要說服消費者購買之目的。透過此種正確價值觀之機會教育方式，可以避免兒童誤解廣告，更加深對廣告的認知，以減少廣告對兒童的不良影響。

㈢家長對家庭教育之忽視

許多專家們表示，雖然家庭教育是重要的，但因臺灣種種的社會問題及現象，使得有部分家長沒時間去關心孩童，忽視其成長及學習的過程。

可是現在臺灣太多家長、那個電視是爲了讓小朋友去看電視，就是他不會吵、他看卡通他不會吵，那我可以做別的事情。〈CHE056〉

其實很多家裡可能也都沒辦法做到在旁教育兒童阿，因爲就是像很多的家庭，這樣以我們在學校來看，很多小孩其實都單親的，父母很忙，可能很多小孩從小就是安親班自己長大，很多都這樣啦，其實也有很多父母也是需要再教育。〈LSL129〉

有些受訪專家表示，臺灣家長們對家庭教育的忽視，也是會影響兒童廣告倫理的因素之一。時代的變遷下，臺灣的單親及雙薪家庭增加，家長兼負家庭及工作的雙重責任，無法騰出多餘的時間陪伴兒童，更別說是對兒童的教育。甚至有些家長在忙碌時，爲了避免孩童吵鬧，將電視做爲兒童的保姆，自然無法對兒童廣告加以把關和教育。因此，有專家認爲家長對其孩童的教育責任，是需要再教育的。

伍、結論

總體來說，受訪的專家大都認爲，在兒童的特性上，判斷力不足成爲兒童無法抗拒廣告不爭的事實。兒童因爲年齡過小、缺乏思考能力外，其對世界了解及認知未深，所以他們常不懂廣告背後所隱藏最主要之目的。所以兒童在購買決策時，行爲是相當感性並容易被誘惑的。此外，兒童也容易有與同儕間攀比與喜歡卡通人物的心態，他們會以模仿的方式去學習廣告中的遣詞用字等，因此更容易受廣告影響。這些兒童特性也與過去許多學者（Wilcox et al., 2004; McGinnis et al., 2006）所描述的不謀而合。由於兒童有這些特殊的特徵與現象，所以其常常對於廣告所要表達的訊息有所誤解，很容易受到其直覺所看到廣告中的圖示、行爲或音樂影響。另外，更由於現今受少子化的影響，每個家庭對其子女的重視程度比起過去大大提高，因此近期從兒童廣告數量大量提升可看見，少子化波及兒童市場，愛子心切的家長對孩童付出的意願相當高。再加上忙碌的家長希望更能滿足孩童物質上的需求，兒童在家庭中的購買決策的影響力大爲提升。這些因素使得廣告商認爲以兒童爲目標市場是個很有效果的行銷策略。

以法令規範來說，各國法令不盡相同，大部分受訪的專家認爲，外國對於兒童廣告相關的規範是較重視的。目前臺灣的廣告相關規範是較爲不足，有待加強，未來可以參考有經驗的國家所制定的法規去做調整。但是法令可能會框架廣告限制創意的表現，並且因廣告倫理包含的範圍相當廣泛，不只是廣告內容及呈現方式，還有廣告播出的時段、媒體或載具等問題。換言之，倫理道德的標準則過於抽象與主觀，立法本就有難度，並且，即使立法也不一定有效果。國內道德實踐常只成爲形式上的勸說，無法落實於生活中，如何確保法律的執行，也是挑戰之一。許多學者建議，消費者的力量才是約束廠商的最後的防線，若是消費者意識可以提高，才是推行廣告倫理的有效方法之一。

雖然法令可以成爲約束廠商的方法之一，專家們也建議廣告商應有自律行爲。他們建議廣告商在以兒童爲廣告對象時，應有的基本要求及考量。其中，他們建議應思考廣告曝光後，是否因此會在兒童身心上留下負面的影響。並且當廣告商要知覺，在一心一意追求創意的過程中，通常不會去深入地考慮其內容，可能無意中違反了社會價值或道德倫理。專家們亦建議廣告商，可以化被動爲主動得去提醒兒童相關的注意事項，例如吃完糖要刷牙。此舉不僅能盡該有的社會責任，更可以提高廣告業主的企業形象。但是，廣告商最主要的目的仍是以營利爲主，在穩定生存之前，要求廠商顧及倫理道德，甚至要廣告商來帶領提升廣告倫理之風氣是較爲困難的。因此，專家們提到，能約束廣告商的主要力量爲相關利益團體，及社會大眾的輿論壓力，他們可使得廣告商爲了回應輿論而去改變自己的行爲。但是，在這容易遺忘事件的社會中，廣告商是需要靠外部力量不斷地持續監督及提醒的，所以相較之下，政府制定法令反而是更爲有效的做法。

除了有監督機制來約束廣告商之外，大部分專家也提到，還可以從教育的角度去教導兒童具備對廣告的抵抗能力。以學校教育方面，教育學生倫理適當的知覺和提醒，應可以減少未來企業不道德的問題。因此，建議倫理教育的相關課程在大學部應該列爲必修的課程之一。但是，少數課程只能做到提醒的作用，改變行爲效果仍然很有限。另外，媒體素養課程也可以幫助學生學習獨立思考，辨別廣告背後的目的與眞實性。此課程雖在國內逐漸受到重視，但文獻也顯示，國內推動仍然困然重重，得不到應有的重視（秦梅心，2007；林佳蓉、江艾謙，2009）。同時，學校教育也有其限制，其雖能將客觀的知識傳授於學生，相較於家庭教育更顯得有成效及說服力，但學校教師無法清楚掌握每位孩童在家收看的廣告內容，很難針對孩童的需要去進行教育。因此，家庭教育應做爲主要力量，唯有家長能清楚知道其自己的孩童狀況。

其實，家庭教育於兒童成長過程中扮演非常重要的角色。面對現今許多廣告充斥時，家長在旁的陪伴是很重要的。家長不僅可以過濾掉一些對兒童較不合宜的廣告，並進而去教導兒童明白，廣告的誇張形式及背後想要說服消費者之目的。此外，家長也應傳遞正確的價值觀和建立健康的家庭環境，培養兒童良好習慣及獨立思考的能力，以減少廣告對他們的負面影響。但時代變遷，臺灣的單親及雙薪家庭增加，使得家長兼負家庭及工作的雙重責任，無法騰出多餘的時間陪伴兒童。爲了避免孩童吵鬧，有些家長將電視做爲兒童的保姆，自然無法對兒童廣告的把關和教育。因此，對於針對現今家長忽視家庭教育，家長也是需要再教育的。將所有資料整合爲圖12-2如下：

兒童廣告倫理背景與趨勢	1. 兒童易相信受影響的特性 2. 少子化，使得兒童消費者影響力變大
臺灣很少相關立法	1. 有他國法令可以執行參考 2. 內容複雜，立法有難度 3. 消費者約束才有量
廠商	1. 相關廠商應自律 2. 多數仍以盈利為主 3. 輿論可為有效監督力量
學校教育	1. 媒體素養課程推動 2. 效果有限且困難重重
家庭教育	1. 家長應陪伴過濾 2. 家長也應被再教育

圖12-2　研究結果顯示圖（本研究整理）

本研究從專家學者的觀點，對臺灣兒童廣告倫理狀況進行解析。兒童因爲年紀小，無法獨立判斷和思考，易受廣告影響和操弄，是和其他國家相關研究可以呼應的。少子化和家長愈來愈忙的大趨勢，使許多廠商開始以兒童爲目標市場，是眞實的現象。到底誰可以保護臺灣的兒童免於商業主義的洗腦和影響？綜觀來看，整個問題的關鍵不在兒童，而在成人。這些成人包含老師、家長和一般消費者。研究結果顯示，老師對相關議題不懂，很難教好兒童，教育效果有限；另外，家長們也沒有知覺到兒童可能因廣告而受到的傷害，所以也很少針對這個部份負上該負的責任。消費者也很少對兒童廣告倫理議題有了解，以致對可能傷害兒童的廣告行爲，也很少有聲音。如此對兒童廣告倫理的知覺和了解，可以分爲兩個層次。一個層次爲了解媒體傳播本質，兒童消費者的特性或廣告本質，是較淺的知識型的層次。另一個更深的層次，就如媒體素養（Neuman, 1995）內容，可以思考廣告背後的目的，進而有獨立的思考與判斷力，可以不較易被勸服。總合來說，整個臺灣大眾對兒童廣告上所提的兩個層次的知覺與認識程度是很低的。另一方面來說，沒有消費者的監督和自覺，廠商也很難有自律的力量或動力。所以，整個大眾的覺醒是整個問題的關鍵。然而，不像食品安全問題，消費者幾乎沒有能力可以做分辨產品的內容是否對身體有益，因爲檢驗食品成份是需要專業知識與儀器的。但針對兒童廣告倫理問題，大部份人們經由教育後，是可以分辨出哪些廣告是不利於兒童的。同時，當政府來執法來推動兒童廣告倫理時，若沒有民眾對此議題的知覺和認識，法令也不易落實與執行。總之，兒童廣告倫理的概念對臺灣大多數人來說是陌生的，不只是年少的兒童不了解，一般成人的知覺程度也不高。研究結果顯示，如果一般大眾可以開始得到相關知識與教育，增加對兒童廣告倫理的知覺與認知，形成消費者的力量，並帶動輿論監督廠商，加上家長的監督與陪伴，是改變的關鍵，如圖12-3所示。因此希望藉由本研究的發現，喚醒社會大眾以及產官學，使兒童廣告倫理的議題得到更多關注，因此得以從各方面共同來保護臺灣來下一代的健康與生活。

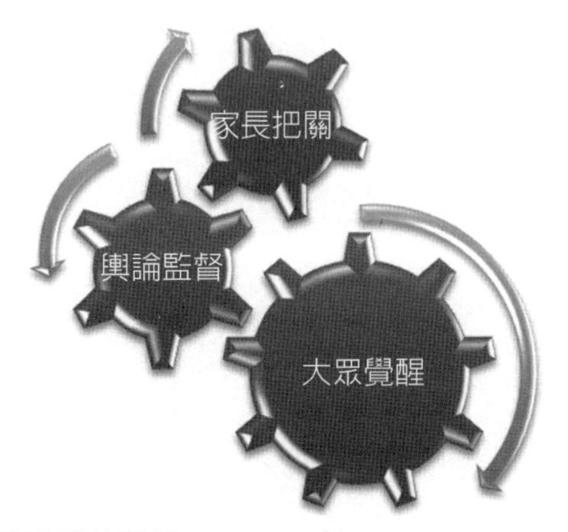

圖12-3　臺灣兒童倫理改變的關鍵

第十三章

從預防原則觀點探討茲卡病毒和小腦症關聯性及其道德辯證

李雅玟[1]（Ya-Wen Lee）、嚴奇峰[2]（Ghi-Feng Yen）

摘要

2016年年初，在全球各地在許多頭版新聞中，報導了茲卡病毒（Zika virus；或稱寨卡）和小腦症（Microcephaly）呈現爆炸性傳播（Outbreak）狀態。在確認兩者之間的因果關係之前，巴西政府就已經採取了行動，派遣數千名士兵向其噴灑殺蟲劑殺死蚊子，並且建議民眾在宣布解決方案之前不要懷孕；接著世界衛生組織（World Health Organization; WHO）和疾病控制與預防中心（Centers for Disease Control and Prevention; CDC）發布了全球公告，公眾對此事的恐懼程度大幅提高，生物技術公司已準備好開發疫苗和使用基改蚊子來滅蚊。

反觀，有些獨立的研究人員對茲卡病毒擴散與基改蚊子之間的其他可能的因果關係提出了疑問和關注。這項研究將討論：⑴茲卡病毒與小腦症事件——引發不必要的公眾恐懼升高的擔憂；⑵對圍繞在巴西「小腦症」流行現象周圍的其他「巧合事件」和關聯之合理懷疑；⑶在不明情況下，主管機關在公告、採取行動和施行預防計劃之前，必須遵守預防原則（Precautionary principle）。本研究並針對此議題進行了道德方面的辯證與探討。

關鍵詞：茲卡病毒；小腦症；世界衛生組織；基改蚊子；預防原則；道德辯證

1 中原大學企業管理學系碩士。

2 中原大學企業管理系教授。

（本文原文刊載於 Lee Y.W. and Yen, G.F., 2017, An Ethical Discussion on Zika Virus Outbreak, Microcephaly and GM Mosquitoes—A Precaution Principle Perspective, Academy of Taiwan Business Management Review, 13(1): 27-33. 現經同意修改部分內容並發表，以供學生課程討論。）

壹、前言

2016年時全世界，特別是在巴西，人們被警告不要懷孕，因爲一些科學家相信，小腦症（先天缺陷）和茲卡病毒（由斑蚊類，例如埃及斑蚊和白線斑蚊介導的病毒感染）之間有關聯。這種信念得到了地方和全球健康當局、巴西政府、世衛組織和疾病預防控制中心的背書認可，它們採取了行動：發布全球警示性公告並建議人們「不要懷孕」。

由於「爆發」是區域性的，一些科學家對最近在巴西華塞羅（Juazeiro）首次釋放基改蚊子（Genetically modified mosquitoes）的實驗，與茲卡病毒的爆發之間的連繫，以及基改蚊與茲卡之間的因果連繫深表懷疑（Tickell，2016）；加上茲卡病毒與小腦症和關聯仍需進一步研究確認，故衛生當局採取的相關行動似乎僅僅是基於薄弱、不確定的證據，而引起不必要的公眾恐懼和恐慌。

在全球衛生主管部門宣布茲卡病毒與小腦症之間存在因果關係之後，製藥公司和生物技術公司等集團企業開始著手研究並提供解決方案，例如茲卡病毒疫苗和基改蚊子（Oxitec公司曾於2013及2015年二次實地野放雄性基改蚊進行實驗，聲稱在與雌性埃及斑蚊交配後，其後代會短命而死，造成病媒蚊「絕子絕孫」的效果（Curtis, 2016/01/31）；當時大張旗鼓鼓吹，現今證明是失敗的（Schmidt, 2019/09/13）），但是，如果這種茲卡病毒與小腦症之間因果關係的信念，其秉持的立場首先就是錯的，那又該怎麼辦？在茲卡病毒與小腦症之間因果關係不清的情況時，全世界衛生主管部門就匆促準備要提出並迅速執行解決方案，這的確是一個令人擔憂的現象。

塔雷伯（Taleb）的「黑天鵝（The Black Swan）理論」最能描述這

種現象，該理論是指那些在人類歷史上具有重大影響和扮演主導角色的意外事件（Taleb，2010）。爲了避免「因應防災而急就章或另有所圖的採取措施」之後所帶來之意外災難的結果，本研究回顧了什麼是預防原則，並建議衛生部門應用已經被遺忘了一段時間的預防原則。爲了防止大災難並針對要使用的解決方案和預防計畫加以治理控制，我們進一步討論了基於證據的科學研究、衛生當局的責任和預防原則之間的關係（如圖13-1所示）。

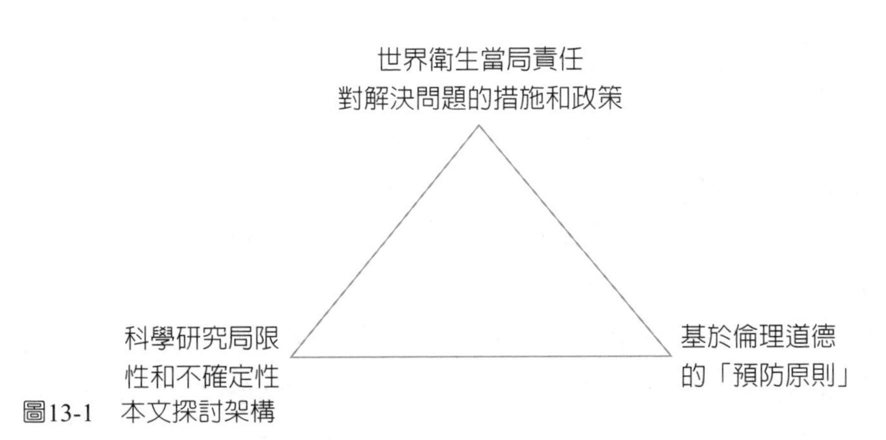

圖13-1　本文探討架構

貳、實證研究科學成果及其局限性

2016年2月，世衛組織和疾病預防控制中心委員會會議得出結論後發出全球警報，他們得出結論爲，他們堅信茲卡病毒與小腦症畸形之間存在因果關係，但並沒有發布有關其確切的證據。對於Zika病毒這一事件，一些研究人員提出了關切和問題，他們認爲茲卡病毒自1947年發現以來已有60多年的歷史了，並且沉寂了很長的時間，因此研究人員就提出以下問題：

㈠到底確認了幾例？

有一篇回顧評論文章（Paixao et al.，2016）針對1954年至2016年期間的MEDLINE（美國國立醫學圖書館）、Embase（生物醫學索引摘要資料庫）、全球衛生圖書館、世界衛生組織的流行病學公告和警報、泛美衛生組織，和歐洲疾病預防和控制中心中，全部發布的527條記錄中的52條進行了回顧（表13-1），根據該回顧評論文章，由於以下種種因素使得情況更加難以釐清：

1. **眾疾病之間的相似症狀**：茲卡熱是一種發燒性疾病，與登革熱（Dengue fever；俗稱「天狗熱」或「斷骨熱」）、西尼羅河病和黃熱病有關。這種感染的特徵是皆具有可以持續1週的特殊症狀，其臨床表現與其他蟲媒病毒感染類似，例如屈公熱（Chikungunya fever）和登革熱，包括輕度發燒、皮疹、關節痛、關節炎、肌痛、頭痛、結膜炎和水腫等，很難區分是由什麼病毒引起感染，或是否存在交叉感染？進而感染了茲卡熱和登革熱的患者們。
2. **小腦症的誤診率很高**：專家們一致認為，由於尋找病例和誤診，所

表13-1　1954至2016年茲卡病毒感染病例要點回顧

	波利尼西亞病例記錄	巴西病例記錄
茲卡病毒疫情的真實發病率	不明	不明；根據巴伊亞市（Bahia）的一份報告，從2015年2月至6月有14,825例因出現皮疹之疑似茲卡感染（估計總發生率為每1000位居民中有5.5位），但無法區分是茲卡熱還是登革熱感染（並且茲卡病毒和登革熱的血清學檢查有交叉反應性）。
孕婦感染茲卡病毒發生率	不明	不明。
小腦症發生率	不明	1. 增加了20倍以上：在巴西東北部，有35名小腦症嬰兒報告，其中有74%的母親在懷孕前三個月和中期有出現皮疹的報告。 2. 小腦症例數可能被誇大：在經經神經影像學檢查過的小腦症病例中，有270例被確診，另有462例因誤診而被排除。
神經系統疾病	未建立因果關係	未建立因果關係。

資料來源：匯整自Paixao et al.（2016）報告

報告的數字可能高估虛報。到目前爲止，有神經影像學檢查記錄的小腦症病例中，有270例確診，另有462例因誤診而被排拒。根據拉丁美洲先天性畸形合作研究計畫所報導的小腦症疑似病例，數量過多到難以置信。

3. **無法提供良好的血清學檢測**：已知茲卡和登革熱血清學的檢測，存在「交叉反應」情況。

綜上所述，在這篇回顧評論文章中可以得出的結論爲：「茲卡病毒與小腦症之間的因果關係，其結論尚未得到普遍接受」。

㈡是否排除了所有其他促成因素？

研究人員發現，先天性小腦症是由多種因素引起的（如在表13-2中示出）。

表13-2　先天性小腦症的病因

<table>
<tr><td rowspan="5">先天遺傳</td><td>孤立的</td><td colspan="2">常染色體隱性小腦症；常染色體顯性小腦症；X連結小腦症，染色體的。</td></tr>
<tr><td rowspan="4">病徵的</td><td>染色體的</td><td>三體性21, 13, 18；不平衡重排。</td></tr>
<tr><td>連續基因缺失</td><td>4p缺失（Wolf-Hirschhorn症候群）；5p缺失（cri-du-chat症候群）；7q11.23 缺失（Williams綜合徵）；22q11缺失（顎帆—心臟—臉部症候群）。</td></tr>
<tr><td>單基因缺陷</td><td>Cornelia de Lange症候群；前腦無裂畸形（孤立的或病徵的）；Smith-Lemli-Opitz症候群；Seckel症候群。</td></tr>
<tr><td colspan="2"></td></tr>
<tr><td rowspan="4">後天得到</td><td>破壞性傷害</td><td colspan="2">單卵雙胞胎的死亡；缺血性中風；出血性中風。</td></tr>
<tr><td>感染</td><td colspan="2">弓形體病；風疹；巨細胞病毒；單純皰疹病毒；梅毒及愛滋病毒。</td></tr>
<tr><td>致畸物</td><td colspan="2">酒精、乙內醯、輻射；孕婦苯丙酮尿症；孕婦糖尿病控制不良。</td></tr>
<tr><td>不足缺乏</td><td colspan="2">孕婦甲狀腺功能減退；孕婦葉酸缺乏；孕婦營養不良；胎盤功能不全。</td></tr>
</table>

資料來源：匯整自Ashwal et al.（2009）報告

㈢關於「地理因素」又怎麼解釋呢？

值得注意的是，擁有這項技術的Oxitec公司的基改蚊子（OX_{513A}）在2010年獲得批准用於減少登革熱疫情後，隨即在巴西東北部的巴伊亞州的華塞魯被釋放出去。該公司並於2015年7月宣布該計畫的成功，並報告了釋放出一系列OX_{513A}基改蚊後，當地埃及斑蚊種群減少了95%的重大成果。但奇怪的是，在宣布基改蚊計畫成功的6個月後，便爆發了茲卡病毒的大規模感染。

因此，一些研究人員對OX513A基改蚊計畫的未知效果提出了疑問，包括：

1. 將OX_{513A}基改蚊連結到小腦症的相關問題：有沒有倖存的OX_{513A}基改蚊後代和「跳躍基因（Jumping gene）」（又稱作轉座子或轉位子（Transposon））導致了這個結果？

   Steinbrecher（2010）曾經要求進行進一步的研究，以解釋3～4%的基改蚊子存活率，因爲該技術存在一個陷阱，即在四環素濃度較高的環境中，基改蚊存活率就可能會增加，而且不幸的是，巴西就有這樣的環境。Oxitec公司也陳述了四環素問題，表示有可能將基改蚊生存率提高到15%（Bernish, 2016）。Ho（2014）的報告則表明，使用「轉座子」會引起此類擔憂和問題，而基改蚊OX_{513A}是採用Piggyback轉座子基因工程設計的，因此這種擔憂是存在的。Tickell（2016）陳述了這種疑慮：

> 「最初在昆蟲控制計畫中，使用轉座子作爲載體的主要原因，是因爲它們可以通過「非孟德爾」手段，在某個種群中迅速傳播轉基因，亦即通過複製拷貝並跳入基因組，從而通過昆蟲種群而「驅動」性狀。然而，參與研究的科學家卻忽略了一個事實，即轉座子也可能跳入包括人類在內的哺乳動物宿主的基因組中……。」

2. 將OX_{513A}基改蚊和茲卡病毒與小腦症連結的相關問題：OX_{513A}基改蚊

後代會攜帶著的任何突變了的茲卡病毒嗎？自從1947年發現茲卡病毒以來，它的存在並沒有發生嚴重影響。被茲卡病毒感染的人，大約會在一周內出現類似流感的症狀，那麼現在這種病毒如何會得到影響畸形胎兒的能力了呢？由於這是巴西東北部的一種特別現象，但鄰國哥倫比亞卻並沒有這種現象，另外基改蚊OX_{513A}的釋放也發生在巴西東北部。因此我們需要對病毒突變進行進一步研究，也需要澄清基改蚊OX_{513A}與這事件的關聯。Tickell（2016）認為「茲卡病毒是如何突然學會破壞人類胚胎的？答案可能存在用於改造病毒載體蚊子一系列的「跳躍基因」中，並且這些基改蚊於三年前被釋放到野外，剛好精確地在（今日）發生小腦症危機的巴西地區」。

㈣在不穩定的基礎上建立因果關係

根據發表在新英格蘭醫學雜誌（The New England Journal of Medicine：NEJM）上的Rasmussen等人的特別報告（Rasmussen, Jamieson, Honein, & Petersen, 2016），有兩種方法已經被使用來鑑定潛在的胚胎致畸物：⑴敏銳的臨床醫師法，及⑵流行病學數據，以確認相關性。基於這兩種方法，Shepard's 評估準則（Shepard，1994）和Hill因果關係證據標準（Höfler，2005），被用來評估已報告的與茲卡病毒相關之小腦症病例。但是，我們從Kundi（2006）的研究中了解到，Hill的項目既不是確定疾病因果關係的標準，也不是確定疾病因果關係的清單，他們的開創性工作中所謂因果關係標準，經常被示意性地使用，而忽略了它們既不是標準、也不是將疾病歸因於某個潛在危險的清單的事實……，他也為評估某成份或決定因素提出了一種對話方法，若從流行病學證據出發，需要解決四個問題：時間關係、關聯、環境等效和人口等效。Kundi（2006）也認為，如果沒有有效的反駁，則該致因即可歸因於疾病的潛在致因。

因此，除了「如果沒有有效的反駁」之外，我們可能還需要收集和發布進一步的科學數據，以便在確定造成病因的因素得以建立之前，解決和澄清「環境等效」和「人口等效」問題。不幸的是，當時的衛生當局或科學家尚未解決這些問題，而且我們也知道相關性並不是因果關係，所以在下結論前必須特別謹慎。迄今爲止，尚無數據表明從小腦症嬰兒中發現茲卡病毒的比例很高，例如高達90%；沒有可用的記錄顯示出高出生率的小腦症嬰兒孕婦的百分比；因此，茲卡病毒和小腦症之間似乎連足夠強的「相關性」都沒有！

參、衛生當局的反應

WHO轄下的茲卡緊急委員會（Zika Emergency Committee）爲了收集在拉丁美洲發生的Zika病毒爆發和造成疾病相關的健康威脅的嚴重性建議，於2016年2月召開電話會議，並宣布：「儘管尚未得到科學證實，緊急委員會強烈懷疑懷孕期間Zika感染與小頭症兩者有因果關係」。兩個月後，美國疾病預防控制中心宣布「經過對現有證據的仔細審查，茲卡病毒就是引起小腦症和其他嚴重胎兒腦部缺陷的原因」（關鍵評論，2016/02/02）。

然而，其他研究者無法理解這些主管機關那麼焦急地宣布茲卡病毒與小腦症之間存在因果關係的原因。根據Kundi（2006）的研究，一個因素與一個疾病之間因果關係的建立是一個長期的過程，涉及需要認眞處理其中的時間關係、關聯、環境等效和人口等效諸問題。通過Paixao等人（2016）的評論，我們知道現在就茲卡病毒和小腦症關係，達成專業意見與共識，尚爲時過早。此外，當時也未見任何討論（包括專家與組織）有關於哥倫比亞所發布的矛盾消息：雖有超過25,600茲卡病毒感染病例，其中包括3,177名孕婦，但並無小腦症病例報告（Acosta，2016）。更令人無法理解的是，爲什麼有關當局在沒有應用預防原則的情況下，基於極少的證據（且可能證據力薄弱）就做出這樣的結論。在下列圖2中說明，有關當局在提出解決方案及執行行動計畫前，必須先考慮並應用預防原則，以避免做出錯誤決策及行動。

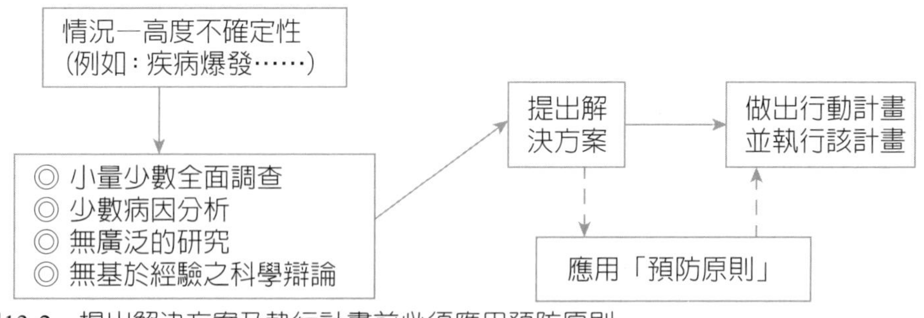

圖13-2　提出解決方案及執行計畫前必須應用預防原則

肆、預防原則的應用

在當時巴西發生小腦症事件，並且WHO及CDC正在努力將茲卡病毒爆發與小腦症連結起來的同時，我們認爲在這一特定事件中，新生兒的健康和基改蚊是焦點，事件涉及了人類健康和環境，因此預防原則是正確的指導思考方向。預防原則將有助於審查情況，並指導決策和多層評估過程的行動（Carolan, 2007）。

㈠什麼是預防原則和「不傷害」原則？

該原則是在1980年代從德國術語Vorsorgeprinzip（行政法上之預防原則）導入的，該原則用於確保在風險不確定的情況下保護人類健康和環境。根據Jordan & O'riordan（2004）的研究，預防原則有很多定義。它包含兩個核心思想，即：⑴一種需要的表達：需要決策者在傷害發生之前就預見傷害。在這一要素內，包含著舉證義務逆轉的隱示一根據預防原則，活動提議者有責任確定擬議的活動不會（或極不可能）造成重大損害。⑵風險和擬議行動的成本和可行性的比例的概念。（Carolan, 2007）強調舉證責任在於生產這些潛在有害技術的人員。他因此認爲，在此過程中，吾人應採取以下立場：「預設有罪直到證明是無辜的」！這一立場通常被稱爲「預防原則」。預防原則是當今歐洲環境政策的主要組成部分，其假設是：某特定技術是有害的，並且取決於製造該技術者以其他方式顯示它是無害的一也就是說，預防原則要求製造該技術者證明「某特定技術是安全」這一說法（Carolan，2007）。另一個重要的預防性觀點是對情況的管理。它必須以從源頭上防止為目標（預防措施），而不是做損害之前的風險因素管理（風險評估）。有關預防原則和風險評估之間的比較，請參見表13-3。

表13-3　預防原則和風險評估之間的比較

預防原則	風險評估
狀況管理，從源頭預防。	管理風險因素以便在損壞發生後，補救損壞。
提問內容為：「在實現目標的同時我們可以避免多少污染？」及「預防的替代方案或機會是什麼？」	提問內容為：「可接受的風險水平是多少？」或「人類或生態系統可以承受吸收多少退化？」
評估建議的行動，以確定是否這些好處能更安全地被實現？	風險評估後提出行動建議。
尋求在解決現有問題的同時，避免產生新問題的方案。	解決現有問題為主。
確保所有利益關係人或可能會受到影響的人，都有效地參與決策過程。	風險評估取決於所提出的問題。例如：法規是否問到該技術是否可以被容忍、足夠安全、安全、最安全或盡可能地安全？
允許在決策過程中使用更廣泛的信息，並在面對不確定性和複雜性時，允許進行更確定性的判斷。	主要根據目前的知識（決定方案）。
全面評估所有替代方案以防止傷害，或最大程度地減少傷害。	無。

資料來源：匯整自Stirling & Tickner（2004）報告

(二)預防原則的應用

根據Stirling & Tickner（2004）的報告，評估環境和健康有四個步驟，即危害分析、暴露分析、強度分析和不確定性分析。通過使用此指南並根據當時發布的信息，進行了表13-4所示的說明，來比較相關衛生當局宣布的訊息與其他獨立研究者調查結果之間的差異。

表13-4 預防原則的四個評估步驟

	目的	衛生當局宣布的訊息	其他研究者調查
危害分析	來了解證據的強度和質量。	4,000小腦症病例（有待確認）。	35小腦症病例（評論文章中的記錄）。
暴露分析	來收集各種來源的實際或潛在曝露的證據。	僅發布了有關茲卡病毒與小腦症之間相關性的證據，尚待提出「已排除其他干擾因子（confounder）的證據」。	哥倫比亞研究的數據顯示，超過3,000例感染茲卡病毒的孕婦皆未產下小腦症嬰兒病例。
幅度分析	來檢查有關潛在影響嚴重性的證據。當潛在的影響幅度很大時，若證據不足就會引起關注。	茲卡病毒感染與小腦症之間，尚未具有證實過的連結關係。	多種因素導致小腦症（見前述表5-1及表5-2）。
不確定性分析	來評估定性和定量方面的知識鴻溝。應從類型（參數、模型、系統性或無知性），對不斷變化的假設的敏感性，以及減少不確定性的可行性方面來廣泛地分析不確定性。	僅公開了研究茲卡病毒和小腦症連結的努力，毫無其他方面的信息，也沒有有力的不確定性審查。	1. 關注事件發生鄰近時間的基改蚊釋放（技術失敗率大於15%且存在跳躍基因的憂慮）； 2. 是否有數據支持以顯示受影響的病例同時沒有感染登革熱？ 3. 事件是茲卡病毒感染爆發或小腦症爆發？ 4. 19億美元預算支持茲卡病毒疫苗開發和基改蚊釋放，是否適當？

資料來源：匯整自 Stirling & Tickner（2004）的報告

伍、道德議題討論與結論

在2016年當時的重點和研究方向，僅集中在調查茲卡病毒與小腦症之間的關係，而沒有進一步研究各種已被認為是小腦症病因的可疑因素（請見表13-1及表13-2說明），所採取的措施甚至不能算作已應用上

「風險評估」，更不用說有遵循「預防原則」來擬訂（請見表3及表4說明）。如果無法同時開始調查其他因素，就可能會導致拖延和錯過消除眞正原因的機會。另一個涉及道德的問題可能存在於（馬上執行）當時擬議的茲卡病毒預防計畫（基改蚊投放和疫苗研發），則一些該問的相關問題是：在這種模糊不清的情況下，需要什麼樣的安全保護措施？誰受益（Cui bono? or Who benefits?）？該計畫是否已完成基於預防原則的審查？是否通過邀請更多的專家和公眾參與把所有可能之替代方案比較過，並開始對干擾因素（Confounding factors）進行徹底的審查，例如事件與相鄰時間在同一地區釋放的基改蚊之間的關係？與營養不良、農藥、化學污染等這些（干擾因子）的關係？似乎都沒有。

但在當時，已經可以看到美國政府與相關機構的一些行動已快速展開了，並提出了一項19億美元的預算要求，用於該尚未得到徹底審查的預防計畫上。奇怪的是，該預算請求程序是一個遵循自上而下且內容一致之程序（Benen, 2016/04/14）？我們看到當時美國白宮、行政管理和預算局（OMB）、疾病控管及預防中心（CDCP）和國家級過敏與感染疾病機構（NIAI）之間毫無討論的完美配合，使情況變得更具爭議性。Swierstra & Rip（2007）的觀點可能有助於我們理解原因：「對於健康和環境風險問題，這一點尤爲重要，因爲這些問題通常被視爲技術問題來處理。正如針對重組DNA、基因修飾和電信標準的詳細說明所示，只有在不限成員名額的道德（或規範性、政治性或基礎性）辯論結束後，才有可能將這些議題當成技術問題來關注，並且進一步討論技術分析工作。相反的，當對保護技術方法的假設前提被質疑時，（已進入）技術討論（階段）的議題可以再次向源頭的道德討論開放」。嚴格說來，這個完美配合的迅速行動，不是科技方法的問題，而是溯及到道德（或政治）議題的源頭。

結合預防原則和過去的經驗教訓來看本事件，我們了解到目前關於茲卡病毒與小腦症之間是否有關聯的知識仍然存在鴻溝。當時的解決計畫是繼續使用基改蚊和開發疫苗。此外，我們還需要審查鑲嵌在疫苗和基改蚊技術中，所有可能的不確定性，並且基於預防原則，衛生當局需要確保

「舉證責任在於生產這些可能潛在有害技術的人」，並且在執行行動計畫之前就應有安全的證據，尤其是對於最初用於預防登革熱的基改蚊技術而言，其長期不確定性很高，我們沒有更明確的證據證明它是安全的，並且茲卡病毒（與登革熱的病媒相同）的時間發生在基改蚊技術宣布成功後僅六個月就爆發了，所有這些結果都對基改蚊技術的安全性形成嚴重憂慮。因此，根據預防原則，我們督促基改蚊子發起者（Oxitec公司；主要投資人為Bill & Melinda Gates Foundation）承擔舉證責任，以證明該產品對人類和環境無害，然後才能進行下一階段的現場實驗（釋放出基改蚊）。

時至今日，美國CDC（2019）的官網上聲稱：大多數罹患小腦症嬰兒的原因仍然未知！它可能是先天性遺傳基因的問題，或者是母親在懷孕期間感染病菌、嚴重營養不良、暴露在有害物質狀況下，又或者是胎兒時期遭遇血液供應受到干擾等原因的影響，然後才在後面補上文字說明：某些嬰兒（Some babies；不知數目）「確實」因為茲卡病毒導致小腦症（Zika virus infection）。但前後針對官網中茲卡病毒內容查找，只強調懷孕婦女應注意事項，仍然沒有任何清楚的科學數值證據顯示兩者的因果關係，只有短短的「文字」敘述！因此，我們要更進一步的對世界級組織的科學證據及論述，做更嚴謹的獨立判斷與辯證思考，而非輕易採信。

陸、討論議題

1. 在這個茲卡病毒、小腦症與基改蚊子事件中，可能牽涉到哪些利益關係人？
2. 這些利益關係人還可能需要考慮哪些因素？目前相關的利益關係人之間是否仍有未被發掘的交互關係？您可以系統化的繪製出各種利益關係人的關係圖嗎？
3. 您覺得預防原則觀點有道理嗎？您會從什麼角度切入，去思考討論這個道德議題？您的邏輯論述將如何進行？
4. 試圖找出核心觀念來描述及討論本議題，並嘗試溝通說服他人來接受您的觀點。

第三篇

企業倫理——服務學習個案

第十四章

人物的重生：木匠的家

秦宗春[1]

不同於企業社會責任，以營利爲首要目標，爲股東創造最大收益，同時顧及其他的利害關係人（stakeholders），像是消費者、供應商、社區、政府，以及自然環境等的權益；社會企業是以實現社會公益或環境保護爲主要目標，透過商業獲利的模式，達到永續經營的目的。對於社會企業而言，獲利主要用於組織的持續運作，以及投入更多的社會與環境項目。社會企業有多樣形態呈現，可以是非營利組織，或著是公司型態。木匠的家個案，是以社團法人型態組成的非營利組織，透過二手物品販售以及其他捐贈方式，達到「人休習，物修惜」的目的。成立超過20年的木匠的家，已經發展成爲多角化經營，不僅照顧弱勢、推動環保與循環經濟，更藉由志工陪談與跨文化交流，讓人找到生命意義與人生的方向。

壹、成立背景

木匠的家全名爲「木匠的家關懷協會」，成立於1999年，由沈仁娣、劉修榮、吳玉珍、柯德仁、麥宇文以及美國人傅曉杉（Chris Fischer）等六位來自於桃園中壢地區的好朋友共同發起。當年他們一起坐在一間飲料店，分享「國際青年使命團」（Youth with a Mission）在淡水小鎮經營咖啡館「Rock Coffee Bar」的經驗。任何人可以到「Rock Coffee Bar」，喝著免費咖啡，聽著優美音樂，欣賞來自各國志工的表演。那裡不但提供溫馨舒適環境，還可以學習英文會話，因此吸引許多年輕人前來駐足。

1　中原大學國際貿易學系助理教授。

他們看到大臺北地區有如此好的休閒場所，因此想在桃園地區成立類似店面。1999年那個年代，桃園中壢一帶有許多撞球館，青年人在裡面打球消磨時光，甚至流連忘返。看到這群青年人將美好的生命與大好學習光陰，消磨在撞球館，更加深他們想要成立一家咖啡館，提供免費的咖啡與飲料，讓青年人可以駐足，與青年人分享生命的意義，讓他們找到人生方向。其中，美國人傅曉杉是位基督教牧師，妻子是臺灣人，因此可以說一口流利中英文。於是想透過英文對話方式，吸引人來此喝飲料，幫助青年朋友學英文。

咖啡館場址選定後，很多的桌、椅和櫃檯等裝潢所用材料，大部分以松木爲主，透過會員和義工們，有如木匠般，敲敲打打所完成。而他們共同信仰的「耶穌基督」是一位木匠，從小生長在「木匠的家」，於是就以「木匠的家」爲這家咖啡館的名字。

貳、公益二手店

木匠的家咖啡館成立後，許多器材，像是咖啡壺、杯盤、掛飾等都是向外募集。後來各界捐贈物品過多，於是以小型跳蚤市場方式販售，販售所得用來補貼房租以及飲料等費用。後來許多社區民眾知道後，就將家中不用的二手物品捐贈給木匠的家，東西也越來越多。同時，咖啡館開張後，走進來的民眾，除了原先設定的青年族群外，也有不少中高齡或是身心障礙待業者，在咖啡館和他們交談後，會發現他們有經濟的壓力，然而受限於身體狀況與年紀，很難在外謀職。

到了2004年5月28日，木匠的家執行行政院勞委會（勞動部前身）職訓局多元就業開發方案「愛我們的家——環保再用新回收計畫」。在計畫協助下，木匠的家在2004年成立了「公益二手店」，將二手物品販售所得，僱用身心障礙與中高齡就業者。公益二手店透過回收民眾家中淘汰且堪用各種物品，提供弱勢族群整理、清潔、維修以及販售等工作就業機會。勞委會則擔負員工薪資每人一年，期滿後視需求得由木匠的家繼續留用。勞委會計畫一直持續到2010年12月31日結束，計畫結束後，一些當年僱用的員工，繼續留下來，協助經營這家二手店。

隨著民眾愛護地球的環保意識增強，將家中用不到的東西品捐贈，從生活用具到家電產品等日益增多。除此之外，國內企業，機關行號，甚至歇業店家，也將堪用的二手家具和百貨等捐贈。二手物品進入店內後，先要經過清潔、修理、分類和上架販售等流程。二手店員工也隨著貨品的增多，人數也逐年增長。專職員工外，附近學校與社區民眾也紛紛前來擔任志工，協助物品清潔整理與上架。

2004到2010年底這六年半的多元就業開發方案，讓木匠的家二手店初具規模，並且具備物品回收再用和修復能力，當勞委會計畫停止後，木匠的家在2011年，轉型爲桃園縣（後升格爲桃園市）環保局大型廢棄物與環保再生物品修惜站，繼續以「二手家具館」及「二手百貨館」服務社區民眾，並提供就業機會給弱勢族群。

一、物的修惜站與再生木作

桃園地區民眾家中如有堪用家具需要丟棄，環保局會轉介他們捐贈給木匠的家，木匠的家也在2007年底，獲得民眾捐贈一臺貨車，可以前往外地載運家具。二手物品修惜站開設後，一些捐贈的家具櫥櫃，因爲破損需要整修、打磨、上漆，於是木匠的家又成立木工廠，修復後讓這些物品可以販售再使用。一些裁切掉的廢木材，學校報廢的課桌椅，或著廠商不要的木棧板，透過木匠的家木工和志工們的巧手與巧思，設計並拼裝成桌子、椅子、鍋墊、杯墊或置物箱等再生木作。再生木作不僅讓原本要丟到焚化爐燒毀的木材，得以再次被使用，也讓木匠的家可以藉由不斷的創作，生產可供販售的物品，增加營收，讓弱勢員工可以繼續工作。再生木作也可以讓企業界大批訂購，作爲公司禮品，送禮外更可推廣環保再用理念。

二、志工小棧

回收物中，有些是臺灣早期使用的物品，像是黑膠唱片播放機、撥鍵式的電話以及鑲畫的檜木床，這些物品具有歷史保存價值。爲了提供志工來木匠的家服務後，有個可以休憩地方，於是用這些可使用，又發思古之幽情的家具打造出「志工小棧」，提供志工住宿。

許多國際志工非常喜愛此處，經過信息傳播，木匠的家時常接待來自世界各地志工，來此志工換宿。

志工伙伴走入志工小棧，有如走進博物館，看的用的都是具有歷史感與文化意涵的物品。國外朋友住在志工小棧，可以感受體驗臺灣早期文物，讓他們在志工服務之外，認識歷史文化。

三、再生衣作

在各界捐贈物品當中，舊衣佔比重最高，每年透過民眾親自送來或著物流宅配運來的回收衣物多達萬包。這些回收衣當中，有污垢破損的佔了近四成，無法上架販售，只能焚化處裡。在2016年，曾經到澳洲學習服裝設計的李亞俐小姐，在澳洲時期接觸到將二手衣改造，回到臺灣，來到木匠的家工作，將這些無法販售的衣物拆解，經由拼裝搭配，變成再生衣作。設計好的再生衣作樣式，透過中高齡或弱勢族群來車縫，然後再販售或經由一些走秀活動，推廣環保時尚觀念。

再生衣作的運作模式，首先是從回收有汙損衣物中挑選適合進行再製作的衣物，牛仔布料耐磨適合改造，可以設計具有丹寧風的衣物或飾品。挑選後的衣物要進行拆解，將鈕扣原來縫線拆開，然後按照顏色深淺歸類。接下來設計師發揮創造力，根據衣服特質與需求，設計出簡約又有風格的衣服或飾品。設計好後則由裁縫師根據樣圖，完成作品。舊衣拆解再製作，可以是創意新衣、椅套、環保袋、圍裙等用品。

四、小結

公益二手店經過多年的發展，已有相當規模，因此將這些回收二手物品分成生活用品部、家具部、衣服部、電器部以及輔具部等部門。另外，設有木工房，作爲修復與再製用途。衣服部又分爲衣服整理與衣服改造兩個部分。在業務性質方面，區分為環保再用與創意再生兩個部分。環保再用是將可用的二手物品經過清潔修復後直接進行義賣；創意再生則是透過創作，將原本要送進焚化爐的物品，製作成新的可用物品，賦予新的生命。目前創意再生包含再生木作與再生衣作兩大部分。

參、人的休習站

雖然木匠的家二手店不斷的成長，然而設立的初衷，是幫助人找到生命的方向與意義。這份使命，一直是木匠的家最看重的工作。因此，木匠的家希望人走進來，休息並且學習。成立咖啡館，希望讓年輕人走進來，喝免費的飲料，有志工陪談，談人生學英文。之後，公益二手店設立，僱用身心障礙與中高齡就業者，讓這群弱勢族群，藉著木匠的家提供的工作機會，重新找到生命的意義，發現自己的生存的價值。

一、職涯中繼站

木匠的家提供弱勢就業機會，希望這群弱勢朋友把這裡當成自己的家，也鼓勵他們有一天能夠融入社會，找到一份可以安身立命的工作。畢竟，木匠的家所僱用的員工，雖然依照政府所訂定的標準給付薪資，但無法像私人企業，可以有較佳薪水，或著逐年調薪，甚至有豐厚的年終獎金。對於長久待業的弱勢族群，有相當程度社會疏離感，缺乏商業溝通與職場歷練。在木匠的家工作時，透過教育訓練及演練，可以讓增進他們工作熟稔度與信心。做為與社會銜接的橋梁，木匠的家希望成為這群工作夥伴的職涯的中繼站。過去這些年，木匠的家創造了200多工作機會，幫助超過90位員工重返職場，為社會做出積極貢獻。

二、才藝施展站

有句話說，「當上帝為你關起一扇門，同時也會為你開啓另一扇窗」，一些身心障礙者，雖然某些地方有限制，但他們卻在其他地方展現過人的才華。一位木匠的家員工是視障者，對於電器修復卻很在行，很快就會發現問題所在，經過巧手修復，產品又可使用。一位聽障者具有藝術才華，能夠將民眾捐贈的馬克杯與銀線，結合植物，編織成美麗的盆栽。因爲木匠的家物品的琳瑯滿目，給予員工創意發想空間，也鼓勵員工將這些二手物品加以變化利用，創造獲利機會，因此造就了這些人一展才華的場域。員工除了工作所得，可以從自創物中受到接納與肯定，獲得成就感，以及心靈上的滿足。

三、認知休憩站

臺灣內政部在2018年4月宣布[2]，全國65歲以上老年人口占總人口比率在2018年3月底達到14.05%，也就是說，7個人當中就有一位是老人，依照聯合國65歲人口超過14%就達「高齡社會」標準，臺灣正式宣告邁入高齡社會。桃園市65歲以上長輩，截至2018年7月底也達到24萬5,316人，其中失智長輩近兩萬人。失智症者及擔負起照顧責任的家屬，都承受相當大的壓力，桃園市社會局自2018年起在市內各區選擇一個機構，成立「認知休憩站」，健全失智症照護網路、提供失智症照顧者支持服務、預防罹患失智症，並且讓社會大眾認識失智症，對失智症者抱持友善態度。

木匠的家長期關懷社會弱勢族群，環境中有許多老舊物品，可以勾起失智症者回憶，員工中有社工師及豐富社會服務經驗者，加上多年來建立的志工與社會網絡，成爲中壢地區的認知休憩站。認知休憩站成立後，木匠的家提供失智者認知促進活動，透過簡單的運動或遊戲，對失智症者腦部的認知功能產生正向的刺激，提升手部握力及吞嚥功能，讓長輩除了維持生活功能，更提升生活品質，延緩退化。同時提供失智照顧者家屬一對一關懷會談、家屬支持團體、安全看視、喘息小歇空間，讓家屬獲得喘息的空間及機會。

2 參見《聯合報》，2018年4月10日，https://udn.com/news/story/6656/3078328。

四、小結

木匠的家從一開始關心青年人，藉由免費飲料，吸引他們走進來，坐下來休息，讓他們學習英文，跟他們分享人生經驗，引領青年朋友找到人生方向。後來透過二手物品販售，提供弱勢族群就業機會，讓他們尋回生命尊嚴與價值。自2018年起，藉著健康促進活動，幫助失智症患者，讓家屬獲得喘息感受到溫暖，提升社區民眾對認知障礙的認識。

肆、與大學連結

木匠的家收到的捐贈物資需要分類整理上架，部分物品，像是家具與電器用品需要修復才能販售，有限人力無法負荷龐大工作。對於中高齡長者，或身體上有障礙的員工，工作的強度和難度加大，更成爲一個重擔。

木匠的家所在地附近，有數所大學，特別是中原大學（以下簡稱中原）與健行科技大學兩校距離最近。最近幾年，大學看重與社區的連結，善盡大學社會責任，鼓勵師生從事服務學習。木匠的家在弱勢照顧與環保再利用等各項條件都很合符合大學教育宗適，成爲師生長期服務最佳處所。不同於一般的志工服務，與大學科系專業領域結合的服務學習，可以讓師生透過所學專業，應用到像是木匠的家這類型的社會企業。對於沒有財力與缺乏專業人力的社會企業，大學的注入，有如春雨降臨般的可貴。下面介紹幾種大學如何協助木匠的家的服務學習模式。

一、空間設計

木匠的家所有使用的場地都是承租來的，自己本身並沒有房舍，這些原本供居家或商業使用的場地，需要做大幅整修與空間調整，才能符合木匠的家需求。中原室內設計系師生，協助改造原先咖啡館，用回收木材與家具，勾勒出歐式鄉村風格。改裝後，設計感十足的咖啡館會讓人想要久坐品味。

二、家電檢修

爲了鼓勵社區民眾將家中故障的電器用品不用棄置，得以修復再使用，中原電機資訊學院學生發揮他們此方面專長，在木匠的家舉辦電器檢修服務。同學們面對各類型電器，從老式風扇、烘碗機，到桌上型電腦，一邊找出問題，一邊想方法修復，將平時學校所學理論，運用到實際生活用品，達到做中學，學中做的目的。

三、行銷規劃

木匠的家的宣傳，多半依靠知道的民眾口語傳播，或著透過媒體報導及網路相傳，受限於財力，負擔不起費用高昂的媒體廣告，工作人員也缺乏行銷專業。中原商學院國貿與企管系老師透過行銷學課程，結合服務學習，經由學生發揮創意，設計網路或實體行銷，幫助木匠的家商品可以快速流通。同學們也可以藉由問卷調查，了解消費者想法與意見，幫助木匠的家改善產品銷售與服務。學生也會在校園募集二手衣物，或著自木匠的家帶二手物品，在校園活動中義賣，將物資或著義賣所得捐贈木匠的家。

四、社區教學

木匠的家咖啡館不僅可以做爲陪談地方，也可以成爲社區教學場所，中原電機資訊學院師生，針對社區長輩，開設「如何使用智慧型手機APP功能」課程，讓銀髮族能夠用手機拍攝美麗照片，使用網路通訊軟體，能夠和親人互動，增進生活便捷性與樂趣。「社區節電」課程，讓民眾認識各種電器用電量，以及如何節能省電，不僅爲自己減少電費開支，也降低電力浪費。

爲了幫助失智者，中原電子系師生團隊，透過體感復健遊戲，陪伴著失智長輩進行各項有趣的認知訓練。在互動過程中，青年與銀髮之間，彼此產生共學情感，同學更能了解長輩需求，長輩們也因爲有青年人陪伴，心情也會變得更好。

五、創意發想

師生們無限的創意，搭配木匠的家各種二手物資，也會創造出許多可能。2014年聖誕期間，中原商業設計系師生，以木匠的家回收素材，製作成「環保聖誕樹」，在中壢火車站展出，搭配中原教職員詩班快閃演出，展現活力中壢，也兼顧環保。

六、小結

大學師生透過服務學習課程，結合專業與創意，協助木匠的家，從空間到行銷，並且關懷附近社區，不僅將所學應用實際情境，更是大學對社會責任的彰顯。在服務中，除了專業方面的應用，學生也在潛移默化中，學到愛物惜物的觀念。在社區教學過程中，可以感受到社區與長輩們的需要，在未來人生中，可以更有同理心的提供服務。

伍、木匠的家的挑戰

木匠的家自1999年成立以來，從六名志工，一間小咖啡館，到如今承租六個店面，擁有超過30名員工的社會企業，迅速成長也帶來許多挑戰。以下從財務面、經營管理面與人力資源三個面向來探討。

一、財務面

木匠的家面臨最大的挑戰就是財務上的入不敷出，從1999到2019這二十年間，除了2015到2017這三年因爲勞動部「培力計畫」提供數名專案人員薪資，讓收支平衡外，其餘各年都是赤字。

木匠的家主要收入來自於義賣收入，占所有收入75%，其次是來自於各界捐款，占13%，最後則是政府補助與活動收入，占12%。開銷方面，人事費用（含勞健保費）比重最高，占60%，其次爲房租，占14%，其他項目，包含行政、關懷、義賣等，合計占26%。每個月，人事費（含勞健保）加房租，超過100萬元。隨著政府調高最低薪資與時薪，人事開支也隨著增加。憑藉二手物品販售要能支應人事加房租，難度相當的高。

各界捐贈二手物品來源不定，良莠不齊，很難有穩定收益。民間消費也受到天氣因素影響，木匠的家公益二手店沒有空調設備，夏季炎熱，影響消費者在內停留購物意願。至於捐款，這些年因爲經濟大環境不佳，個人與企業捐款，都有下降情形。

二、經營管理面

木匠的家現有三十幾名員工，其中70%是弱勢族群，身心障礙者因爲身心因素，面對顧客時常常會產生一些誤解，因而產生顧客不滿或糾紛。如何提升長期與社會脈動有些疏離的身心障礙員工顧客服務滿意度；如何讓來消費的顧客能夠接納這些員工「不完美」的服務，員工與顧客都有要學習的功課。

木匠的家物品皆是捐贈而來，二手物品樣數多，品質參差不齊，如何定價也是一大挑戰。東西標價較高，消費者購買意願就低，標得低，收入就會減少。二手物品進來，尤其是大件家具等物品，需要空間儲放，木匠的家現有空間已經趨於飽和，除非物品很快賣出，否則新來大型物品沒有地方擱置。

三、人力資源面

不同於一般大企業制度完善，升遷管道暢通，木匠的家只是中小型社會企業，能夠提供的管理職位與升遷有限。受到財務困窘影響，無法像一般企業提供較佳待遇，難以吸引年輕又有專業的管理幹部。部分曾經因政府「培力計畫」而受雇的優秀管理幹部，在木匠的家期間，積極投入，也熱愛所從事的工作，隨著計畫的結束，爲了尋求個人更好的生涯規劃而離開。如何吸引且留住具有專業的優秀青年夥伴，將是木匠的家另一項挑戰。

陸、總結

木匠的家以社團法人非營利組織的方式成爲社會企業，透過販售二手物品，僱用身心障礙與中高齡就業者，希冀做到損益平衡，自給自足，能夠僱用更多弱勢族群，完成更多社會公益目標。從1999年一家免費咖啡館，讓人來此可以找到生命意義，到現在擁有「公益二手店」、「認知休憩站」以及「志工小棧」等，做到「人休習，物修惜」的目的。一路走來，雖遇到不少挫折困難，總能克服度過，運作超過20年，這裡面有天助、人助和自助。

木匠的家成功的要素是讓人與物重生的宗旨，符合人類社會與時代環境的需要，因此能夠吸引許多志同道合的志工，從海內外，從校園中，從各個領域，前來協助打造木匠的家，讓木匠的家屹立不搖。透過社會的愛心，愛心捐物捐錢，愛心購買者等，讓木匠的家雖然人力財力有限，卻能持續增加人手，增加服務範疇。

隨著環境汙染日趨嚴峻，如何降低對環境的負荷，讓不堪使用二手物品找到新的出路，也爲木匠的家增加營收，因此木匠的家也以「再生木作」和「再生衣作」，開發出美觀、實用又環保的新品。販售此類物品，獲利之外，同時也是傳遞「再用就好」這概念，希望能夠對環境做出貢獻。

木匠的家不只是一個做公益的據點，也是一個推動公益的平臺，透過此平臺與外界產生連結，特別是鄰近的大學，讓師生一起從事服務學習，藉著專業服務，一起打造木匠的家。這些專業服務，不僅舒緩專業人力不足的困窘，更用創意和志工投入，一起將木匠的家打造成一個充滿愛的地方。

思考問題

1. 在你（妳）所學的專業領域，有哪些可以從事的服務？可以產生哪些效益？
2. 木匠的家在現有規模下，還有哪些是可以推動且能獲利的工作？
3. 木匠的家個案是可以複製在其他地方嗎？為什麼可以？為什麼不可以？

木匠的家外觀

公益二手店

再生木作

再生衣作

跨文化交流

第十五章

桃園前空軍基地及大海社區

李明彥[1]

壹、計畫緣起

位在桃園大園區的桃園國際機場，每年承載4600多萬旅客、230萬公噸貨運吞吐量、25多萬次航班起降，每天保持如此緊湊忙碌步調的民用機場，在南面的大海社區中有一個安靜且神祕的軍用機場。這個軍用基地於1944年由日本人做爲南向進攻的基地而建立，歷經第二次世界大戰、國民政府遷移來臺、冷戰等世界共享歷史事件，現在的軍用基地面臨了空前絕後的存亡危機，由桃園市政府主導的桃園航空城計畫，預計將基地重劃成新興的商業住宅混合區，蘊藏豐富軍事歷史的軍用機場將蕩然無存。

本校商學院企業管理學系團隊承接教育部「發展以學校爲核心之社區創新創業發展計畫」以及大學社會責任「團結經濟、文化夥伴-桃園大海社區文化創生計畫」，持續深耕在大海社區與其周遭的軍用基地及陳康國小場域，運用跨領域專業教師團隊爲桃園市大園區大海社區進行區域問題盤點，投入專業資源，協助社區進行創新發展。

本團隊教師團隊深入社區後，發現桃園市大園區大海社區緊鄰桃園國際機場，一方面過去有軍事安全考量，另一方面建築高度受限於航空安全要求，該區域發展一直受限，現階段仍保有許多農村樣貌。近年更因高鐵、捷運相繼通車，桃園市人口持續穩定增加下，桃園市政府更提出航空城計畫，期望以大園作爲主要中心，利用其便利的交通優勢，打造一個兼具商業、教育、人文的新興都會區。然而，一個大型的都市化建設時常伴隨著對在地人文的破壞，大園區大海社區內的前空軍基地歷經日治時代、

1 中原大學企業管理學系副教授。

二次世界大戰、國民政府遷移臺灣及冷戰時期，承襲豐富的歷史及空軍文化，另陳康國小前身是空軍附屬小學，已建校超過60年，學校緊鄰桃園國際機場第二跑道，歷史悠久，並建立了良好的航空教學成果。近年因航空城發展需求，基地除了桃園市政府市定的七處古蹟外，皆將夷爲平地，而陳康國小也面臨廢校或遷校問題，大海社區的歷史文化傳承岌岌可危。

桃園市一直以來都是扮演著雙北都會區的衛星城市，主要產業發展以民生工業爲主，即便國際機場建置在此，桃園市也僅是扮演著人流與物流的樞紐，作爲整體臺灣近代發展的推手。爲雙北服務的工業結構使得桃園長久以來較不重視人文關懷議題，進而缺乏自己的在地文化論述。然而，我們認爲一個城市若想永續發展，必不能缺少在地人文論述，提供市民追尋其發展軌跡，進一步有能力想像其未來樣貌。尤其近年聯合國永續發展目標持續推動，本計畫認爲城市的永續不應造成社區的破壞，反之，一個負責任的城市永續機制，正需要考慮在城市快速擴張的歷程中，如何善用原有社會網絡所組成的社區結構，作爲城市發展的基礎，傳遞社區共同記憶、延續文化價值觀、永續社區內成員互動機制，才有可能眞正促成城市與社區的永續。換句話說，社區永續，城市才得以永續，否則城市僅是一個匯聚大量人口區域的代名詞。

大海社區的現在與未來，正是臺灣現代化發展的一個鮮明的縮影，即隨著都市的擴張，重劃區內居民將被重新安置，原有社區搬遷，原有的生活記憶將直接被移除。然而，城市因發展需要，透過重劃、變更使用目的、重建生活系統等方式，時常是受到原有居民歡迎的。經兩年的計畫執行歷程，本團隊發現近兩年原有陳康國小及其周邊眷村場域，在居民的期待下，將有大幅度的拆遷規劃，但居民卻忽略經濟誘因所帶來的負面效果，即其原有的生活記憶，家族延續的軌跡都將被抹滅。

有鑑於此，本計畫將會延續既有的航空文化教育、文化商業產品發展、以及區域商業模式建構等工作，致力於重建大海社區土地與人民間斷裂的歷史文化，並且建立全新的文化創意產業聚落，爲臺灣文化創意發展，提供一項新的里程碑。

貳、社區問題盤點

中原大學自創校65年以來，以「全人教育、生命關懷」爲宗旨，透過教育持續實踐社會責任教育理念，深信學生的品德教育是一項長期且持續積累的工程。爲了善盡大學社會責任，鼓勵師生貢獻所學、服務社會，率先設立「服務學習中心」，統籌全校服務學習相關課程與活動，訂定課程制度與師生獎勵辦法，舉辦服務學習研修課程及國內外營隊。藉由服務學習做中學的精神，培育學生專業服務之實踐能力、國際視野，更與區域高中服務學習攜手計畫，推廣服務學習理念，讓全校師生在實踐中學習專業，進一步落實全人教育理念。

基於中原大學「善用知識，力行社會公民責任」的校務發展主軸，以及「社會設計、服務學習」的實作方針，對校區鄰近地區的人文、社會、及產業環境進行檢視。緊鄰中壢區的大園區，在近年推動航空城的計畫下，對大園地區造成巨大的衝擊，大量土地被徵收，大批人口被迫遷移，原有的人文風貌正在逐漸消失。其中機場南側的大海社區，在空軍基地與眷村搬遷後，原有在地居民不斷外移，外來弱勢人口持續移入，導致居民與土地的連結斷裂，重要的歷史文化逐漸凋零。換句話說，大海社區即爲城市現代化變遷的典型案例，隨著都市擴張，在地特色即將犧牲殆盡。

全球化推進過程中，緊鄰桃園機場跑道的大海社區及其周邊的前桃園空軍基地、陳康國小的變遷就是後進國家發展的歷史縮影，國家與地方的需要，主導了社區的發展面貌。大海社區位於民用機場的南側，早在日治時代初期，官方地圖上已有記載大海里的聚落。大海里過去因爲土地多濕草木肥，以農耕爲主，家家戶戶放牛，故有「大牛稠」之稱；另外，「水斗仔」因爲氣候多雨得此之名，又因爲大水沖倒土屋，而有「倒厝仔」的形容，本社區的三大區段由此而來。

國民政府撤退來臺後，接收了日本遺留下來的桃園飛行場，在冷戰時期，由於美國與蘇聯（以及中華民國與中華人民共和國）兩廂敵對陣營的對立，飛行場搖身一變成爲偵查敵方軍情的重要基地。前桃園空軍基地歷經日據時期、二戰、冷戰時期，同時也是臺灣保存最完整的基地，更是臺灣難得能與世界各國共享歷史的重要古蹟。位在軍用機場旁邊，社區四周爲建國 8、9、10、11等眷村群，並有一所空軍子弟小學，即爲現在的陳康國小。它的前身是「空軍總部附設桃園小學」，乃是國家爲了這些飛行軍官軍眷子弟所設立的學校，是全國十三所「空小」之一，成立於1951年，爲了紀念陳康將軍而於1968年更名。全盛時期，陳康國小的學生多達1417名，是許多空軍子弟的母校，更是我國空軍將領的重要搖籃。

時值今日，爲了全球競爭的需要與地方發展的利益，2010年由當時桃園縣政府提出的「桃園航空城區域計畫」，這個臺灣有史以來最大的開發計畫，再度左右了大海社區、前空軍基地、陳康國小與鄰近社區的命運。1998年空軍基地遷移加上眷村改建原有居民搬出，陳康國小學生人數銳減，而大海社區原以農業、運輸、倉儲小型工業爲主，由於航空城計畫的推動，房地產業開始興起，在地居民大量拋售土地，人口大量外移，留下大量的租售業廣告及房仲店鋪，產業失衡日益嚴重。在歷史浪潮的推擁下，土地與居民的連結不斷撕裂，在無法改變外在環境的激烈變動下，居民是否仍然能記住這片土地的歷史記憶呢？社區是否具有足夠的韌性能夠維持住基本運作？

大海社區與基地的未來，不得不關照航空城的開發計畫，此有史以來最大的開發案，由中央與地方聯手，屬於蛋黃區的機場園區由交通部民航局負責，被認爲是蛋白的機場周邊地區則由改制後的桃園市政府主責。桃園航空城計畫面積約4687公頃，區段徵收面積高達 3155 公頃，其中交通部負責的蛋黃約有1480公頃，桃市府負責的蛋白區分成一、二期徵收，面積分別爲1160、514公頃，至少影響2萬多名地主並拆遷8000多戶居民。由於影響層面範圍廣大，同意或反對均有聲音。正方居民表示，桃園的農地多受空汙、重金屬汙染，不宜農牧。依據農試所全國普測農地土壤重金屬資料，全臺一共1113個重金屬汙染超標地點，桃園市有478汙染處，爲全臺最嚴重的縣市；而環保署2002-2015年汙染農地案件中，桃園市列管的有1280件，面積達150公頃，航空城計畫徵收農地僅占全市

5.3%，但根據農委會的意見，本案對糧食安全並非影響輕微。開發計畫案涉及大規模的土地取得，仍存在許多爭議與不確定性，然而耐人尋味地，該區域的土地買賣卻已進行地如火如荼。隨意在網路上搜尋大牛稠、大海里、大園等字眼，跳上眼簾的是大批農地與土地仲介買賣，而且每筆交易金額都令人瞠目結舌。

一、航空城重劃區裡的荒謬現象

1. 房仲比超商多：目前青埔與大園區無人居住的大樓四處林立，且一樓店面皆是房仲店鋪，產業道路上也都是房仲廣告，完全沒有城市應有的人氣，也沒有任何與航空城特色上的連結，與政府城市發展方向背道而馳。
2. 人口結構持續改變：目前大海社區舊有人口外移嚴重，人口統計約有1908戶，但經實際上的訪查，居民知道維持戶籍所在可以領取補貼，實際居住地居民數更少，加上原有居民賣地持續搬出去，弱勢居民持續搬進來，長期發展下，社區居民對大海歷史文化不了解，同時也失去新舊居民交流與連結，社區發展停滯不前。

二、瀕危的文化歷史

1. 眷村社區沒落：隨著基地遷至花蓮，眷村遷村，原有居民人口外移嚴重，移入新居民沒有當初眷村的記憶，對當地歷史也不甚熟悉，難以有保存眷村文化的社區意識，導致眷村逐漸荒廢，周遭也跟著沒落。
2. 空軍的歷史足跡逐漸消失：1998年空軍基地遷移至花蓮，再加上眷村遷離後，大海社區唯一有空軍歷史足跡中的陳康國小也無一倖免，現今學生數只有50餘人，且多爲弱勢家庭或是適應不良的學生，曾經是空軍將領搖籃的陳康國小，雖擁有豐富空軍歷史的校區，卻因此瀕臨廢校，陳康空軍歷史保存出現危機。
3. 日治時期史實缺漏：桃園前空軍基地擁有日治時期、第二次世界大戰、國民政府撤退來臺、冷戰等豐沛的歷史文化，然而，國民政府來臺後，文化的推廣重心爲忠黨愛國，極力消除日本殖民的痕跡，缺乏包容多元性，民國63年頒發「清除臺灣日據時代表現日本帝國主義優越感之殖民統治紀念遺跡要點」，使得日治時期的歷史消失殆盡。

參、執行策略

大海社區具有豐富且多樣的歷史面貌，如：二戰時期的日本神風特攻隊起降場及冷戰時期的U2偵查中隊，這段與主流世界所共享的記憶，正是大海社區最具文化價值的歷史特色，但這些極具歷史價值的資料卻也隨著日軍的撤守，軍隊的移防等問題，漸漸消逝在歷史的洪流之中，同時，除了獨特的軍事色彩逐漸消失外，原本駐軍與家眷的生活記憶也隨著舊有居民的遷出，弱勢族群的移入，漸漸褪色。

因此，本計畫針對「人文教育深耕」、「歷史現場經營」、「文創經濟設計」等三大面向做爲主要執行策略，並分爲國內及國際兩個方向執行，其分別對應到大海社區當中的人文價值、場域歷史及商業發展可行性，本計畫透過不同面向之策略來完整保存大海社區的歷史痕跡，同時，以豐富多元的角度與國際連結，透過日本與臺灣的相互交流找回臺灣與日本間共同的歷史記憶，並且藉由汲取日本對於文化保存及軍基地轉型的經驗，讓大海社區得以在現代化的趨勢中保留那難得與世界共享的歷史記憶。

一、人文教育深耕

在現實中的逼迫之下，大海社區的維持和記憶受到了挑戰：空軍附屬小學逐漸沒落、學生多爲弱勢家庭子弟以及產業發展等受限制，這對桃園市而言，是場無痛癢的致命衰退。面對眼下的環境，學校應該需要扮演什麼角色？現階段所面臨到的迫切改變，所見到的情況，有些可能只是爲了短期獲利，而不是爲了深入研究或闡述這社區原本的面貌；此時人文教育就必須從新開始，從最細微的社區訪談到深入地進入小學至大學的課程之中，若記憶和歷史會失傳，就將其從小深植在在地人的心中、留住淵源，使最初的第一手記錄得以保存。

身爲桃園新興子弟的一份子，理當肩負著比成就自我更大的義務與責任。讓學生能從來自哪裡以認識自己，去了解同學間的不同身份、經驗和背景，而自己又能在鄉鎮、社會上發揮怎麼樣的影響力。透過各式的課程與在地學校的合作，學生能將所學用在眞實世界中，更透過參與社會責任實踐計畫管道來服務社會，更期望學生能自動自發地去發現並且解決社會問題。

此策略實際執行項目包含研發臺日社區教材，藉由建立清楚明確的歷史資料可以讓居民、國人、世界知道淵源，不輕易的忘其根本；保存歷史記憶的方法，口述歷史是最直接記載的方式之一，從實地考察到訪談初始到這裡生活的居民，以文字記載保留記憶，讓歷史可以永久保存；由通識中心所開設的「桃園學」的系列課程，能帶領桃園子弟能夠更加了解桃園在地文化，使桃園大園區的歷史資產將能累積並被推廣，拉近學校與社區之間的距離，並對桃園產生認同的情感連結；開設大園區特色航空課程，定期開設航空特色教師培訓工作坊，培養能夠研發以大海社區特色教材的教師。

二、文創經濟設計

本計畫最終冀望可以透過保留下來的文化資產重新幫助大海社區自給自足，透過本計畫所留下的歷史文化與人文，幫助大海社區的居民可以透過自己生活的社區來創造商業模式，與此同時也幫助社會更加了解這段難能可貴的歷史文化，這將使得大海社區居民不用再爲了生計離鄉背井或四處奔走，而是可以在自身的社區安身立命甚至以自己所生活的社區爲榮。

此策略實際執行項目包含航空營隊推展，由大海社區與陳康國小航空特色出發，與陳康國小合作舉辦營隊，在週末、寒假、暑假舉辦短期與長期的航空營隊；開辦文創市集聚落，協助居民媒合合適的文創團隊、藝術團隊入駐到當地，同時規劃出市集範圍，打造文創、藝術市集文化；活絡區域經濟，根據社區的背景故事設計合適不同客群的深度旅遊，包括以航空、軍事基地爲主軸的旅遊項目。

三、歷史現場經營

大海社區是個充滿歷史韻味的社區，擁有豐富的眷村與空軍特色的歷史物件，我們希望能保留老建物原始的面貌並融入擁有大海社區的元素進行改造，藉由建物的保存，喚醒原有居民的歷史記憶的同時，也能使大海社區的下一代能透過這些充滿故事性的舊房子，繼續了解與傳承當地的人文與建築故事。

此策略實際執行項目包含社區據點建置，社區辦公室不僅保留在地居民的歷史回憶，也讓居民藉由此空間凝聚之間的情誼；以古蹟導覽告示的形式，呈現大海社區豐富的歷史過去，不只讓當地的居民能夠共同認識地方的歷史，也能讓外來的人民快速認識大海社區的歷史文化；召集前空軍基地周遭社區里長、及對基地影響深遠之重要人物，成立社區重建委員會，委員會負責統籌社區資源、協助活動舉行並發展社區教育，營造社區特有文化，使居民認識社區、了解社區、改變對社區的態度與看法，進而增進對社區的歸屬感，產生社區凝聚的心理；召集大海社區附近居民以及中原大學師生成立大海社區古蹟導覽團隊，透過有熱忱、有理念的領導者凝聚社區意識，導覽員負責在大海社區協助導覽解說、基地周圍社區與國小。

藉由此計畫，善用學校資源，持續在媒體、社群或是各式網路平臺去宣傳我們的理想，以期望讓同樣身處的同片土地的國人認識這個社區，願意持續加入我們的文化傳承行列。種種故事層遞上去，形成強韌不催的金字塔，相信我們能做的不只是在地復興、在地創生，而是更是自省的認同這片土地。

肆、計畫執行成果

目前本團隊目前仍在執行大學社會責任「團結經濟、文化夥伴——桃園大海社區文化創生計畫」，我們認爲大學的功能不僅爲研究學術與培育人才，更以提升文化、服務社會、促進國家發展爲宗旨。爲強化大專校院與區域城鄉發展（社區、產業、文化、智慧城市）之在地連結合作，實踐其社會責任，本計畫以「人才培育」爲核心任務，並透過人文關懷及協助解決區域問題之概念，鼓勵教師帶領學生以跨系科、跨團隊或跨校串連之結合，或以結合地方政府及產業資源，共同促進在地產業聚落、社區文化創新發展，並增進學生對在地認同，進而激發在地就業或創業。

因此，本計畫案的執行重點在將場域問題帶入至課程以及活動中，由教師帶領學生至社區了解場域問題、進而解決問題。活動方面，本案從大海社區以及基地附近眷村出發，以及與文化局資產科共同合作舉辦2018與2019的全國古蹟日—「前空軍桃園基地設施群」古蹟巡禮活動。因其過去爲軍事基地，受到管制，民眾不易親近，惟該處係爲二次世界大戰至冷戰時期重要見證，故以其爲目標，規劃導覽員培訓、基地巡禮、DIY體驗活動等方式，深入淺出地引領民眾認識基地與臺灣歷史，進而達到連結與再現土地與人民的歷史記憶。課程方面，與本校之大學部的課程相結合，如透過本校的服務學習課程，藉由該課程的師生共同協助本計畫在未來的行銷規劃（行銷包裝、行銷企劃、行銷宣傳等）項目，或是藉由團隊管理課程的師生，帶領他們進入基地勘查，來對未來在基地活動時乃至基地周邊眷村社區活動時的人力分配及管理上的設計及規劃。

一、場域活動面

大海社區歷史背景的獨特性，本團隊進入社區約2年期間，不斷嘗試及連結政府機關及相關軍方單位，在2018年的全國古蹟日，透過桃園市文化局的連結，突破了與民航局及國防部的關口，之後再藉由本校與空軍間的淵源，更得到空軍司令部張副司令的支持，因此與政府間的協同合作實屬是本計畫案在執行期間的一大亮點。而在人才培育部分，本計畫案透過商管服務學習課程及桃園學系列課程，帶領學生實際走入場域，讓學生發掘議題，進而解決問題，107學年度服務大海社區的小組爲大海社區設計一系列28集的短篇故事，並舉辦報告貓班長活動，推廣大海社區歷史文化，眞正帶領學生做中學，學中做之教學理念，以下爲實際案例說明：

㈠2018全國古蹟日巡禮活動

與文化局文資科聯合舉辦之全國古蹟日活動分爲三項，基地巡禮、DIY工作坊、校園講習。基地巡禮爲參觀「前空軍基地古蹟設施群」，總共有297人次參與，並針對此路線培訓出7位在地解說員及8位小小解說員。DIY工作坊爲運用航空特色開發黑貓中隊相關手作課程，吸引桃園親子群眾，總共有154人次參與，希望藉此活動讓大家看見陳康國小與大海社區。校園講習至陳康國小及大園國小兩所小學推廣基地歷史文化，一共有112名小學生參與，有效達成向下紮根之教育理念。本次2018全國古蹟日巡禮活動達成引領民眾親近文化資產成效，透過導覽引領民眾親近文化資產，了解地方歷史與人文景觀，進而願意共同參與及保護文化資產。並連結並再現土地與人民的歷史記憶，鼓勵社區民眾參與，以收集並重塑歷史記憶，並重新建立人民與土地的連結。

參觀美軍暨空勤生活區

參觀修護棚廠區

參觀航空科學館飛機展示區

參觀35中隊飛機棚廠區

參觀照相技術隊營舍

參觀05警戒區

㈡2019全國古蹟日巡禮活動

延續2018全國古蹟日巡禮活動，繼續與文化局文資科聯合舉辦之2019全國古蹟日活動，活動分為基地巡禮、生存遊戲。基地巡禮延續2018年模式，至空軍基地參觀「前空軍基地古蹟設施群」，為配合大海社區神秘軍事背景，特別設計生存遊戲邀請熱愛軍事文化的民眾參與，藉由互動式的遊戲參與，並導入美蘇冷戰的背景故事作為活動主題，將冷戰的故事帶入遊戲，由教練講述故事情節，再把民眾分為美國與蘇聯兩隊進行對戰，每個梯次40人，一組20人，遊戲總時長30分鐘，希望藉由遊戲使民眾更了解基地歷史。

參觀美軍暨空勤生活區

參觀修護棚廠區

參觀航空科學館飛機展示區

參觀35中隊飛機棚廠區

參觀照相技術隊營舍

參觀05警戒區

生存遊戲進行照片

教練講解生存遊戲規則

㈢口述歷史訪談推廣計畫

與桃園市文化局合作口述歷史訪談推廣計畫，由宇瀚泉設計規劃與洄游創生主導，本團隊為輔，從中協助訪談及推廣座談事宜，目前已訪談多位退休軍官及社區耆老，並舉辦四場的推廣座談會，預計在今年底將訪談計畫集結成冊。

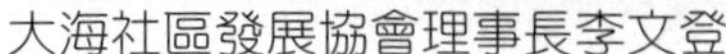
大海社區發展協會理事長李文登

座談會合照

二、大學課程面

由本校企管系、商設系、電子系合開之商管服務學習（108學年度已更名為商管企業社會實踐）為提升商業設計學生設計實務能力與企業管理學生企劃行銷能力作為主軸，輔以推動關懷生命、實踐學生專業學習，並以大海社區為主要學習場域，讓學生實際深入場域，針對場域多樣的問題需求，量身訂做的設計規劃。課程有7位教師，並搭配多位業師手把手帶領學生學習，學生進入社區盤點問題後，研擬出可執行的解決之道。學生發現要發展大海社區經濟問題，首先要讓桃園地區民眾知曉大海社區，因此設計一系列有關前空軍基地及周邊眷村為主題的28篇短篇故事，定期投放在大海航空基地粉絲專頁上，得到了近一倍的按讚粉絲數，以及月觸及率500以上的人次，並在5月份舉辦實體活動，邀請親子群眾參加，成功讓更多大小朋友了解基地歷史。

報告貓班長活動照片

宣傳海報

<美軍及少數黑貓隊員才可換證進入>

今天開始工作上崗站哨，站哨時遇到同是黑貓隊員的小黑，他要出任務了所以先來換證。換證聽起來好像很容易，但裡頭要經過層層關卡，為了確保任務的機密性，所以是極度保密的地方，只有我國總統能不用換證，直接進入一路暢通呢！

小黑說：「一到了門口哨站就是第一次的換證，在這還可以見到其他空軍弟兄、還能打招呼呢，但到了第二次的美軍基地門口換證，可沒這麼容易了，裡頭是只有美軍及少數黑貓中隊隊員才可以進入的。」我心想總有一天，我也要出任務，但在這之前，我得趕快做好份內的工作，好好站哨才行，不然，我連站哨都站不好怎麼能出任務呢！

黑貓繪本故事

伍、計畫未來走向

為了弭平城鄉落差，地方創生是由安倍晉三所提出的第三支能解救地方經濟的政策，臺灣與日本擁有難分難捨的淵源，更與臺灣一同共享了歷史的一個段落，而由於日本現代化開始的時間約早臺灣10至20年間，這使得日本已經發生了許多臺灣即將面對的問題，如鄉村與都市人口分布失衡等問題，都已經在日本造成嚴重的社會問題，因此，臺灣政府在2018年跟隨日本政府的腳步，將其立為地方創生元年，試圖利用日本政府的政策解決城鄉差異的問題。因此，本計畫依據政府政策，嘗試借鏡日本的現況來找出臺灣在面臨這些問題時的應對方式，同時日本也能藉由臺灣剛萌芽的情況來重新審視是否有其他辦法解決這些人口造成的社會問題。

日本對於自身文化的在地認同深化在每個日本人心中，日本從小學教育就將在地認同的概念融入每個課程當中，以提升學童對於自身家鄉的認識，這使得日本人對於自身文化保存的概念更加完善與堅定，儘管在快速現代化的潮流中，仍可以保留日本自身的文化特色，因此，本計畫將長期關注在地與全球議題，探討在全球化的潮流下，在地與全球議題的兩難，以下為具體行動項目。

一、仿效日本軍事基地成功案例

臺灣社會對於軍事基地想像主要仍停留在封閉且冰冷的印象當中，除了特定軍事迷外，多數人對於軍事文化的去留存廢等仍較不關心，這使得大海社區這段與世界共享的歷史也漸漸被埋沒在歷史的洪流之中，因此，本計畫嘗試連結日本軍事設施，如橫田基地及橫須賀軍港，並仿效今年四月去研習過的日本軍港橫須賀基地的成功轉型案例，重塑臺灣社會對於軍基地的想像。

二、臺日歷史記憶共享

大海社區中的航空基地極具歷史價值，其曾是日本神風特功隊的起飛場地之一，更是知名與美國軍方合作的黑貓中隊的所在地，但因為時代的變遷，許多資料都已散佚各處，其中，該機場的開端與前身，日治時期所建造的桃園飛行場之資料，更因爲朝代的更迭使得這段最具歷史價値的資料在臺灣現存的資料極爲稀少且找尋不易。因此，本計畫透過與日本學者交流找出這段珍貴的歷史記憶，爲這個與世界接軌的場域保留完整的文化根基。

三、社區營造交流

日本對於社區共識凝結相當的重視且具有許多相當成功的案例，因此本計畫欲汲取日本經驗，重塑社區共識，嘗試借鏡日本社區，找出成功關鍵因素，在與日本交流的同時探索日本成功凝聚社區共識的原因，以此做爲參考，思考出適合大海社區凝聚社區共識的方法。

大海社區現存居民有許多是非原本就居住在該地的本地居民，而是來自於其他地區所移入的，對於大海社區的歷史並沒有深刻的感受且目前大海社區的居民多數心思在於維持生計之上，加上居民需要離開社區方能找到合適的工作，這使得大海社區的居民鮮少能夠關心社區中的大小事務，這使得儘管大海社區具有相當豐富的文化歷史及特色發展的可行性，也難以藉由居民自身的力量打造文化特色來幫助大海社區創造就業機會。因此，本計畫將參考日本成功的案例，找出日本願意爲社區付出並且團結的精神的原因，學習日本如何連結社區居民，藉此強化大海社區居民的在地認同感，以此保留上存在大海社區的生活痕跡，以及凝聚居民創造文化價値的可行性。

第十六章

卓蘭雙連梨社會企業

李明彥[1]

壹、大學社會責任

一、大學社會責任

「大學社會責任」（University Social Responsibility; USR）是一種延伸自企業社會責任（CSR）（Sawasdikosol, 2009）的概念，Robbins（2009）將社會責任視爲一種組織對於社會自發性的責任，當組織在完成社會義務時，也應該追求對於對社會長遠有益的目標，當企業所進行的各項決策和活動皆可能對於組織所處的環境或社會整體產生影響，因而認爲組織應主動負起責任的概念（Carroll, 1979），其概念展現出社會責任是一種主動負責而非被動要求的過程。大學社會責任則延續這個概念，認爲大學除了具有教育及研究的義務外，尙須具備服務社會的責任，透過專業知識帶動社會整體的發展，方能促進大學在社會中的永續性（吳清山，2018），強調了社會與大學間的連結性，以及高等教育對於社會的影響性。

因此，我國教育部於2017年開始推動大學社會責任實踐計畫，期待能夠引導臺灣的大學善進大學社會責任，教育部大學社會責任中心（2018）表示此計畫是以在地連結和人才培育爲核心，期待大學洞察眞實問題，整合知識與資源，強化在地連結，促進人才就業、創新產業及人文發展，可以看出教育部期待打造一個產官學合作的場域，來共同解決目前社會所面臨的問題。

1 中原大學企業管理學系副教授。

㈠大學的角色

20世紀以來，科技快速發展，也促進大學開始大量培育高知識份子來因應社會對於人才的需求，這也使得大學的樣態有了巨大的改變，在20世紀以前，高等學校所遵從的是菁英制度，少數的教授與學生在大學內探討各個領域內的問題，古典菁英制度裡的大學是一座學術的寶塔，菁英在內部一同尋求知識促進社會進步。現今社會變動快速加上資訊的發達，人們開始組織人才因應各項挑戰，大規模的組織雨後春筍般不斷冒出，大學不再僅是培養少數菁英，而是開始邁向精細分工，廣納各個不同領域的專業人士，在學校裡共同鑽研專業知識，在複雜多變的現代這顯示是一種必然的現象。（施宜煌，2014）

借鏡西方大學轉變可以發現大學在從集中菁英教育轉變爲專業學科分工的歷程中，西方高等教育皆開始走出學術的象牙塔，前美國加州大學校長Clark Kerr（楊雅婷譯，2009）認爲大學有許多的面向及公用，有的如英國牛津大學一般將博雅的知識推廣，提供社會實際且有用的目標，亦或是如德國柏林大學一般，認爲大學不是獨立於社會之外，而是必須不斷關注社會整體的需求，主張學生應該是專才而非通才，並且透過專才來研究社會所發生的問題。但無論是英國或德國皆可以發現他們皆認爲大學需要與社會並行，而不能置身事外（陳復，2015）。

臺灣的高等教育與西方大學不同的是，以往臺灣的高等教育著重在專門知識或技能上的培養，對於社會的整體需求性並未有完整的了解及關注，使得高等教育與社會的連結性仍不高，對社會的現實狀況失去應有的敏銳度（陳復，2015）。

Bok（1982）在《走出象牙塔——現代大學的社會責任》一書中寫到，大學在二次大戰以後，大學開始與社會的互動與日俱增，其主因是大學與政府、企業或其他民間團體之間的關係越來越緊密，大學需要透過其他組織的經費挹注，而大學的發展也漸漸的對政治、經濟、文化等有了更直接的影響，大學也漸漸從純學術的研究單位走向服務社會的服務站（張源泉，2017），20世紀初，美國威斯康辛大學被視爲大學直接服務於社會的模範，其理念強調了大學的公共性，認爲大學不只需要爲學生的發展負責，更要透過知識與技術資源與政府企業合作共同解決公共問題（Bogue, 1965）。

透過過去文獻可以發現，現代大學面對變化多端發展快速的社會以由中世紀的菁英教育走向廣納專才的大學城，而二戰後大學與社會的關係又更加緊密，大學漸漸成爲解決問題推動改革的中心（Bell, 1976），服務社會的功能成爲大學十分重要且重視的一環（張源泉，2017）。

㈡大學社會責任的發展歷程

自工業革命後，人類社會高度機械化，以往以人力爲主要生產動力的經濟體系快速轉變，生活中的人際互動下降、個體的慾望增加，價值觀跟消費模式也連帶的改變了許多，其改變同時也衍生出了人際疏離、社會犯罪增加以及環境破壞等問題，基於是上述問題聯合國於1980年代提出「永續發展」的議題（李永展，2003），並且成立了環境與發展委員會，在此之後，永續議題成爲各個國家共同思考的問題（周怡芳，2019），於2015年時，聯合國與193個國家共同發展出了17項聯合國永續發展目標（SDGs），可以看出永續發展以是大多數國家共同重視的議題。

蕭戎（2017）提到大學是落實永續發展的關鍵角色之一，大學做爲一個國家的高等教育機構，具有專業知識、研究發展等重要性，對國家地方都有舉足輕重的影響，國際大學校長協會（IAUP）也呼籲大學將聯合國的17項永續發展目標帶入課程目標之中，讓大學在發展的過程中能夠對社會具有更多的影響力及貢獻（吳明錡，2018），因此，2017年教育部提出「大專校院社會責任實踐計畫」，期待大學能關切臺灣在地問題，協助解決社會所面臨的各項困難。

Gomez（2014）認爲「大學社會責任」始於2001年的智利，爾後，羅馬尼亞政府也曾指出大學應協助解決社會問題，並且建立一個大學與社會共生的概念（Vasilescua、Barnab、Epurec與Baicud, 2010），英美加等國的頂尖大學則於2010年前後開始注重大學與環境間的關係，以此做為推廣大學社會責任的開端（Nejati、Shafaei、Salamzadeh、Daraei, 2011）。

由於現代社會主要以科技進步及經濟發展為主要發展對象，因此大學高等教育在社會中被定位為專業教育，主要專研各自所擅長的專業領域，但這同時也造成大學與社會漸漸脫鉤，對社會的變化正漸漸失去敏感度（陳復，2016），加上由於專業分工，不同科系間的隔閡日益漸增（施宜煌，2014；陳復，2016），「大學」漸漸喪失原有互相連繫共同學習的精神（施宜煌，2014），因此，當2017年教育部推動「大專校院社會責任實踐計畫」（USR）時，即指出大學應「關懷人文、協助解決區域問題，鼓勵師生以跨科系、跨團隊或跨校聯盟之結合」來達成，其強調校際系際間的互助合作、觀察社會上所發生的事情及落實問題解決的三大概念（周芳怡，2019）。

本研究發現以往的文獻大學角色的轉變及大學社會責任的進行多聚焦於西方大學的做法與實踐情形，關於我國大學的具體成效與轉變的論述尚不多，因此尚可以多加觀察教育部推動「大專校院社會責任實踐計畫」後各大學的不同變化。

二、中原大學的社會責任

中原大學教育理念第一條清楚揭示：「以智慧慎用科技與人文的專業知識，造福人群。」創校62年來，本校以「全人教育・生命關懷」為目標，將大學社會責任作為教育主軸，並藉由專業課程、實作教育、學生活動、服務學習、公益服務的融合，讓全校師生、企業、社區了解中原大學辦學的理念與堅持。中原大學的校務發展計畫，歷年皆以發揮大學知識責任為主要面向。106至108年的中程校務發展計畫中，更以「善用知識，力行社會公民責任」作為其中一項校務發展主軸，並透過「服務學習・社會責任」的具體實做，為國家社會培育兼具品格、專業、創意與國際觀的人才，讓新一代的年輕人身體力行，培養關懷社會、解決社會問題的能力，進而讓社會更美好。中原大學積極推動大學知識責任的理念與行動，不僅希望全校師生具體實踐，更結合伙伴學校、社區團體、企業、政府等力量，除了讓全校師生了解本校實踐「知識責任」的用心外，更強化中原與社區、中原與企業、中原與社會之相關連結，讓中原師生以知識專業來自我實現、關懷社會、反饋社會，爲社會培育出具有關懷情操的知識份子，體現中原大學「全人教育」之精神。

中原大學秉持「全人教育」之精神，強調除了傳授專業知識，更必須陶冶學生具備豐富的人文素養以及健全的品格，成爲對社會、國家、甚至世界有所貢獻的「知識份子」。因此中原大學重視學生的品德教育與社會關懷的實踐，更鼓勵師生以實際行動關照弱勢家庭、深造偏鄉社區和參與國際志工服務，透過有系統、持續地推動「服務學習」，透過「學中做」與「做中學」的結合，讓師生與被服務對象互相成長，自民國 97 年推動服務學習以來，已有教育輔導、社區營造、國際關懷、資訊科技、創意設計、環境維護等六大志工服務類型，徹底落實以「愛」立校的精神。而在106年至108年的中程校務推動政策當中，更以「善用知識，力行社會公民責任」爲發展主軸，以「社會設計、服務學習」爲落實方針，持續推動讓中原師生以知識專業實踐自己、幫助別人，爲社會培育出具有關懷情操的知識份子。

㈠教育理念引領長期推動服務學習

爲了善盡大學的社會責任，鼓勵師生貢獻所學、服務社會，中原大學自民國94年開始推動全校服務學習，累積超過10年的專案執行經驗與服務能量，學生結合專業、服務與學習，以實際行動關懷社會。在行政資源的挹注上，本校不但創全國大學之先設立「服務學習中心」，訂定相關的課程制度與獎勵辦法，除了培育學生專業服務之實踐能力、國際視野，更透過區域高中服務學習攜手計畫，推廣服務學習理念，影響了國內大專院校及高中服務學習之積極發展。

由於中原師生的共同努力，在教育部青年發展署歷年服務學習獎勵中，本校屢獲「績優學校」金質獎、「課程教案」特優與佳作、大專校院「績優教師」、「績優行政人員」、「研究計畫」實務工作者特優及

「研究計畫」學生優等大獎，並在「專業服務學習課程與種子師資培育推動」、「服務學習多元模式與計畫推動」、「區域高中服務學習攜手計畫推動」、「拓展國際視野之國際服務學習推動」及「與社區及其他資源結合推動」等部分皆有相當良好成果。

爲推動大學知識責任，本校積極透過各系所之服務學習融滲課程，鼓勵學生以專業關懷社會，在29個系所當中有23個系所已開設具服務學習內涵之課程，占全校科系所近80%。此外，每年定期舉辦「服務學習教師工作坊」、「服務學習研討會」及「服務學習跨校交流參訪」培育活動，加強校際間的橫向連結與合作，提高教師對服務學習教學法之認同、提升服務學習運作效益，培育兼具專業與社會關懷之師資，102至104學年度共計有387人次教師開設服務學習課程，每學年度平均有近2千人次學生參與服務學習。

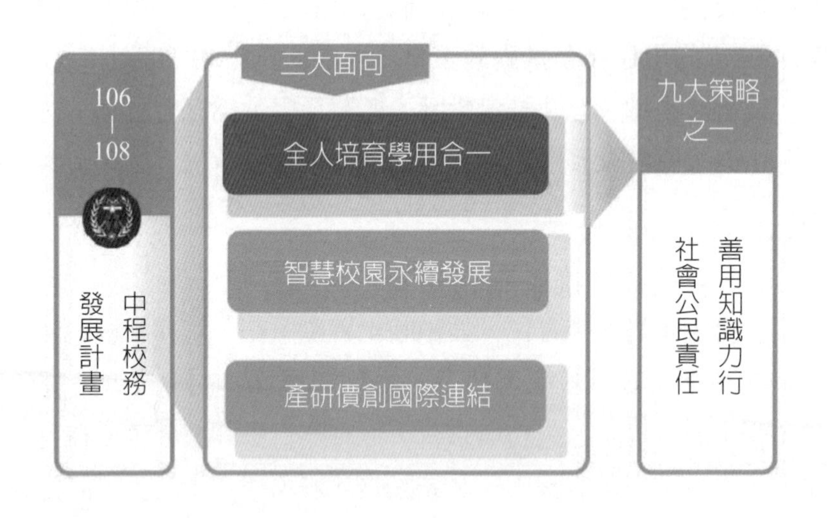

貳、中原大學社會責任案例——卓蘭雙連梨社會企業

一、計畫緣起——卓蘭的故事

「教授，我只想問一個問題，你們下次何時再來？」，一切的故事都從農友的一句話開始，還記得的我們第一次踏入卓蘭鎮雙連社區時，一位

老農友緩緩發問，他們已經厭倦了那些來來去去的團隊。

卓蘭，曾經的「水果王國」，位在大安溪畔，擁有豐富的地貌，從丘陵地形到沖積平原創造出了得天獨厚的水果種植環境，加上位在鯉魚潭水庫及水源保護區內，農藥劑量管制嚴格，擁有十分純淨的水源，造就其產出的水果不僅健康、甜度高更是對環境十分友善。然而，在臺灣產業快速轉型下，卓蘭賴以爲生的農業就此凋零，產業的流逝讓年輕人沒了就業機會，不得已放棄自身家業，離開家鄉找尋工作機會，進而造成在地小學招生人數不足，在苗栗縣財政危機下，人數少於30人的國小將面臨裁併危機。國小在卓蘭鎮不僅是教育資源，更是串連了50年歷史記憶偏鄉居民的集會中心，倘若國小消逝在地的教育人文根基將直接受到動搖。

㈠前車之鑑——倒閉的白布帆國小

早已忘記是誰爲這所小學關上最後一盞燈，白布帆社區位在卓蘭鎮深處，每年夏天晚上9點左右，這裡總會颳起陣陣的風，直到天明才慢慢歇息，這陣風是來自海拔3800公尺高的祝福，大雪山的風沿著大安溪一路往下穿過大克山與觀音山的隘口，爲白布帆地區帶來了濕潤且冷冽的風，加大了該地區的日夜溫差，配合上大安溪沖積出來的肥沃平原，使白布帆楊桃品質的好全臺知名，因爲上天巧妙的安排，曾經因爲楊桃的盛產蓋起了一棟棟的「楊桃屋」。

現今白布帆國小已拆除校名

白布帆國小旁集會所

然而，2000年後媒體不實的報導讓社會大眾誤以爲吃太多楊桃會得到腎臟病，事實上是因爲楊桃富含鉀離子有腎臟病的患者不適合食用，媒體扭曲的事實加上1999年經歷了921大地震的摧殘，造成白布帆地區迅速的沒落，楊桃屋的盛況也在白布帆地區逐漸消逝，產業的消逝，讓該地的年輕人移出，漸漸地國小無人就讀，最終人文根基消逝，社區的喧鬧聲逐漸寧靜。

㈡產業價值提升案例——雙連梨社會企業的成功

「雙連社區」位於苗栗縣南方的卓蘭鎮內，其緊鄰臺中大都會區，主要產出水果爲高接梨，因爲氣候與水源優勢，品質甜度都高於鄰近的臺中市石岡、東勢地區，極具發展品牌之潛力。但現今雙連社區因爲現今產業的轉型，人口外流嚴重，加上位處山區對外交通連繫不便，僅剩少許盤商至社區收購，價格全由買方決定，農民利潤微薄，以往水果之鄉之榮景已不復存在，加上青年人口的外移，在地小學招生人數不足，以有五十多年歷史的雙連國小是居民長期以來的集會中心，現卻面臨裁併危機，使得社區的發展雪上加霜，整體社區面臨產業價值下滑，在地人文消逝的危機。

雙連國小

2015年中原大學教授在因緣際會下發現了這個具有產業潛力卻因爲大環境改變而沒落的偏鄉，並開始了一連串的的進駐與踏查，中原大學的師生藉由大學的力量改變偏鄉社區的命運，以大學做爲偏鄉的智庫，偏鄉則做爲大學知識的實踐場域，兩者相輔相成。於2016年正式成立雙連梨社會企業，雙連梨社會企業以保留偏鄉最後的人文根基以及產業爲主要價值，發展出以小學爲核心的偏鄉計畫，透過大學的專業知識，在師生的共同協助下爲偏鄉打造一個專屬於雙連社區的社會

帶領雙連國小小朋友至中原大學

企業——雙連梨社會企業。雙連梨社會企業的精神在於幫助雙連社區打造一個高品質水果產區的形象，當品牌成功建立後，能透過外溢效應讓整個地區皆受惠，並最終由社區自主營運社會企業，社區不需再借助政府或其他外界的力量即可生存。雙連梨社會企業結合大學所學，將其實踐於社會，由教授帶領學生走入產業現場，藉由建立品牌識別度，將高品質蔬果做出區分，改變以往高經濟蔬果以外銷居多的情形不僅減少蔬果的碳足跡，也促進臺灣水果品質及農業形象的提升，對於大學端而言可以親身觀察產內部的變化，促進產業與社會間的對話。中原大學師生於2015年度起參加教育部的「發展以學校爲核心之社區創新創業計畫」從一開始教育部補助的20萬元經過一年的募資與營運後已經是個成熟且獨立的社會企業。

㈢打造企業與偏鄉共存共榮的商業模式

雙連梨社會企業發展出一套藉由品牌打造來創造在地產業價值，並進一步以自身產業扶持在地教育的商業模式，雙連梨企業主張扭轉臺灣農友對於自身產業的價值，改變農友的觀念，不再僅以低成本產量大爲主要目標，我們十分直接地將利潤回饋給農民，當品質提升利潤提升農友自然願意採用對環境較友善的耕種方式，雙連梨社會企業透過建立實體高端通路幫助農友行銷水果，成功幫助農民直接將品質較好的水果銷售至消費者手上，我們根據尺寸，甜味水平，外觀選擇最佳產品，並進行適當的包裝和行銷來販售至高端市場，要目標消費者是那些尋求安全，優質水果並願意支持我們的社會使命的消費者，透過免去中間盤商的剝削，更賣得比平均零售端市價更高的價格，在網路通路方面也與許多平臺建立合作關係，如：無毒農，透過這些通路的建立幫助農友自己高品質農產品的價值，提升農友對於建立自己的品牌的信心。

雙連梨社會企業爲了眞正達到保障農友收入與一般盤商跟農友的合作方式有所不同，一般盤商多採取先拿貨，直到貨物賣出後才付款的方式，倘若盤商無法成功銷售才會強行壓低給與農友的款項，這造成農友必須自行承擔滯銷風險，而雙連梨社會企業直接採取與農友買斷商品的方式進行合作，雙連梨社會企業協助農友販售時會先與農友協議價格並直接付款，如此即可保障農友獲得正常收入以保證他們應得的經濟來源不受市場滯銷的風險，而雙連梨社會企業銷售的利潤，將會依照比例重新分配給與合作之農友以及在地小學。將利潤30%回饋農友，30%回饋在地小學讓農友了解提升品質不僅為了自己更可以為社會盡一份力，40%做為企業運行基金，目前雙連梨社會企業每年可以穩定給與國小及農友各臺幣10萬元以上的利潤回饋，目前將持續擴大營運範疇，已達到幫助更多農友的目的。

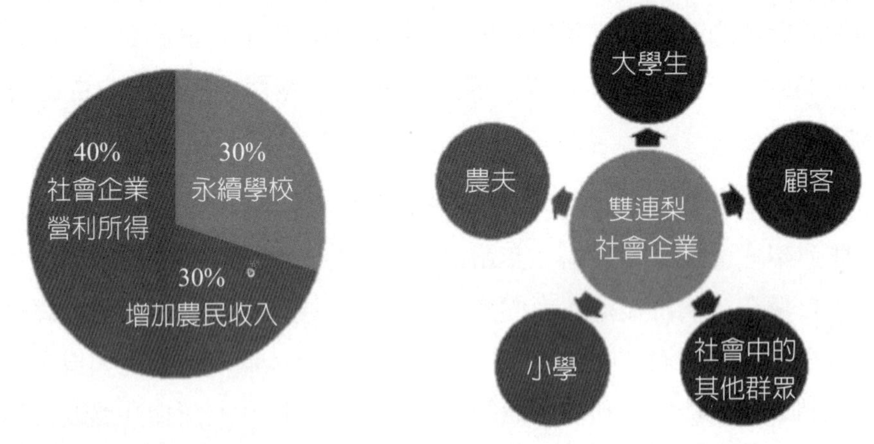

資料來源：雙連梨社會企業提供

雙連梨社會企業將盈餘回饋至地方小學

帶領大學生了解農村生態

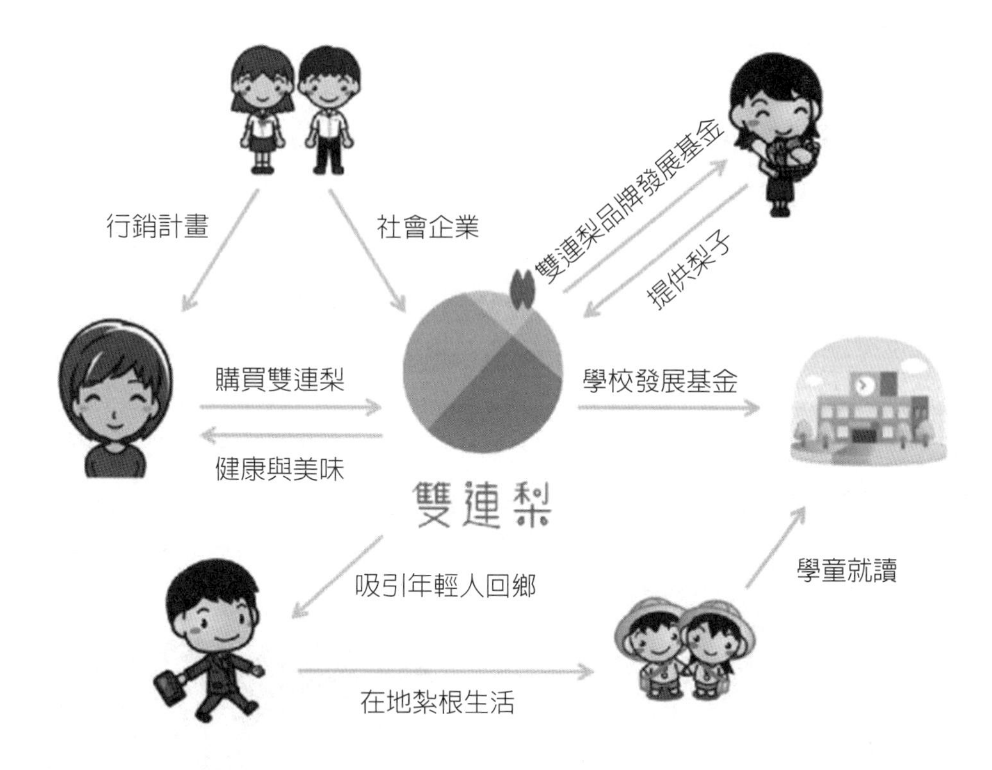

資料來源：雙連梨社會企業提供

(四)小結

簡而言之，未來我們將以雙連梨社會企業的成功案例作爲培力，以「結合地方小學，打造地方創生樞紐，建構新舊農業並蓄的永續機制」做爲主要目標，在國小面，積極帶領在地學子認識自身家鄉的產業，提高農二代的對於自身家鄉的認同感，讓對農業有興趣的學子可以留在家鄉接受家業減緩人口移出的壓力。在產業面，透過專業課程開設，教導農友提升產出品質的辦法，並建構良好的品牌印象，提升雙連社區水果品牌在市場知名度，提高在地農友收入，加上藉由持續帶領大學生進入雙連社區踏查，來使未來對農業有興趣之年輕學子可以進入卓蘭進行農業相關產業發展。透過國小面的保留在地人文根基及產業面的價值提升來吸引年輕學子進入，兩者的相輔相成，來爲卓蘭鎮創造源源不斷的人口正向循環，以改變偏鄉沒落的命運。

二、偏鄉的命運——卓蘭鎮問題盤點

陳重成（2010）[2]指出地方是人類存放記憶、想像、認同的實體空間，因此本研究在進行時著眼於人口流失而造成的產業根基鬆動的問題，嘗試探尋出雙連社區共同的記憶，在探尋的過程中發現偏鄉社區小學正是乘載了雙連社區這50年來的記憶基地，是孕育地方文化的重要根本，同時教育資源的充足與否也是決定了年輕一輩是否願意回家養育下一代的關鍵因素之一。歷經三年的實地踏查，深入了解該地區爲此社區進行問題盤點，將該地區的問題主要歸類爲三大項，分別爲「社區產業環境不佳」、「區域性組織功能不彰」以及「人力、社會及教育資源不均與匱乏」。

(一)社區產業環境不佳

臺灣農產業快速沒落，多數年輕人不願意再進入農業耕耘，而原本在鄉村的年輕人也急於往大都市發展，尋找二三級的產業，許多青年學子一畢業就離開家鄉，這使得農業人口產生斷層，僅剩老年人口獨守家鄉，在整個大環境驅使下，雙連社區所在的卓蘭鎮，僅剩下少數年事已高的老農友，在田野間辛苦耕作。

政府長期鼓勵農民透過技術改良或尋找更佳的品種來獲取更多利潤，藉此改善臺灣農產業的整體環境。雖然技術改良有所成效或藉由新品種的研發使農友有更高的經濟價值，但卻因爲進入門檻低，農產品始終無法擺

2 陳重成，2010。全球化語境下的本土化論述形式：建構多元地方感的彩虹文化。遠景基金會季刊，第11卷第4期：43-96。

脫價格低廉的命運。農民的觀念認爲產出越多賣出越多就能賺得更多，造成了農民爲生產出更多更好的水果而使用化學肥料，讓農地的肥沃度下降的幅度大增，雖然卓蘭地區的農耕地面積廣大，也有許多平常不使用的荒廢地區，但長期而言，這對地區土地造成的傷害非常龐大，如果農地不能保持肥沃度，既不能保證產出品質穩定的水果，也無法讓農地能夠永續使用。除此之外，由於現階段農業常常因爲天災或許多因素而使一年的心血付諸流水，常常無法獲得正常的投資報酬率，這使得農友缺乏投資誘因，漸漸年輕人口外移，卓蘭鎮內人口高齡化，也使得卓蘭鎮農友無多餘心力照顧更多農地，使得卓蘭地區有許多土地是處於荒廢狀態，造成資源的大量浪費。另一方面，產業轉型需要進行大量投資且需要許多地理環境的評估大量的投資成本以及複雜的行政程序造成部分留下的農友固守既有產出收入，不願接投入政府所提倡的產業轉型，加上農友們的傳統思想而使得農有沒去注意到或不去在乎現有趨勢下所帶動的產業轉型，進而失去發展爲觀光農業的機會。

㈡區域性組織功能不彰

上述描述了臺灣許多以務農爲主的偏鄉所面臨的窘境，儘管臺灣農業大環境不佳，但部分水果的主要產區仍可以在臺灣市場打起十分響亮的招牌，如拉拉山水蜜桃、大湖草莓以及東勢大梨等，上述品牌透過地方政府的努力讓地區農友團結合作，成功打造有別於市場的高品質形象。

然而雙連社區位處丘陵地區早晚日夜溫差大，且有大安溪流經境內，具有良好的水源，佔盡種植水果所需的地利優勢，卓蘭地區雖然出產高品質的水果，卻不見農友們的生活品質有顯著上升，原因爲當地雖然有非常好的水果，卻從頭到尾只有銷售，完全沒有見到行銷的成分。在地農業相關組織的宣傳成效不彰，甚至各自爲政，使得鎮卓蘭鎮無法團結來展現自身優勢，這也使得個體農儘管具有好的品質卻也因爲數量不足無法與市場抗衡，只能任憑盤商剝削，換句話說，卓蘭鎮的沒落除了受臺灣產業轉型的影響外，其鎮內本身的相關組織單位也缺乏完整的整合系統，造就各個農友各自為政，無法創造整合性的綜合效益，造成大部分收益仍被盤商或是較大的組織把持著，農友始終為弱勢族群。儘管有少數農友開始選擇自己去販售水果，但多數的農友將水果賣給中盤商，認為交給中盤商方便、能快速拿到收益，實則被中盤商剝削。農友們的傳統思維中認為自己只需要負責耕作，因此他們不會去關心市場價格，唯一接收到市場價格的管道就是中盤商。中盤商身為商人，不但懂得賺錢，也對市場的變動相對敏感，農友和盤商間的資訊落差，造成了雙方地位的不對等。繼上述所講，卓蘭地區的農友們通常銷售的管道只有自銷和中盤商。當市場需求供過於求時，產品容易產生滯銷的情形。這時候農友還沒跟上市場的反應，中盤商就率先降價求售，不但在後續會跟農友們以更低的價格收購，也造成自銷的農友們反應過來時，只能跟著降價的窘況，進一步壓低農友們的利潤。

雙連社區所在的卓蘭鎮內部產業推廣的相關組織也面臨了許多問題，許多既有組織固守舊有觀念，舉辦的產業促銷活動常常以短期的一個「點」的方式進行，缺乏長期以各「節點」為目標的一條「線」的規劃，以至於造成每次在卓蘭地區辦的行銷活動通常是由當地人參加，不但吸引到的外地人群不多，能回流至卓蘭的人數更是稀少。這樣的行銷活動不但浪費資源，也無明顯的成效，但經過這幾年還是不見改善。而目前已經成功轉型發展觀光農業的壢西坪地區，也因為舊有的組織不願意嘗試轉型，認為農友就是應該好好種植農作物。這也使得發展觀光農業的組織與地方的舊有組織交惡，雙方多次在會議上意見不合，造成卓蘭在行銷發展上不停空轉。

整合上述，由於卓蘭鎮缺乏產官學合作機制，整體資源整合不易，當地的政府機關、學校和農產業基本上並無合作關係，造成雖然政府有政策或者計畫能夠幫助農友及學校，但農友及學校卻不知道有這些資源能夠應用，或不知道如何應用。加上政府的宣導不足與農友接收資訊的管道不多，讓雙方都不知道的情況下讓政策或計畫的美意被浪費。當地也缺乏產學合作，若產學合作順利，也能夠減緩人口流失及加強學生對於地方的認同感。種種資源都有管道能夠獲得，但卻沒有一個機構來整合這些資源，造成機會的流失。

㈢人力、社會及教育資源不均與匱乏

現今工商服務業的盛行，臺灣的根基產業──「農業」漸漸被社會忽視，加上務農的高付出低報酬，讓年輕人不願意捲起袖子下去做，而卓蘭鎮的主要產區距離卓蘭市區更是至少還有5公里的山路，大部分青年人口都往山下較為繁榮的卓蘭鎮市區、臺中豐原區等地尋找工作，不願意留在水果產區繼續務農，留下家中長輩獨自耕作。青年人口的大幅度外移，使得產區內的五所小學面臨了裁併的危機，而偏鄉的交通建設十分不足，一天僅有三班公車會上山，如果與卓蘭市區的國小進行合併，偏鄉人口外移的情況勢必會因為教育資源的匱乏而變得更加嚴重，加上這些國小是連繫社區情感的重要中心，有許多畢業多年的老校友會特地回到這具有歷史價值的學校回憶當年，如果就此裁併居民們的凝結中心也會因此消失。加上在地農友缺乏科學性思維及地方學生缺乏對卓蘭鎮的在地認同感等問題，造就在地農友認為家鄉產業沒有希望，不願意傳承家業甚至漸漸失去對家鄉的認同。

由於鎮內務農人口大多數為老年人口，其大多數固守舊有傳統思維，因此大多依照經驗進行，缺乏客觀的科學性紀錄，造就當氣候改變須有額外投入，亦或是栽種方式須因應氣候或其他因素改變時，農友的應變速度較慢。而鎮內的學生接受著現代教育，抱著長大後就能離開鄉下去都市上學或上班的「北漂心態」，對於身處的環境比起認同和喜愛，更多的是想要早點脫離這種地處偏鄉、資源缺乏的環境。這種狀況使學生們只要離開卓蘭地區，就很難再說服他們回鄉定居工作，造成青年人口外流的問題。

加上卓蘭地區本身的學校不少，但在整體臺灣社會面臨少子化的當下，學校與學生的比例失衡，學校的數量供過於求，使各校為了延續不被廢校而相互競爭招生。這樣的做法會使競爭失敗的學校面臨廢校的命運。若不幸廢校，所造成的影響甚鉅，會有許多學童為了上學而跋山涉水，可能使許多需要務農而沒辦法送小孩去上學的家長不願意讓孩子去學校就讀。如此一來便會在本身教育資源就相對匱乏的卓蘭地區造成非常嚴重的惡性循環。現今臺灣政府也積極投入資源進入偏鄉小學，透過了許多方式導入了許多現代化的新設備用以輔助教學。雖然硬體設施非常充足且設備新穎，卻鮮少見那些設備獲得充分使用。學生因為不會使用而無法使用，既無人教導，有時候連師長自己也不會使用，造成了雖有高級的設備卻無人會使用的窘境。缺乏了專業的師資，新穎的設備只是用來招生的噱頭，不但造成資源的浪費，教育品質也無實質意義上的提升。

三、執行策略——從社區需求出發，共同形塑解決方案

本計畫延續雙連梨社會企業以在地小學以建立永續機制的概念，嘗試打造卓蘭鎮成為臺灣中部地方創生的樞紐，讓未來對農業相關創業或農業型社會企業有興趣的年輕人可以來到卓蘭學習，進一步將創新效益擴及其他周邊鄉鎮，因此，本計畫以「結合地方學校，打造地方創生樞紐，建構新舊農業並蓄的永續機制」為核心精神，針對流失的人文根基做更進一步的彌補，從原有的小學拓展至社區及中學，目標在整合社區資源，強化在地人文價值，並且進一步強化產官學的合作機制，於第一期計畫中拜訪鎮內鎮外各個與農業相關之組織，藉由導入外部資源，整合內部組織補足流失的產業及人文根基。

㈠執行目標

1. 改善產業現況，建構永續發展機制

卓蘭鎮正面臨傳統農作收益不佳，而高齡務農人口對於休閒產業卻也不甚了解，這使的產業轉型面臨兩難，因此，本計畫透過「創造農業新價

值」來改善卓蘭產業現況，並進一步聚焦在建立於「人」為主的分級制度，幫助農友打造自身品牌，提高水果產出的價值，以及與當地觀光協會合作打造傳統農業轉型。

2. 凝聚在地共識，創造合作綜效

卓蘭鎮內部本身有存在許多與農業相關的組織，如政府所推廣的產銷班、卓蘭鎮農會亦或是壢西坪觀光協會等，而這些組織過去也曾嘗試的幫助農友進行展售或推銷活動，但由於缺乏互相配合與協調機制，造成各個組織獨立作業無法有一個系統性的整合，因此，本計畫透過「打造社區品牌共享機制」，嘗試幫助卓蘭鎮打造一個相互合作的機制，其主要聚焦在整體品牌整合以及建置一個永續性的販售平臺，並且與中原大學合作持續培育新創團隊進駐卓蘭地區，在整合後，讓不同專業團隊持續專精於不同要務之上。

3. 挽救人文根基，建構人才培育系統

過去進入偏鄉的資源總是在永續系統尚未形成前就退場，這造成偏鄉社區始終在依靠外部支援，而無法自立更生，過去興盛的產業也因為沒有一連串的配套措施而一點一滴的消失。因此，本計畫特別著重在保留教育資源以及各項文化，不要讓人文根基持續消逝，透過「深耕社區人文教育」來鞏固卓蘭鎮的根，並且更進一步藉由加深學童的在地認同以及改善整體產業環境，來創造人口正向循環。

㈡執行策略與做法

本計畫連結聯合國永續發展目標（SDGs）建構相關具體執行策略，著重於建立永續機制，為卓蘭持續創造人流。

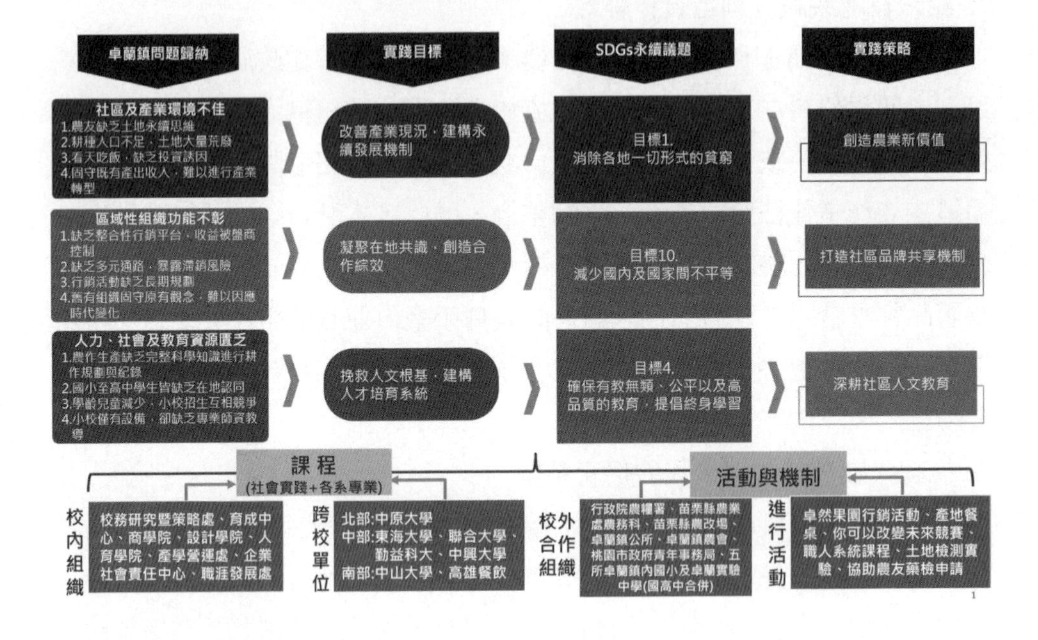

1. 創造農業新價值

對應到SDGs中的「目標1.消除各地一切形式的貧窮」，本計畫透過打造深度農產觀光旅遊、提升傳統農業產出品質及改善傳統分級制度缺陷等方式多管齊下，來達到「改善產業現況，建構永續發展機制」之目標，以下為具體執行策略：

⑴完善職人機制，建構多元商品

①輔佐農友打造個人品牌

②建立課程平臺，推廣職人系統[3]

③打造果樹認養，將企業社會責任連結至偏鄉地區

④創造農業廢棄的新價值

3 職人系統為本計畫所打造之新興水果分級制度，詳見四、計畫發展現況與執行成效。

(2)跨界整合休閒農業資源，創建農業地方創生平臺

①建立打工換宿機制，落實體驗行銷

②打造深度旅遊地圖，整合在地觀光資源

③常態性產地餐桌，協助在地創建新商機

舉辦產地餐桌增進食農教育

(3)進行跨國經驗交流及場域踏查學習

①與亞洲其他大學共同舉辦社會企業交換課程

②造訪日本，學習日本高品質水果的行銷方式

2. **打造社區品牌共享機制**

對應到SDGs中的「目標10：減少國內及國家間不平等」，透過建立屬於卓蘭鎮的共享品牌，讓原本互相競爭的個體變成團隊，來達到「凝聚在地共識，創造合作綜效」之目標，以下為具體執行策略：

(1)打造完整社區品牌共享機制

①建立卓然果園平臺[4]之審核機制

②開拓高品質水果市場

(2)培育新創團隊，創建資源循環

①協助既有新創團隊[5]承攬鎮內大型活動，建立完整年度的行銷方案

②創建新興團隊，建構永續系統支持機制

③建構跨校制度，創建社區智庫

4 「卓然果園」為本計畫團隊所打造之卓蘭整合行銷品牌，詳見四、計畫發展現況與執行成效。

5 目前本計畫已經成功培育「活源行銷」與「原生企管顧問中心」兩個新興團隊，協助拓展職人系統以及鎮內各項業務。

計畫案輔助新興團隊「活源行銷」進行梨樹認養活動

3. 深耕社區人文教育

對應到SDGs中的「目標4.確保有教無類、公平以及高品質的教育，提倡終身學習深耕社區人文教育」，本計畫之初衷即爲保留在地教育根基，不放棄任何一所小學，以確保每位學齡兒童能獲得應有的教育，並進一步將終身學習的概念拓展至社區中，讓社區擁有持續前進的動力，來達到「挽救人文根基，建構人才培育系統」之目標。

⑴延伸在地課程，打造國高中在地認同

①打造國高中生的在地課綱，強化在地認同

②就地取採打造實驗性課程，幫助農友落實科學紀錄

③引導在地高中生帶領國小進行鄉土認識相關課程

④創建在地教師工作坊，強化課程成果

⑵提高居民參與，帶動永續機制

①社區美化與營造

②打造實踐環境，參與社群經營

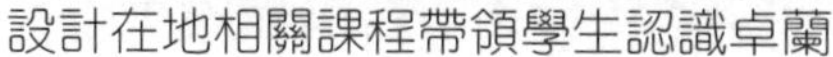

設計在地相關課程帶領學生認識卓蘭　　與在地國小老師討論在地課程設計

四、計畫發展現況與執行成效

㈠職人系統──改善舊有產業分級問題

以往盤商在跟農民收購水果時，會因爲農民個人的形象而有所價差，這源自於每個不同農友都有各自的「獨門絕技」來讓自己的水果品質高於其他人，但這些個人形象僅限於盤商對於農民的看法，並無第三方的認證，加上這些個人形象並未讓最下游消費者理解其水果品質的差異，好的品質仍要受限於現有的分級制度──越大顆越好，無從將眞正對環境友善品質好的水果推廣出去並建立個人品牌來提升水果價格。因此，我們藉由專業農業相關課程協助農友提升個人的栽種手法，並透過建構嚴格的分級制度來讓消費者了解到不同程度的資源投入才是影響水果品質的關鍵，幫助願意投入較多資源的農友建立個人品牌形象，換句話說，在新的模式下，社會大眾可以了解到水果品質不只是越大越好，而是與農友是否願意投入資源栽種有關，了解到好的品質是可以透過栽種來產生的進而提升形

象增加差異化建立品牌，因此，我們嘗試透過「人」好的技術，來建立良好的形象，在社會大眾間創造水果界的「名牌」進而扭轉農業在現今社會評價低的現況。

㈡「商管社會責任實踐」跨系聯合課程——卓然果園品牌建立

該課程以提升商業設計學生設計實務能力與企業管理學生企劃行銷能力作爲主軸，輔以推動關懷生命、實踐學生專業學習，針對不同團體的個別或特殊需求，量身訂做的設計規劃及關懷，擬出適合之行銷與廣告之策略與建立設計模式，讓弱勢團體得以更有效的運用，藉由廣告設計專業服務結合行銷宣傳的方式，達成服務社會與關懷生命的實踐目標。

「卓然果園」平臺，由中原大學團隊與卓蘭鎭公所及農會合作，未來將作爲卓蘭產業的代表品牌。藉著起家的水梨及茂谷柑奠定的基礎，銷售全卓蘭地區更豐富的農產品項。以銷售卓蘭自產水果及回饋卓蘭地區小校及農友做爲營運特色，以三源作爲品牌的核心理念，分別爲來源水源及資源。

創立目標	設計理念
卓蘭擁有著得天獨厚的地理環境，該地產的水果品質遠高於市場，然而卓蘭的農友卻孤軍奮戰，無法透過品質在市場上做出區隔，農友再多的投入都是枉然，因此，本計畫透過整合在地農友並與卓蘭鎭公所合作，建立品質把關機制，打造卓蘭在地專屬高品質水果品牌，最終藉由品牌的擴散效應，讓在地農友得以讓其投入獲得應有的回報。	源自卓蘭，用心天然，「卓然果園」命名上取卓蘭跟卓然的諧音，強調與在地連結深厚的品牌特性，同時也代表水果品質的卓越超然，用「卓然」來傳達品牌的三個核心原則。而「果園」是象徵所有銷售的水果都來自卓蘭這個水果王國。同時架構合作機制，整合地方產業，藉由共同品牌識別與形象，創造產業新價值，提升整體收益與競爭優勢。
品牌主視覺	視覺概念

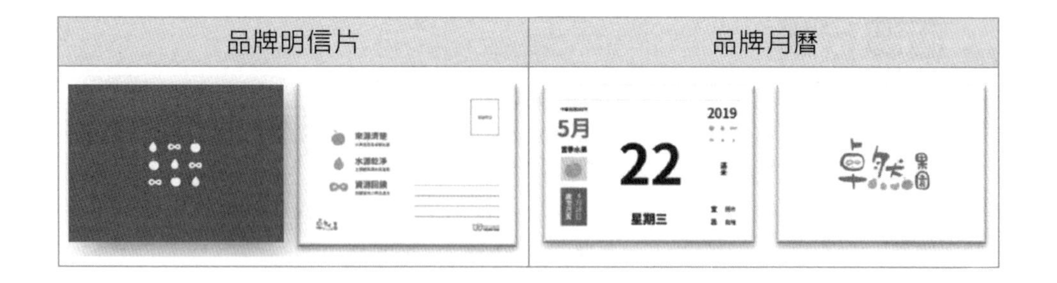

㈢結合中原大學校內資源——培育新創團隊

本計畫結合中原大學校內資源，與育成中心創新創業發展中心合作，舉辦【你・可以改變未來】創業競賽，並進一步持續培育社會實踐組所選拔出來的團隊，讓學生團隊能眞正進駐偏鄉幫助臺灣的偏鄉有更多年輕的活水進入，而這些經過選拔出來的團隊也可以有更多的資源持續投入自己的夢想當中。2019年藉由中原大學本計畫團隊培養去年社會實踐組團隊，成功創立「活源行銷公司」並且進駐創新育成中心，成爲與農業相關的新創公司。

1. 創立背景

在計畫的輔導下，本團隊對卓蘭有了大幅度的認識，也理解到這塊土地的價值及相關歷史背景，我們希望藉由我們的力量以卓蘭的優質水梨帶動整個卓蘭鎮的發展，因而設計了初步的果樹認養計畫。在指導教授的協助下我們希望能將這個計畫付諸於實行，將計畫重整爲一個完整可執行的企劃，進一步成立公司讓此企劃得以順利推廣。

2. 經營項目

果樹認養爲我們的主要經營項目，針對的客群爲企業認購，首先會先從雙連梨本身客源中原大學畢業校友最爲最先推廣目標。繼果樹認養商業模式成功後，我們也會規劃其他行銷活動與當地政府合作，成爲獲利來源之一部份。後續會將此成功案例的行銷方式複製到其他有類似條件之偏鄉。

活源行銷

成立於 2019 年 3 月，一個致力於地方創生和在地關懷的中原大學學生團隊。受到USR大學社會責任的啟發，我們決定將企管所學之專業知識，以行銷團隊的形式在偏鄉特色發展、環境永續的領域做出貢獻。

許庭瑋 執行長

彭東誠 行銷長

吳弦樺 創意總監

林雲祥 營運長

余欣蕙 公關長

楊芷芸 財務長

㈣整體成果概略圖

中原大學計畫團隊

		成果亮點	支持資源
場域面	產業升級	創立卓然果園品牌 建立在地觀光協會連結 打造職人分級系統 果園土質檢驗及藥檢通過	1.卓蘭鎮公所 2.卓蘭鎮農會 3.苗栗縣農改場 4.行政院農糧署 5.桃園市青年事務局 6.鎮內各級學校
	社區深耕	創立農村企業實習課程 建構假日農夫市集 打造在地特色課程	
校際面	跨校連結	發展次級水果加工(東海) 果樹土質檢驗(中興) 卓蘭作為通識課程題材(勤益) 帶領學生進入卓蘭踏查(台南)	1.東海大學、中興大學、勤益科大、台南大學、中山大學、高雄餐飲 2.中原企業社會責任中心 3.中原商學院、設計學院、人育學院 4.中原大學育成中心
	人才培育	跨系實踐型課程 社會企業、企業倫理課程	

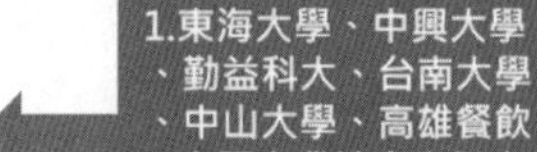

五、未來發展趨勢與效益評估

本計畫最終以建構卓蘭鎮的永續機制爲目標，將年度計畫目標區分爲，大學與社區兩端，在社區面第一年的目標爲「建構永續機制」「在地課程建構」與「新創團隊進駐」，第二年的目標爲「品牌育成與推廣」，第三年的目標爲「打造完整的社會網絡」；在大學面第一年的目標爲「大學課程建構」與「專業人才培育」，第二年的目標爲「整合各界資源」與「打造人才智庫」，第三年的目標爲「建立完善永續機制」與「持續輔佐新創公司」。

第一年主要目標要以建構「永續機制的基礎」爲主要目標，其一，讓前期計畫所培養的新創團隊進駐中原大學育成中心登記立案，強化學校、社區與企業間的連結，並且開始著手與外界各項資源進行連結，開始進入卓蘭社區爲永續機制打下基礎，如《原生企管顧問中心》[6]將與苗栗縣農改場合作，負責教授農友相關專業知識，以及匠人系統的各項規劃等，其二，本年度將完善在地課程設計，並且更進一步舉辦小學教師工作坊，透過觀察第一線的教師互動，再與在地老師討論該如何設計相關課程，藉此相輔相成建立起更加完善的課程地圖，也強化國小教師在在地連結上的教學深度。第二年主要目標爲「品牌育成與推廣」；第二年，主要目標再於「品牌育成與推廣」，其一，本計畫將於第一年讓「卓然果園」的網路平臺正式上線，透過第一年的平臺試行多數問題會浮現，因此，藉由持續性的修正與改進，預計於第二年完善該平臺；第三年，則是讓新創團隊漸漸正式接軌鎮內各項事宜，由新創團隊擔任社區智囊團以及承攬卓蘭鎮各項事務，爲社區建構一個沒有計畫也能具有整合性且永續性的完整社會網絡，而計畫團隊則以銜接協調與指導新創團隊的角色存在。

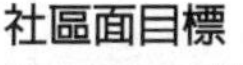

6 《原生企管顧問中心》主要為推廣匠人系統以及與各級政府合作開設農業相關課程。

在校際方面，第一年將持續完善大學端課程，將大學社會責任的概念融入商學院企業倫理課程中，將其設為常態性必修課程，並且透過中原大學各院系連結，持續開設各項實踐專業類型的課程；第二年，則聚焦於校際間的串連，創造校際間資源連結的平臺，讓各校的專業資源會持續注入，並且開設培力工作坊及研討會，與各校專業人員探討整體狀況並調整方向；第三年，則聚焦於「卓然果園」平臺與鎮公所的交接以及輔佐新創團隊完全接軌卓蘭智庫的角色等，建立完整的永續機制。

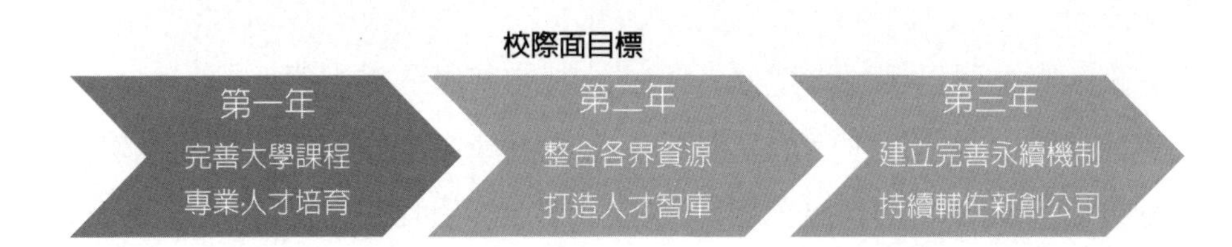

最終，本計畫期許達到卓蘭可以達到外界資源退場，透過卓蘭自己在地的產業力量改善人口負向循環的問題，並在此建立一個農業相關地方創生的典範，讓未來對於農業有興趣的青年可以來到卓蘭汲取範本，擴及至臺灣各個偏鄉，已達成「結合地方學校，打造地方創生樞紐，建構新舊農業並蓄的永續機制」的目標。

參、社會企業的企業社會責任——雙連梨社會企業案例

一、前言

社會企業是近二十年興起的一種新興組織模式，其與企業社會責任同樣關注於社會相關的議題，因此，在21世紀初期的討論中某些學者認為廣義的社會企業與企業社會責任具有許多相似的重疊之處（Sagawa & Segal, 2000；Young, 2001）；然而，近年來越來越多學者闡明兩者具有許多的差異性存在（Boschee & McClurg, 2003；Alter, 2006；呂朝賢，2008），Alter（2006）在社會企業混和光譜上表明社會企業同時具有非營利組織與營利組織的特點，其最明顯的特徵即為藉由市場力量來解決社會問題。

既然社會企業的目標是解決社會問題，其與企業社會責任中的概念有所不同，企業社會責任被視為是一種企業對社會應盡的義務，而某些企業則以是否滿足利害關係人，來作為是否有盡到社會責任的判斷。在利害關係人的角度下，企業社會責任成為了企業的營運手段，換句話說，儘管企業社會責任並非營利導向，但其仍然是企業生存的運行策略之一（陳盈如，2016）但不可置否的，企業成立的主要目的就是為了營利，假如企業為了企業社會責任放棄關注營利而全面轉向關注社會也是強其所難（呂朝賢，2008）。

然而，社會企業是以解決社會問題為主要導向，趟若社會企業在解決社會問題的同時，卻製造出更多的社會問題，此種行為可謂本末倒置（徐沛然，2018），因此，社會企業在商業模式的設計上比起一般企業須更加的嚴謹，更進一步來說，甚至是設計出來的商業流程中的每一環節皆是為了解決社會問題而生，這與傳統營利企業中企業社會責任有了截然不同的樣貌。

因此，本研究藉由探索雙連梨社會企業在苗栗縣卓蘭鎮雙連社區的案例了解社會企業對社會所產生的影響力，其中雙連梨社會企業成立至今已超過四年，是個獲利穩定且持續擴大對社會影響力的公司，雙連梨社會企業如今已成功挽救面臨裁廢的雙連國小，保住偏鄉的教育根基，並藉由品牌的建立幫助農友獲取高於其他農友10%的收入。如今，雙連梨社會企業也一步步的將成功的案例拓展至苗栗縣卓蘭鎮的其他偏鄉國小，並建構新興職人系統來改善臺灣農業看天吃飯的命運。

企業社會責任與社會企業皆是以企業的力量來協助社會，達成企業所想完成的社會議題相關之目標，但兩種概念在使命設定、被賦予的社會期待、執行目標等皆有所不同（呂朝賢，2008），因此，本文先行透過文獻來探索並確認兩者之差異，本章節除了比較兩者異同之外，本文更進一步透過文獻闡述社會企業在傳統營利企業（Profit Organization; PO）及非營利組織（Nonprofit Organization; NPO）之間的獨特性。

二、企業社會責任與社會企業

㈠何謂企業社會責任？

企業社會責任（Corporate social responsibility；CSR）不論在學界或業界已經有諸多的討論（Carroll, 1991；Visser, 2006；Alexander Dahlsrud；2008；Carroll & Buchholtz；2011），但針對企業社會責任的定義在學界中仍尚未有一個比較完整的定義與概念，目前學界普遍認爲企業社會責任的內涵主要有幾個要素，如：Archie B. Carroll（1991）所提出企業社會責任金字塔（The Pyramid of Corporate Social Responsibility）嘗試界定出企業社會責任的四大範疇，認爲企業社會責任是由經濟責任、法律責任、倫理責任、慈善責任等範疇所組成，經濟面向指的是傳統企業追求利潤的概念，法律面向則是指向企業能被社會接受的最低底線，倫理面向指的是非法律要求但利害關係人要求或爲了因應社會期許所需要達成的目標，最後慈善面向指的是組織主動擔任社會的「義工」，提供社會所需要的資源及幫助，協助改善社會所面臨的各項狀況。Alexander Dahlsrud（2008）整合學界與業界不同的經驗，並將其歸類出五個面向，其分類與企業社會責任金字塔有異曲同工之妙，分別是：環境面向、社會面向、經濟面向、利益關係人面向、自願面向，但針對企業社會責任內含面向的定義仍被部分學者挑戰，其概念不夠仍明確及清晰等問題（Visser,2006）。另一方面，部分學者嘗試直接找出企業社會責任的定義，如：Carroll & Buchholtz（2011）指出企業社會責任應該是超出經濟與法律義務，仍然須兼顧到的社會其他需求的面向，儘管目前學界和業界對企業社會責任並沒有一個統一的定義，但透過上述文獻可以了解到企業社會責任大多數仍圍繞著與企業利益相關，換句話說，企業社會責任主要聚焦在與組織相關的利害關係人間的權衡，讓組織可以獲得穩定的發展。

在Carrol（1991）的金字塔模型中，經濟目標仍擺在組織的第一順位，慈善責任相對於整個企業社會責任金字塔中其他目標，則是被定位在最後一位被社會要求實現的目標，部分學者認爲組織中若無實踐商業模式的手段，則不會有後續其他目標實踐的可能性（Alter, 2006），換句話說，慈善責任對於企業來說可能是獲取盈利的策略之一，企業考量CSR如何執行或執行到什麼程度的關鍵，仍是聚焦在是否能夠有效的回饋的企業本身，不可置否的，企業存在的目的就是爲了營利，倘若企業爲了CSR放棄關注營利而全面轉關注社會也是強其所難（呂朝賢，2008）。

另一方面，若以非市場角度來看待企業社會責任議題，則會發現企業進行企業社會責任相關運動主要與其在市場上的形象有關，當企業因成本或策略考量，隱匿或拒絕被政府監督，其有可能對社會產生大量的外部成本，這也使得這些造成外部成本的行爲極有可能成爲大眾媒體聚光燈的焦點，蘇威傑（2017）在〈爲什麼企業要發佈永續報告書？從非市場觀點解釋〉一文中表示，當公司回應媒體的次數越多也代表公司的流言蜚語越多，這將成爲影響公司形象極爲不穩定的因子之一，也就是說該公司所面臨的非市場環境狀態越差，這也使得公司越可能透過發展永續報告書等行爲來展現CSR，積極表達企業對社會立意良善的一面。因此，CSR除了有可能是企業營利的策略手段外，亦可能是一種穩定企業本身所處的社會環境的手段之一。

由上述可知，若以市場營利的角度來審視企業社會責任的概念，企業社會責任成爲了組織營利的策略之一。另一方面，若以非市場角度來看待企業社會責任議題，會發現企業社會責任是一種主動提供市場資訊及穩定自身形象的手法，但不論是從哪個角度切入，CSR主要仍圍繞在以公司利害關係人爲主要考量，透過企業社會責任幫助組織獲得更長遠的發展，使股東可以獲得更長遠的利益。陳盈如（2016）在〈社會企業之定義與其對於傳統公司法挑戰之迷思〉一文中提到，傳統公司常常以利害關係人的角度觀察企業所應負責之責任範疇，換句話說，在利害關係人理論的架構下，不論是提升企業形象的企業社會責任或是以營利爲主的企業活動，皆是有助於提高企業長期利益的行爲。

簡而言之，由於企業在社會中佔有舉足輕重的地位，因此被社會大眾賦予相當大的期待，企業透過重視利害關係人的權益和參與各項社會公益，來展現自身的企業社會責任，回應社會大眾的期待，促使企業自身得以具有永續發展的根基。

㈡何謂社會企業？

「社會企業」在2000年左右開始大量受到大眾的關注，其被探討的時間點較企業社會責任晚上許多，在探索初期，社會企業與企業社會責任的概念並未被清晰的分開討論，部分學者認爲由於企業本身即具有社會責任，因此，無論是非營利組織或是傳統營利組織，只要能達成社會所期待的社會責任即可被稱之爲社會企業，亦或是以是否對社會有貢獻以及非營利組織是否有有其他因商業行爲而產生的收入兩種概念，來區分一般企業與社會企業的組織型態（Sagawa & Segal, 2000；Young, 2001），但此種廣泛的論述僅強調出了組織對社會貢獻的概念，無法明確看出社會企業與其他組織型態的差異，漸漸的學界慢慢以成立目的界定出社會企業的特殊性，社會企業最主要的成立目的在於解決社會問題，甚至進一步協助社會在經濟、政治或社會各種面向上的改變。

總括上述，社會企業以下特點：具有創造並改善社會問題提升社會利益的概念，以改善社會問題或創造社會利益爲主要目標，並且融合傳統企業以及非營利組織的特點，社會企業以市場作爲企業運作資源的基礎來源，並將資源投入改善社會問題，已達成組織的社會使命（Dees，1998；Boschee & McClurg，2003；Alter, 2006；呂朝賢，2008）。

㈢企業社會責任與社會企業之差異

企業社會責任與社會企業看似具有類似的公益性質，但兩者的性質與出發點的界定上卻存在著不小的差異，過去組織間對於社會相關議題的關注主要以非營利組織與企業社會責任概念來扮演，組織與社會間的因應與協調者，而近年來，隨著社會問題的多樣化、非營利組織生存及企業外部成本增加等問題，也促使民間催生出更多介於傳統營利企業及非營利組織間中介型態的組織，因此，Alter（2006）提出企業光譜的概念（詳見圖16-1），透過組織的收入使用（use of income）、組織動機（motive）以及當責（accountability）等概念區分出五類與社會相關之企業型態，社會企業介於傳統企業與非營利組織兩極端之間，顯示出社會企業是一種融合了營利與解決社會問題兩者優點的新形態企業，以行政院103年所推動的「社會企業行動方案」中所提的社會企業爲「以解決社會問題爲企業核心目標，並且非依賴捐款，而是透過商業模式在市場機制下自給自足，其可以幫助社會增加就業機會，並且同時達到社會公益之目的，建立平衡的發展機制」，從中可以看出企業社會責任與社會企業最大的差別來自於對於社會企業是以解決社會問題爲使命核心，換句話說，企業所關心的主要問題是聚焦於營利相關之議題上，而企業所執行的企業社會責任責主要聚焦在與企業相關的利害關係人之上，但社會企業則關注於整體社會的問題，並以解決該問題爲企業核心。

Traditional Nonprolit	Nonprofit with Income-Generating Activities	Social Enterprise	Socially Responsible Business	Corporation Practicing Social Responsibility	Traditional For-Profit

Hybrid Spectrum

← →

· Mission Motive
· Stakcholder Accountability
· Income reinvested in social programs or operational costs

· Profit-making Motive
· Shareholder Accountability
· Profit redistributed to shareholders

圖16-1　社會企業混和光譜

資料來源：Alter, S. K. (2006).

由上述文獻可以發現，社會企業與一般企業最大的差異來自於設立動機的不同，傳統企業以賺錢爲主要設立動機，而社會企業則聚焦於協助社會的弱勢族群；而社會企業與非營利組織的差異，則來自於資源的獲取，非營利組織的支持來源主要來自於政府或接受補助，然而社會企業則是透過商業模式的建立協助弱勢族群可以漸漸地承擔自己的命運，而非不斷的耗費社會資源（Mair & Schoen, 2005）。楊銘賢、吳濟聰、蘇哲仁與高慈薏（2009）分別從企業的創立使命、運作方式以及服務對象，三方面界定出社會企業的特殊性：社會企業具有強烈的社會使命，改善社會現況，創造社會價值，對想實踐的社會目標有所承諾；社會企業的運作方式，則是透過市場支持社會企業本身，追求自身的財務自由，並建構永續發展的機制；服務對象則爲對整體社會需求的回應，針對社會的弱勢族群進行協助，並超越單純只爲組織的利害關係人，而具有強烈的利他概念存在。

概括上述，企業社會責任與社會企業皆爲關注社會現象的企業行爲，而企業社會責任所關注的社會議題，主要以回應組織相關利害關係人，甚至成爲組織形象或是永續生存的策略之一，而社會企業則是超越利害關係人以社會需求爲主要成立使命，社會企業的社會承諾比起一般企業更被社會大眾所重視，並透過市場來獲取解決社會問題的資源，因此，其商業模式及公益性皆受社會大眾嚴謹的審視。

三、雙連梨社會企業之成效——改善舊有制度，扭轉農業產值低落形象

臺灣因應少子化，30人以下的小學若無財政來源須廢除，但偏鄉地區的國小卻是連繫社區的情感中心，卓蘭鎭雙連國小因雙連梨社會企業每年固定捐助30%利潤的幫忙，小學已被認證爲永續校園，免於被裁併的命運，透過學生表現出對家鄉文化的興趣和更牢固的連繫。我們看到他們的學業成績不斷提高，並對加深在地學子對農業教育計畫的興趣。雙連梨社會企業更將2017年的部分盈餘撥給臺東長濱國小棒球隊，以幫助其他偏鄉國小，目前我們將持續擴大幫助卓蘭地區的四所偏鄉小學，讓學生的教育得以延續。

㈠社會成效

雙連梨社會企業爲農民的產品提供更高的價格，如前段所述，雙連梨社會企業保障農友在市場上的基礎價格並讓農友不受到滯銷風險，並且更

近一步將品牌效益所賺取的額外利潤回饋至農友手上。我們品牌所達成的額外收入分配如下，40%用於社會企業營運使用，農民分得30%的利潤，30%則會捐獻給地方小學作爲教育基金。地方小學透過這筆經費來維持和提高額外班級的教育質量，並發展特色課程，向當地兒童傳授他們的家鄉和農業知識。雙連梨社會企業輔佐地方小學發展地方特色課程，藉由建立積極態度使孩子與家鄉保持緊密連繫的，並讓在地國小通過教育部永續校園的認證，使國小免於被裁併的風險。而農友也會因此了解到自身的努力可以幫助到在地，進一步提升自己的成就感，改善對農業的工作評價，了解到務農不再是社會底層的工作，而是一個具有高品質產出，能對社會環境人文皆有貢獻的工作，也因此吸引了4名農二代返從事接手家裡的務農事業，並得到了其他願意與我們合作的農民的積極回應。最後用於社會企業營運的40%，將用於持續規劃並開設農業相關課程，協助農民開展有效的土地利用和自然生長過程中的業務和研究，以提高產品質量提升農友的自信心和獨立性。

㈡經濟成效

根據市場上同品種梨子的總消費量，我們的市場份額約爲3%（銷售30,000公斤）。第二年比起第一年的收入增長了25%。利潤的部分，第一年的利潤率是17%，第二年的利潤率是20%，增長了3%。由此可知我們的商業模式被證明是可行的。但是，作爲早期的小型企業，雙連梨社會企業遭受著巨大的固定成本與利潤不穩定的風險。在2018年，由於水梨生產過剩，水梨末售價格崩跌，市場上水梨品質無論好壞全數混售，農友成爲最大受害者，一年來的成本血本無歸，雙連梨社會企業透過品牌機制成功穩定自身產品的價格，儘管雙連梨社會企業本身也受到市場影響，並無多餘的利潤，但至少保證了合作農友的基本經濟收入。近年來，雙連梨社會企業積極拓展合作品項，透過擴大產品類別和細分市場來分散市場風險。目前，雙連梨社會企業已經與社區中每100名農民中的7名進行了合作，並使合作農友獲得比市場價格高於10%的額外利潤。

㈢當大學走進偏鄉

每當學生第一次走進雙連社區的第一印象總是怎麼會在如此偏僻的地方還有國小，甚至會有許多學生會質疑，在產業轉型的浪潮下人口朝都市移動是人之常情，為何要花心力在這邊，或許這不能代表全部的年輕一代對於偏鄉都是這樣的想法，但本研究希望透過帶領大學生看見臺灣眞實的現況，讓學生理解到高等教育不僅是對於專業知識的追求，還有對於人文與社會的關懷。以下節錄部分學生於課堂回饋之心得：

「這堂課不像以前就做做報告，做的不好頂多分數比較低，但這個每次提案總會有許多問題冒出來，很多想法又被限制，不過看到自己的想法有結果就覺得蠻值得的。」（Kon）[7]

可以看出學生可以透過課堂的提案報告，修正學生對於實踐執行的想法，而不僅是在書本裡面的紙上談兵。

「去了才知道他們跟我們想像的不一樣，平常沒什麼外人會去反而保持他們的純樸，去了之後就很想爲他們做些什麼」（Che）[8]

當學生實際走進這些偏鄉並且深入的踏訪以後會跟地方產生連結，進而關注且幫助地方。

7 中原大學企業管理學系四年級。

8 中原大學企業管理學系三年級。

「最讓我感到驚訝的事情，則是原以爲賣家之間會是充滿距離的，就算不是冷漠的，也絕對不會是熱情的，尤其是對我們這種暫時性的商家，願意理會我們的攤商應該不多，但相反的，所有的攤商竟然會互相合作，無論是需要什麼樣的協助，在可行範圍之內，他們都是很樂意伸出援手」（Hau）[9]

可以發現不論是哪個年級的學生，在參與了社會實踐相關的計畫後，都改變了他們對於社會原本的想像，當學生走出校園與眞實的社會接觸後，他們才能再回到學校反思自己的所學以及未來自己所想要追尋的目標。

㈣走出學術象牙塔——大學做爲偏鄉的智庫

中原大學落實產學合作，眞實創立社會企業，讓大學生眞正了解如何透過企業運作解決社會問題，導入大學能量幫助偏鄉農友，將農業提升社會價値。以往農產品品牌的建立，主要僅止於幫助農民能獲得更高的產品價値上，雙連梨企業則是發揮中原大學全人教育的精神透過人文關係，幫助社區維持其精神中心，連結整個雙連社區的凝聚力，與在地小農面對面溝通，從根基改變現況，並幫助他們拓展新的銷售管道，如超市通路等，改變以往只有盤商能接觸到消費者的劣勢情況和「轉型光觀果園就是救農業的思維」，我們以品牌建立、維持社區團結以及拓展銷售管道等方式，使農友在現有資源下發展出永續系統，提升臺灣農夫的工作評價，改善失衡的產業結構。

9 中原大學企業管理學系研究生。

四、雙連梨社會企業對社會的貢獻與影響

㈠雙連梨社會企業對整體社區帶來的改變

雙連社區盛產的新興梨與柑橘是社區內最富有的資源，透過建立新的商業模式，讓雙連國小被包含在產業中，將雙連梨的利潤收益，一部分回饋於學校的基本營運經費，一部分回饋成本給果農。我們與當地農民購買新興梨與柑橘，透過成立雙連梨社會企業，打造雙連梨品牌，運用所得利潤回饋於社會，讓臺灣角落裡的偏鄉帶來新的生命力，把雙連梨的好，帶給每一個人。

1. 雙連梨使產業發生改變

透過嚴格的產品檢驗來突顯雙連梨甜美、健康的特質，並且採用保障梨農的訂價與付款方式來保障農友的基本收入，再利用品牌系統與其他地區產品區隔，增加產品的附加價值，最終，透過品牌提升產業利潤，讓社區得以有正常的金流。

2. 雙連梨使社區發生改變

經過我們的努力，終於帶給雙連社區夜晚不絕於耳的歡笑聲，凝聚了農友們的向心力，創造更多新生代農友持續的加入並協助營運。

3. 雙連梨的社會意義

雙連梨社會企業從生產、銷售、服務到收益分配，每一個環節都以社會利益為優先，並透過創新的商業模式嘗試經由解決社會問題的過程來獲取收益，使雙連梨的社會價值得以永續。

㈡雙連梨社會企業對社區居民的影響

雙連梨社會企業在中原大學商學院以及創新育成中心的輔佐下經過兩年的經營，目前已經是個獨立且成熟得社會企業，除了幫助雙連國小免於併校危機，更於2017年將社會企業的額外利潤捐獻至臺東縣長濱國小，以幫助這個

曾孕育許多臺灣國手的國小棒球隊能持續的運作，顯現出雙連梨社會企業已經是具有相當影響力的社會企業，而這也使得雙連國小的學生對於自身家鄉產業的環境產生信心，雙連國小的學生反映：

「可以幫助到他們，感覺是一件非常榮幸的事情。」（SU）[10]

或是雙連社區的老農友反映：

「假如說如果我們，生產這高品質的水果的時候，能夠來造就其它的，如其它的單位學校的方面，這是我們未來要做的工作。」（CH）[11]

以及雙連社區的青年農友反映：

「以前去外面闖，賺的也沒有很多，但那時候就不會想，覺得就是要去外面才有成就，現在回來開始跟爸爸媽媽留下來的這塊地有感情啦！覺得現在做這個也不差。」（Wu）[12]

從在地居民給雙連梨社會企業的反饋可以看出雙連社區的老中青三代都漸漸對於自身的產業跟土地產生了連結，找到屬於自己家鄉的在地認同，而雙連梨社會企業也正積極的將這四年來孕育的能量拓展至整個卓蘭鎮，幫助整個卓蘭鎮打造一個全新的品牌，提升卓蘭整體產業的競爭力。

五、社會企業的企業社會責任

本研究透過探討雙連梨社會企業的實踐案例，了解到社會企業在展現其社會性時與傳統營利組織有許多不同之處，藉由上述案例，本研究認爲社會企業中的社會性可以從兩個角度與傳統的企業社會責任進行區分，一

10 雙連國小五年級學生。

11 雙連社區農友年齡60。

12 雙連社區農友年齡32。

爲行爲展現的出發點，二爲兩概念的目標對象，透過文獻探討本研究發現對傳統營利企業而言，展現企業社會責任是一種基於利害關係人的期待，亦或是公司生存的策略之一（Alter, 2006）。然而，社會企業則是以社會需求爲出發點，藉由社會需求發展商業模式的設計，以市場力量自給自足的一種企業，換句話說，社會企業是一種社會需求與商業行爲並重的一種經營模式，這使得社會企業的每一個行爲與環節皆需要注意到社會的需求，假如以解決社會問題爲由，創造另外一個新的社會問題，這難免有些本末倒置。另外一方面，社會企業的目標並非滿足特定的利害關係人，而是朝著解決複雜的社會問題邁進，本案例中可以發現，社會企業由於多了解決社會問題的思考使得組織的利害關係人變的錯綜複雜，但卻要注意不可以偏廢任何一方，以免造成上述所表達的爲解決社會問題而產生新的社會問題。

傳統公司常因爲一些營利行爲而將成本「外部化」，由於某些內部資訊常被視爲商業機密，因而拒絕接受政府或民間團體的監督（徐沛然，2018），這些產生外部成本的行爲，使得企業本身容易受到媒體的關注，因此，某些企業可能會透過發表永續報告書等企業社會責任行爲來做爲維護自身公司的手段（蘇威傑，2017），亦或是以企業社會責任作爲營利的策略之一，藉由進行企業社會責任相關活動來達成企業的利害關係人的要求（陳盈如，2016）。然而，社會企業的成立目的並非以賺取利益爲主要目標，而是以解決社會需求爲主要目標，倘若一個社會企業聲稱在解決社會問題的同時，卻製造出更多的社會問題或是僅以提供產品的角度來解決社會問題，這都難免都有掛羊頭賣狗肉之嫌疑（徐沛然，2018），因此，社會企業的商業模式設計上應該注重每個會對社會產生影響的細節，如本研究之案例雙連梨社會企業，透過在地產業創造商業模式，並協助偏鄉自身的弱勢族群，嘗試爲偏鄉找到一個可以自給自足的辦法，而非不斷依靠外界援助，雙連梨社會企業從營收運用、品牌外溢性的考量到如何扭轉整體產業的負向循環皆有所設計，透過從在地找資源，讓自己人幫助自己人，最終，才能夠在偏鄉眞正建立長治久安的永續機制。

參考文獻

一、中文部份

ETtoday新聞雲，2018，Uber新專利：藉由手機使用行為　判定乘客是否酒醉，https://www.ettoday.net/news/20180615/1189878.htm，搜尋日期：2019年5月6日。

ETtoday新聞雲，2018，拒載「爛醉乘客」！Uber提人工智慧辨識系統專利，https://speed.ettoday.net/news/1193189，搜尋日期：2019年5月21日。

ETtoday新聞雲，2019，酒醉哥搭Uber突開門　下秒「頭顱絞進公車底」優步司機衰爆跟著關！，https://sports.ettoday.net/news/1440296，搜尋日期：2019年6月10日。

The News Lens 關鍵評論，2018，紐時報導：上千款遊戲、社交App在「監聽」用户，你中鏢了嗎？https://www.thenewslens.com/article/87053，搜尋日期：2019年5月9日。

TVBS官網，2015，加州Uber司機在醉漢，趕客下車反遭痛毆，https://news.tvbs.com.tw/world/624187，搜尋日期：2019年5月6日。

TVBS官網，2017，你下車繼續被追蹤！　Uber遭踢爆侵犯隱私，https://news.tvbs.com.tw/life/763322，搜尋日期：2019年5月4日。

TVBS官網，2019，定位錯？搭Uber遭丟包荒郊野外　乘客嚇哭，https://news.tvbs.com.tw/life/1088393，搜尋日期：2019年5月4日。

Uber官網，2019，Uber，https://www.uber.com/tw/zh-tw/，搜尋日期：2019年5月1日。

Unwire HK，2018，Uber申請專利，用人工智慧找出喝醉的乘客，https://technews.tw/2018/06/12/uber-ai-app-drunk-passenger/，搜尋日期：2019年5月6日。

丁予嘉，2017，共享經濟的利與弊，https://money.udn.com/money/story/5629/2613935，搜尋日期：2019年6月10日。

大眾運輸事業補貼辦法，全國法規資料庫，https://law.moj.gov.tw/搜尋日期2019.05.10。

中文維基百科，2019，優步，https://zh.wikipedia.org/wiki/%E5%84%AA%E6%AD%A5，搜尋日期：2019年5月1日。

中央社，2019/05/13，Uber上市首日股價大跌7.6%，加入「有史以來最慘

IPO」行列，https://buzzorange.com/techorange/2019/05/13/ubers-ipo-had-a-terrible-first-day/，搜尋日期：2019年10月13日。
中央研究院，2013。高等教育與科技政策建議書。臺北：作者。
中時電子報，2018，人在臺北Uber境外連5刷，https://www.chinatimes.com/newspapers/20180301000496-260106?chdtv，搜尋日期：2019年5月9日。
中華民國公共汽車商業同業公會全國聯合會運輸年報，2012。
中華民國公共汽車商業同業公會全國聯合會運輸年報，2013。
中華民國公共汽車商業同業公會全國聯合會運輸年報，2014。
中華民國公共汽車商業同業公會全國聯合會運輸年報，2015。
中華民國公共汽車商業同業公會全國聯合會運輸年報，2016。
內政部，2012，國民年金行政救濟制度之研究。內政部委託研究報告，53。
內政部，2018，10年臺灣地區簡易生命表。取自http://www.moi.gov.tw/stat/life.aspx。
公路法，2019，全國法規資料庫，https://law.moj.gov.tw/搜尋日期2019.05.10。
毛亞文，2018，人生的下半場：年金改革下中高齡國小教師之生涯規劃與調適。玄奘大學應用心理學系，新竹縣。
王菲，2011，「互聯網精准營銷的隱私權保護：法律、市場、技術」，國際新聞界，12，https://www.shangyexinzhi.com/article/details/id-72550/，搜尋日期：2019年6月7日。
王穆衡、翁美娟、張贊育及黃立欽，2003，公路汽車客運業營運虧損補貼計畫之效益分析，交通部運輸研究所，MOTC-IOT-91-MA05，臺北市。
臺灣兒童福利聯盟文教基金會，2005，「TV哪裡有問題？2005年臺灣兒童傳播權調查公佈記者會」，http://www.children.org.tw/database_report.php?id=139&typeid=4&offset=31，搜尋日期：2010年1月24日。
臺灣兒童福利聯盟文教基金會，2010，「電視食物廣告大調查」，http://www.children.org.tw/database_epaper_all.php?periodical=225，搜尋日期：2010年1月24日。
交通部公路總局公路公共運輸年報，2016。
任文媛、范錚強、許通安，2006，「資訊隱私侵害行為意圖之研究」，Journal of Information, Technology and Society，第2期，77-100。
地方自治法，全國法規資料庫，https://law.moj.gov.tw/，搜尋日期2019.05.10。

江佩穎，2003，企業推行一對一網路行銷關鍵成功因素之探索性研究，國立成功大學企業管理研究所未出版碩士學位論文。
行政院，2014。社會企業行動方案。取自：https://www.taichung.gov.tw/media/204135/622516162071.pdf。搜尋日期：2019/10/22。
行政院國家永續發展委員會，2013，聯合國永續發展目標中文翻譯。
行政院衛生署國民健康局，2009，研議不健康食品課徵健康捐，http://www.bhp.doh.gov.tw/BHPnet/Portal/PressShow.aspx?No=200912210001，搜尋日期：2011年2月21日。
吳玉明，2004，「推動媒體識讀教育的途徑」，師友月刊，450，59-61。
吳和堂，2011，國小實習教師的角色知覺、工作投入與專業成長之因果關係研究。教育心理學報，2，419-438。
吳明錡，2018，大學社會責任之實踐。國土及公共治理季刊，6(1)，62-67。
吳知賢，1991，電視與兒童，初等教育學報，4，171-189。
吳知賢，1998，兒童與電視，臺北：桂冠圖書。
吳芝儀、廖梅花，2001，質性研究入門：紮根理論研究方法。嘉義市：濤石。
吳靖國，2010，質性研究：從理解人開始。銘傳教育電子期刊，2，20-34。
吳翠珍，1992，電視形式特質對兒童與電視研究的啓示—從注意力與理解的研究發現談起，廣播與電視，1，35-47。
呂朝賢，2008。社會企業與創業精神：意義與評論。政治大學社會學報，39，81-117。
李永展，2003。永續發展：大地反撲的反思（二版）。臺北市：巨流。
李克東編著，1990，教育傳播科學研究方法，北京：教育科學。
李秀美，1993，兒童「看」電視—看什麼？怎麼看？，教學科技與媒體，7，12-22。
李美華，2005，社會科學研究法。臺北市：雙葉書廊有限公司。
李淑芳，2009，廣告倫理研究，北京：中國傳媒大學出版社。
每日頭條，2018，利用人工智慧研判乘客是否醉酒，Uber新解決方案申請專利，https://kknews.cc/zh-tw/tech/6b4y6nv.html，搜尋日期：2019年5月10日。
沈文英，2009，「媒介與兒童」不只是「媒介」與「兒童」，臺北：國立空中大學出版中心。
沈翠蓮，2018。創意問題解決在通識實作教學的經驗反思。通識教育學報，

23，1-25。
周芳怡，2019。通識課程落實大學社會責任之行動研究。通識學刊：理念與實務，7(1)，1-31。
周雨田，2017，臺灣經濟預測與政策。中央研究院經濟研究所。48(1)，3-4。
林佩璇，2009，課程行動研究的實踐論述：從自我到社會文化。教育實踐與研究,，22(2)，95-122。
林佳蓉、江艾謙，2009，媒體素養如何與議題和領域結合，收錄於教育部（編），媒體素養教育教師參考手冊，231-267。
林煥民，2008，從正義論觀點看我國教育政策公平性，學校行政雙月刊，2008/9，191-208。
邱裕鈞，2012，臺灣地區公路客運供給與補貼之區域資源分配差異分析，運輸計畫季刊，41(3)，399-434。
侯政宏、李惠玲，2014。從教師與學生實務增能層面探討縮短學用落差政策。發展與前瞻學報，4，45-69。doi:10.6737/JDP.201406_(4).03
施文玲，2006，質性取向研究理論派典之探析，網路社會學通訊期刊，53，http://www.nhu.edu.tw/~society/e-j/52/52-14.htm，搜尋日期：2007年10月20日。
施宜煌，2014。思索通識教育在大學的作用。通識教育學報，2，159-175。
柯怡安，永續運輸發展政策下智慧型運輸系統（ITS）推動策略之研究，交通部運輸研究所，MOTC-IOT-97-TAA006，臺北市，民98。
段梅紅，2010，「無良廣告　戕害兒童」，http://www.cca.org.cn/web/dzzz/newsShow.jsp?id=3305，搜尋日期：2010年08月26日。
紀秀娥，2009，高雄縣市國小學校校能因素之研究。國立高雄師範大學教育系，高雄市。
胡幼慧，2008，質性研究：理論、方法及本土女性研究實例，臺北：巨流。
風傳媒，2016，開小黃還是UBER？司機們為什麼這樣選？，https://www.storm.mg/lifestyle/78473?srcid=7777772e73746f726d2e6d675f313038376135393266343030666623333_1558429090，搜尋日期：2019年5月7日。
孫義雄，2004，深度訪談法與犯罪成因之探索，通識教育教學及研究方法學術研討會論文集，221-232，桃園：中央警察大學。
徐沛然，2018。社企是門好生意？。臺北：時報文化出版企業股份有限公司。
徐照麗，2001，我國推展國民小學電視媒體教育課程之研究，臺北：媒體識讀推廣中心。
秦梅心，2007，花蓮縣國民小學教師媒體素養內涵認知及實施現況之研究，國立花蓮教育大學社會科教學碩士學位班未出版碩士論文。
馬化騰、張孝榮、孫怡、蔡雄山，2017，共享經濟：改變全世界的新經濟方案，天下文化。
馬若飛，2017，同是共享經濟Uber與Airbnb的兩樣情，https://www.stockfeel.com.tw/同是共享經濟-uber-與-airbnb-的兩樣情/，搜尋日期：2019年6月10日。
高強華，1991，個案研究法。取自黃光雄及簡茂雄主編：教育研究法，291-308，臺北，師大書苑。
高敬原，2018，數位時代，Uber用AI揪出喝醉乘客，卻潛藏著隱私危機，https://www.bnext.com.tw/article/49479/uber-ai-drunk-patent-application，搜尋日期：2019年6月10日。
國家發展委員會，2016，中華民國人口推估（105至150年）。中華民國人口推估查詢系統。取自https://www.ndc.gov.tw/Content_List.aspx?n=84223C65B6F94D72。
張子清，2011，肥胖海嘯來襲「垃圾食品」成全球公敵，http://news.rti.org.tw/index_newsContent.aspx?nid=279368&id=2&id2=2，搜尋日期：2011年2月21日。
張有恆、李治綱、呂錦山、游俊雄、謝文真、曾曉瑜、余佩蓁、鄧雪吟、曾于娟、蘇瑞怡、郭建辰、翁嘉鴻、王穆衡、蔡欽同，大眾運輸事業法定優待票價差額補貼作業執行方式之研究，交通部運輸研究所，OTC-IOT-95-MEB014，臺北市，2007。
張俊山，2001，現代資本主義國家年金制度研究。中國：南開大學出版社，4。
張雪芬、黃雅萍，2015。小組合作概念構圖提升學童問題解決能力之研究。雙溪教育論壇，3，87-100。
張源泉，2017。走出象牙塔-以德國雙元制高等教育為例。教育實踐與研究，30(1)，169-209。
張瑀芬，2016，新北市公立國民中小學教師年金制度改革之研究。國立臺灣師範大學教育政策與行政研究所，臺北市。

教育部，2013，人才培育白皮書。臺北：作者。
教育部，2016，教育部推動大學社會責任實踐計畫說明會手冊。教育部高教司。
教育部中小學師資課程教學與協作中心，2017，107學年度落實多元選修，108學年度新課綱穩健實施。取自https://depart.moe.edu.tw/ED7600/News_Content.aspx?n=CC504355A79C7AF4&sms=E3716E5AC9CDF1ED&s=D0F033700D0680CC。
郭冠甫，1999，以401(k)計畫為例簡介美國個人退休基金制度。人事行政，128，30-37。
郭庭君，2018，你醉了嗎？UBER更知道，http://www.taaa.org.tw/news/article/6502，搜尋日期：2019年5月6日。
陳巧燕，2002，國小兒童廣告解讀型態與家庭文化之研究—以全球化廣告為例，國立屏東師範學院國民教育研究所未出版碩士論文。
陳正輝，2008，廣告倫理學，上海：復旦大學。
陳向明，2002，社會科學質的研究，臺北：五南。
陳盈如，2016。社會企業之定義與其對於傳統公司法挑戰之迷思。政大法學評論，145，87-145。
陳重成，2010，全球化語境下的本土化論述形式：建構多元地方感的彩虹文化。遠景基金會季刊，11(4)，43-96。
陳哲銘，2013，利用自願性地理資訊培養學童的地方感：從苗栗小學生得到的經驗。地理研究，59，75-90。
陳復，2016，革新大學通識教育課程的創新教學機制。通識學刊：理念與實務，4(2)，121-151。
陳圓香，2018，國中小教師年金改革公平認知與工作滿意度及工作投入關係之研究—以新竹縣為例。中華大學工業管理學系，新竹縣。
傅昱瑄，2014，日本公共運輸整體推動策略之研究—以關東地方、中部地方、近畿地方為例，臺北市。
彭鈐濤，2008，以商業倫理探討臺灣的廣告倫理，國立中央大學哲學研究所未出版碩士論文。
黃俊傑，2007，二十一世紀的大學專業教育與通識教育：互動與融合。通識學刊：理念與實務，1(2)，1-27。
黃政傑，1998，質性研究的原理與方法。載於質的教育研究：方法與實例。臺北市：漢文。

黃政傑，1996，質的教育研究：方法與實例，臺北：漢文。
黃瑞琴，1997，質的教育研究法。臺北市：心理出版社。
黃運貴、黃新薰、張芳旭、朱珮芸、張益城、蔣敏玲、陳國岳、楊智凱、與林忠欽，2003。
黃營杉，2005，企業倫理、社會責任與慈善公益作為之研究—以臺灣高科技電子產業為例，人文暨社會科學期刊，1(2)，65-82。
楊心怡、李啓嘉，2015，問題導向學習對法律系大學生問題解決能力及自我導向學習之研究。教育科學研究期刊，60(1)，131-155。
楊正誠，2019，大學社會責任發展的國內外趨勢。評鑑雙月刊，(79)，32-36。
楊洲松，2004，解放與賦權—媒體素養教育的理念與實踐，臺灣教育，629，2-8。
楊淑晴，2017，退休年金改革政策之研究：以桃園市國中教師為例。中原大學教育研究所，桃園市。
溫嘉玲，2014，中學教師工作投入與工作滿足之相關性研究—以新竹縣國中教師為例。中華大學工業管理學系，新竹縣。
萬文隆，2004，深度訪談在質性研究中的應用。生活科技教育月刊，37(4)，18-23。
葉乃靜，2012，圖書館學與資訊科學大辭典。國家教育研究院，新北市。取自http://terms.naer.edu.tw/
葉至誠，2016，年金制度與社會保障。臺北市：獨立作家。
葉重新，2001，教育研究法，臺北：心理。
葉崇揚、施世駿，2009，典範連續或典範轉移？德國與英國年金改革研究。社會政策與社會工作學刊，13(1)，1-51。
詹火生，2007，檢視英國政府年金改革計畫—兼述臺灣建構年金制度的省思。國政基金會，國政分析。
資策會科技法律研究所，2014，新興網路運輸業的異軍崛起-UBER風潮，https://stli.iii.org.tw/article-detail.aspx?no=66&tp= 3&i=74&d=6644，搜尋日期：2019年05月31日。
鄒美玲，2014，小學教師工作士氣：從退休制度在變革談起，臺灣教育評論月刊，3(2)，111-114。
廖淑君，2005，兒童電視節目法律規範之研究—以美國及澳洲為例，廣播與電視，24，33-61。

監察院，2010，偏遠地區客運停駛問題專案調查研究報告，監察院。
管婺媛，2013，買餐送玩具立委批麥當勞，中國時報，5月31日。
網路治理議題支援平臺，2018，美國加州通過消費者保護隱私法，https://twip.org.tw/Observatory/Detail.aspx?id=41，搜尋日期：2019年6月10日。
網路溫度計，2015，Uber大戰小黃！Uber網路評價大解密！https://dailyview.tw/daily/2016/06/02，搜尋日期：2019年5月6日。
劉承杰，2003，跨國廣告公司兩岸經營策略之比較—以臺北、上海兩地廣告公司為例，國立臺灣大學國家發展研究所未出版碩士論文。
劉照慧，2015，共享經濟：泡沫隱患與突破優勢並存，https://www.stockfeel.com.tw/%E5%85%B1%E4%BA%AB%E7%B6%93%E6%BF%9F%EF%BC%9A%E6%B3%A1%E6%B2%AB%E9%9A%B1%E6%82%A3%E8%88%87%E7%AA%81%E7%A0%B4%E5%84%AA%E5%8B%A2%E4%B8%A6%E5%AD%98/，搜尋日期：2019年05月31日。
劉嘉豐，2010，人格特質、工作投入、工作滿足與組織承諾影響—以嘉義市國中教師為例。南華大學企業管理學系，嘉義縣。
樂時尚，2018，UBER新專利！司機還沒到，就可以偵測到乘客已經喝醉了！，https://styletc.chinatimes.com/3c/20180614001211-330804，搜尋日期：2019年5月6日。
歐用生，1999，行動研究與學校教育革新，國民教育，39(5)，2-12。
鄭政卿，2004，資訊社會中高中職教師的專業成長，師說，179，47-50。
鄭愛玲，2015，國小教師工作投入與學校校能關係之研究。臺灣教育評論月刊，4(4)，198-200。
橘報，2016，專訪勵馨基金會執行長紀惠容：女性需要更多彈性就業的機會，共享經濟模式值得期待，https://buzzorange.com/2016/03/06/goh-sharing-economy/?fbclid=IwAR1tehp5nffbgXl6Pzo-aOhBfEx655uBbcur-PFY_MDgtTC9GKA2RCnX4-s，搜尋日期：2019年5月10日。
蕭瑞麟，2007，不用數字的研究：鍛鍊深度思考力的質性研究，臺灣：培生。
簡良平，1999，科際整合之「問題一解決」教學策略可行性探討。課程與教學，2(3)，103-115。
藍忠孚，2001，全民健康保險深度訪談法彙編，臺北：國家衛生研究所。
羅芙瀅，2012，國中教師之角色壓力與工作滿意度、工作投入及幸福感之關係。玄奘大學應用心理學系，新竹縣。

關鍵評論，2016，（更新）WHO確認茲卡病毒為「國際公衛緊急事件」疾管署：和伊波拉威脅同等級，https://www.thenewslens.com/article/35672, Accessed, 15 Mar., 2016.

龐寶宏，2017，年金改革之另立基金與世代正義。聯大學報，14(1)，103-118。

蘇威傑，2017，為什麼企業要發佈永續報告書？從非市場觀點解釋。管理學報，34(3)，331-353。

蘇威傑，2017，為什麼企業要發佈永續報告書？從非市場觀點解釋。管理學報，34(3)，331-353。

二、英文部份

Acosta, L., 2016, Colombia Informa de Más de 25,600 Casos de Zika, Incluidas 3,177 Mujeres Embarazadas, https://es-us.noticias.yahoo.com/colombia-reporta-m%C3%A1s-25-600-casos-zika-incluidas-193547913.html?nhp=1, Accessed, 10 Feb., 2016.

Alter, S. K., 2006, *Social enterprise models and their mission and money relationships*. In A. Nicholls (Ed.), Social entrepreneurship: New models of sustainable social change (pp. 205-232). Oxford, UK: Oxford University Press.

Anderson, S. C., 1983, The Effect of Government Ownership and Subsidy on Performance: Evidence from the Bus Transit Industry, *Transportation Research Part A*, 17(3): 191-200.

Arnas, Y. A., 2006, The Effects of Television Food Advertisement on Children's Food Purchasing Requests, *Pediatrics International*, 48(2):138-145.

Asadollahi, A., Tanha, N., 2011, The Role of Television Advertising and Its Effects on Children, *Interdisciplinary Journal of Research in Business*, 1(9): 1-6.

Ashwal, S., Michelson, D., Plawner, L., Dobyns, W., 2009, Practice Parameter: Evaluation of the Child with Microcephaly (An Evidence-Based Review), *Neurology*, vol. 73, no. 11, 887-897.

Aufderheide, P., 1993, Media Literacy: A Report of the National Leadership Conference on Media Literacy, Aspen Institute, Washington.

Austin, M. J., Reed, M. L., 1999, Targeting Children Online: Internet Advertising Ethics Issues, *Journal of Consumer Marketing*, 16(6): 590-602.

Belch, G. E., Belch, M. A., 2004, *Advertising and Promotion: An Integrated Marketing Communication Perspective* (6th ed.). New York, NJ: McGraw-Hill/Irwin.

Bell, D., 1976, *The coming of post-industrial society*. New York, NY: Basic Books. Berger, S., & Pliz, M., 2009, Benefit of vet. In U. Hippach-Schneider & B. Toth

Benen, S., 2016, White House: Congress is "Passing out Umbrellas in a Hurricane", http://www.msnbc.com/rachel-maddow-show/white-house-congress-passing-out-umbrellas-hurricane, Accessed 19 Apr., 2016.

Bernish, C., 2016, Zika Outbreak Epicenter in Same Area Where GM Mosquitoes Were Released in 2015, http://theantimedia.org/zika-outbreak-epicenter-in-same-area-where-gm-mosquitoes-were-released-in-2015, Accessed, 30 Jan., 2016.

Berry, C., 2011, Resuscitating Retirement Saving: How to Help Today›s Young People Plan for Later Life, London: *The International Longevity Centre* - UK (ILC-UK).

Best, J. W., 1977, *Research in Education*. Englewood Cliffs, NJ: Practice-Hall.

Blau, G. and Boal, K., 1987, Conceptualizing How Job Involvement and Organizational Commitment Affect Turnover and Absenteeism. *Academy of Management Review*, 12, 288-300.

Blosser, B. J., Roberts, D. F., 1985, Age Differences in Children's Perceptions of Message Intent: Responses to TV News, Commercials, Educational Spots, and Public Service Announcements, *Communication Research*, 12(4): 455-484.

Bloustein, E. J., 1964, Privacy as an Aspect of Human Dignity: An Answer to Dean Prosser, N.Y.U. *Law Review*, 39: 962-1007.

Bly, P. H. and Webster, F. V., 1980, Effect of Subsidies on Urban Public Transport, *Transportation*, 9: 311-331.

Bogue, A. G., 1965, *The Wisconsin: One hundred and twenty-five years*. Madison, WI: University of Wisconsin Press.

Bok, D., 1982, *Beyond the ivory tower: Social responsibilities of the modern university*. Cambridge, MA: Harvard University Press.

Boris Dunnewijk., 2002, Four Pillars, Four Solutions: Pension Reform and Insurance Opportunities. The Geneva Papers on Risk and Insurance. Issues and Practice. 27(4): 540-554.

Boschee, J., & McClurg, J., 2003, *Toward a better understanding of social entrepreneurship: Some important distinctions*. Retrieved October, *9*, 2008.

Boush, D. M., 2001, Mediating Advertising Effects. In Bryant J., Bryant J. A. (Eds.), *Television and the American Family (2nd ed.)*: 397-412. Mahwah, NJ: Lawrence Erlbaum Associates.

Brucks, M., Armstrong, G. M., Goldberg, M. E., 1988, Children's Use of Cognitive Defenses Against Television Advertising: A Cognitive Response Approach, *Journal of Consumer Research*, 14(4): 471-482.

Buckingham, D., 2007, *Media Education: Literacy, Learning and Contemporary Culture* (Reprinted). Cambridge, MA: Polity.

Buijzen, M., Valkenburg, P. M., 2003, The Unintended Effects of Advertising: A Parent-Child Survey, *Communication Research*, 30(5): 483-503.

Carolan, M., 2007, The Precautionary Principle and Traditional Risk Assessment: Rethinking How We Assess and Mitigate Environmental Threats, https://www.researchgate.net/profile/Michael_Carolan/publication/249701342_The_Precautionary_Principle_and_Traditional_Risk_Assessment_Rethinking_How_We_Assess_and_Mitigate_Environmental_Threats/links/0046353a0fb28dcf48000000.pdf, Accessed, 19 Apr., 2016.

Carroll, A. B., 1989, *Business and Society*. Cincinnati, OH: South-Western.

Carroll, A. B., 1991, The Pyramid of Corporate Social Responsibility: Toward the Moral Management of Organizational Stakeholders. *Business Horizons (July/ August):* 39-48.

Carroll, A. B., 1991, *The pyramid of corporate social responsibility: Toward the moral management of organizational stakeholders*. Business horizons, *34*(4): 39-48.

Carroll, A., & Buchholtz, A., 2011, *Assessing ethics education in a business, government, and society course context*. Toward assessing business ethics education, 263-276.

CDC Media Statement, 2016, "CDC Concludes Zika Causes Microcephaly and Other Birth Defects", https://www.cdc.gov/media/releases/2016/s0413-zika-microcephaly.html. Accessed, 15 Apr., 2016.

CDC, 2019, Facts about Microcephaly (Causes and Risk Factors), https://www.cdc.gov/ncbddd/birthdefects/microcephaly.html, Accessed, 20 Nov., 2019.

Center for Media Literacy, 2002, Media Literacy: A Definition. http://www.medialit.org/reading_room/rr2def.php. Accessed October10, 2006.

Christakis, D. A., Zimmerman, F. J., 2006, *The Elephant in the Living Room: Make Television Work for Your Kids*. New York, NJ: Rodale.

Cohen, J., 2001, Appreciating, Understanding and Applying Universal Moral Principles. *The Journal of Consumer Marketing,* 18(7): 578-594.

Considine, D. M., Haley, G. E., 1999, *Visual Messages: Integrating Imagery into Instruction* (2nd ed.). Englewood, CO: Teacher Ideas.

Cox, R. H., 1998, The Consequences of Welfare System: How Conceptions of Social Rights Are Changing, *Journal of Social Policy*, Vol. 27 Issue 1. 44-50.

Curtis, J., 2016, Are Scientists to Blame for Zika Virus? Researchers Released Genetically Modified Mosquitos into Brazil Three Years Ago, https://www.dailymail.co.uk/news/article-3425381/Are-scientists-blame-Zika-virus-Researchers-released-genetically-modified-mosquitos-Brazil-three-years-ago.html, Accessed, 20 Nov., 2019.

Dahlsrud, A., 2008, *How corporate social responsibility is defined: an analysis of 37 definitions.* Corporate social responsibility and environmental management, *15*(1), 1-13.

Dees, J. G., 1998, *The meaning of social entrepreneurship.*

Denzin, N. K., Lincoln, Y. S., 2000, *The SAGE Handbook of Qualitative Research* (2nd ed.). Thousand Oaks, CA: Sage.

Denzin, Norman. K. and Yvonna S. Lincoln., 2005, Introduction: The Discipline and Practice of Qualitative Research. In *The Sage Handbook of Qualitative Research.*, Thousand Oaks, CA: Sage, 10.

Digman, J. M., 1990, Personality structure: Emergence of the five-factor model, *Annual Review of Psychology*, 41: 417-440.

Ebbinghaus, B., Orenstein, M. and Whiteside, N., 2012, Governing Fund Capitalism in Times of Uncertainty, *Global Social Policy, Special Issue* 12, 241-245.

Elliott, J., 1991, *Action research for educational change*. Milton Keynes, Philadelphia: Open University Press.

Fedorov, A., 2003, Media Education and Media literacy: Experts' Opinions. In MENTOR, A *Media Education Curriculum for Teachers in the Mediterranean*. Paris, France: UNESCO.

Fernandez, T. E. Hauge, & J. Moller (Eds.), The life and work of teachers: International perspectives in changing times (pp.76-89). New York: Falmer.

Ferrell, O. C., & Geoffrey, H., 2000, *Business: A changing world*. New York: McGraw-Hill.

Fisher, J., 2004, Social Responsibility and Ethics: Clarifying the Concepts, *Journal of Business Ethics,* 52:391-400.

Fletcher, W., 2004, The Challenge of Advertising to Children, *Advertising & Marketing to Children*, 5(2): 11-15.

Flick, U., 1995, Social Representations. In Harré, R., Smith, J. A., Langenhove, L. V., (Eds.), *Rethinking Psychology*: 70-96. London, United Kingdom: Sage Publications.

Frederick, W. C., Post, J. E., & Davis, K., 1992, *Business and Society—Corporate Strategy, Public Policy, and Ethics* (7th Ed.).

Friedman, M., 2007, The Social Responsibility of Business Is to Increase Its Profits, *Corporate Ethics and Corporate Governance*, 173-178. Reprinted by permission of The New York Times Syndicate, 1970, Paris, France.

Galotti, K. M., 1989, Approaches to Studying Formal and Everyday Reasoning. *Psychological Bulletin,* 105, 331-351.

Gavison, R., 1980, Privacy and the Limits of Law, *The Yale Law Journal*, 89(3): 421-471.

Genevieve Reday-Mulvey., 1993, Work Time Adjustment for Older Workers in France. *Lessons from a Four Year Project, Work Life Year Book* 2000, 47-48.

Glaser, B. G., Strauss, A. L., 1967, *The Discovery of Grounded Theory: Strategies for Qualitative Research*. Chicago, IL: Aldine.

Goddard, J., Hazelkorn, E., .3Kempton, L., & Vallance, P,. (eds.). 2016. *The Civic University: The Policy and Leadership Challenges (pp. 3-15)*. Cheltenham, UK: Edward Elgar Publishing.

Gomez, L., 2014, *The importance of university social responsibility in Hispanic America: A responsible trend in developing countries (pp.241-268)*. In Gabriel Eweje (ed.). Corporate Social Responsibility and Sustainability: Emerging

Trends in Developing Economies. Emerald Group Publishing.

Griffin, R. W., 1999, *Management* (6th ed). Boston: Houghton Mifflin.

Gunter, B., Oates, C.J., Blades, M., 2005, *Advertising to Children on TV: Content, Impact and Regulation*. Mahwah, NJ: Lawrence Erlbaum Associates.

Hackley, C., 2010, *Advertising and Promotion: An Integrated Marketing Communications Approach*. London, United Kingdom: Sage Publications.

Harris, J. L., Bargh, J. A., Brownell, K. D., 2009, Priming Effects of Television Food Advertising on Eating Behavior, *Health Psychology*, 28(4): 404-413.

Harris, M. and Holley, K. 2016. *Universities as Anchor Institutions: Economic and Social Potential for Urban Development*. In Higher Education: Handbook of Theory and Research (pp. 393-439). Springer International Publishing.

Hirschhausen, C. & Cullmann, A., 2010, A Nonparametric Efficiency Analysis of German Public Transport Companies, *Transportation Research Part E*, 46: 436-445.

Ho, M., 2014, Beware the new 'Breakthrough' Transgenic Mosquitoes, http://www.i-sis.org.uk/Beware_the_New_Breakthrough_Transgenic_Mosquitoes.php, Accessed, 16 Apr., 2016.

Hoek, J., Sheppard, W., 1990, Stereotyping in Advertisements Viewed by Children, *Marketing Bulletin*, 1(9):7-12.

Hoerrner, K. L., 2009, Yes! Children Need Protection from the Bombardments of Sponge Bob Square Pants, Ronald McDonald, and all the Big Purple Dinosaurs. In Pardun, C. J., (Ed.), *Advertising and Society: Controversies and Consequences*: 23-28. Malden, MA: Wiley-Blackwell.

Höfler, M., 2005, The Bradford Hill Considerations on Causality: A Counterfactual Perspective, *Emerging Themes in Epidemiology*, 2(1): 11.

Ireland, D., & Hitt, A., 1999, Achieving and Maintaining Strategic Competitiveness in the 21st Century: The Role of Strategic Leadership. *The Academy of Management Executive*, 13(1): 43-57.

Jeremy Bentham, 1996, *An Introduction to Principles of Morals and Legislation*. New York: Oxford University Press. (1789 First Published)（《道德與立法原理》，1971，李永久譯。臺北：帕米爾出版社）

Johnson, J. A., 1997, Units of analysis for the description and explanation of personality. In R. Hogan, J. Johnson, & S. Briggs (Eds.), *Handbook of per-*

sonality psychology, 767-793.

Jordan, A., O'Riorda, T., 2007, The Precautionary Principle: Protecting Public Health the Environment and the Future of our Children. http://www.euro.who.int/__data/assets/pdf_file/0003/91173/E83079.pdf, Accessed 1 Apr., 2016.

Kanungo, R. N., 1982, Measurement of job and work involvement. *Journal of Applied Psychology, 67* (3), 341-349.

Kemmis, S., 1988, *Action research in retrospect and prospect. In Deakin University Production Unit (Eds.), The action research reader* (3rd ed., pp. 27-46). Victoria: Deakin University.

Kenichiro Kashiwase, Masahiro Nozaki, and Kiichi Tokuoka., 2012, Pension Reforms in Japan. *IMF Working Paper*. International Monetary Fund, 3-5.

Kidder, L. H., Selltiz, C., 1981, *Selltiz, Wrightsman, and Cook's Research Methods in Social Relations* (4th ed.). New York, NY: Holt, Rinehart and Winston.

Kirkorian, H. L., Wartella, E. A., Anderson, D. R., 2008, Media and Young Children's Learning, *The Future of Children*, 18(1): 39-61.

Kundi, M., 2006, Causality and the Interpretation of Epidemiologic Evidence, *Environmental Health Perspectives*, 114(7): 969-974.

Kunkel, D., Roberts, D., 1991, Young Minds and Marketplace Values: Issues in Children's Television Advertising, *Journal of Social Issues*, 47(1): 57-72.

Lawler, E. E., & Hall, D. T., 1970, Relationship of job characteristics to job involvement, satisfaction, and intrinsic motivation. *Journal of Applied Psychology, 54* (4), 305-312.

Lawler, E. E., & Hall, D. T., 1970, Relationship of job characteristics to job involvement, satisfaction, and intrinsic motivation. *Journal of Applied Psychology*, 54 *(4), 305-312.*

Levitt, T., 1958, The Dangers of Social Responsibility, *Harvard Business Review*, 36(5): 41-50.

Liam Foster., 2017, Young People and Attitudes towards Pension Planning. *Department of Sociological Studies*, University of Sheffield,74-76.

Livingstone, S., Hargrave, A. H., 2006, Harmful to Children? Drawing Conclusions from Empirical Research on Media Effects. In Carlsson, U., von Feilitzen, C., (Eds.), *In the service of young people? Studies and reflections on media in the digital age*: 21-48. Goteborg, Sweden: Nordicom.

Lodahl, T.M. and Kejner, M.M., 1965, The Definition and Measurement of Job Involvement. *Journal of Applied Psychology*, 49, 24-33.

Maxwell, J. A., 1992, Understanding and Validity in Qualitative Research, *Harvard Educational Review*, 62(3): 279-300.

McDonald, M., Lavelle, M., 2001, Call It 'Kid-Fluence', *US News & World Report*, 131(4): 32-34.

McGinnis J. M., Gootman, J. A., Kraak, V. I., 2006, *Food Marketing to Children and Youth: Threat or Opportunity?*.Washington, DC: National Academies Press.

Mckelvey, B., and Sekaran, U., 1977, Toward a career-based theory of job involvement: A study of scientists and engineers, Administrative Science Quarterly, Vol. 22, 281-305.

Merriam, S. B., 1988, *Case Study Research in Education: A Qualitative Approach*. Francisco, Spanish: Jossey-Bass.

Miles, M. B., Huberman, A. M., 1994, *Qualitative Data Analysis: An Expanded Sourcebook*. Thousand Oaks, CA: Sage Publications.

Miller, G., 2008, The Roots of Morality.*Science,* 320, 734-737. www.sciencemag.org.

Mishler, E. G., 1986, *Research Interviewing: Context and Narrative*. Cambridge, MA: Harvard University Press.

Mocan, H. N., & Gittings, R. K., 2003, Getting Off Death Row: Commuted Sentences and the Deterrent Effect of Capital Punishment. *Journal of Law and Economics,* XLVI, 453-478.

Moustakas, C. E., 1990, *Heuristic Research: Design, Methodology, and Applications*. Newbury Park, CA: Sage Publications.

Mulley, C. & Nelson, J. D., 2009, Flexible Transport Services: A New Market Opportunity for Public Transport, *Research in Transportation Economics*, 25: 39-45.

Narayanaswamy. M Shalini Rao. N., 2014, Job Involvement of Secondary School Teachers and Its Effect on Teaching Competency, *International Journal of Education and Psychological Research*, Volume 3, Issue 2, 50-53.

Nejati, M., Shafaei, A., Salamzadeh, Y., & Daraei, M., 2011, *Corporate social responsibility and universities: A study of top 10 world universities' websites.*

African Journal of Business Management, 5 (2), 440-447.

Neuman, S. B., 1995, *Literacy in the Television Age: The Myth of the TV Effect* (2nd ed.). Norwood, NJ: Ablex.

O'Toole, R., & Dubin, R., 1968, Baby feeding and body sway: An experiment in George Herbert Mead's "taking the role of the other." *Journal of Personality and Social Psychology, 10* (1), 59-65.

Odeck, J., 2008, The Effect of Mergers on Efficiency and Productivity of Public Transport Services, *Transportation Research Part A: Policy and Practice*, 42(4): 696-708.

Ofcom, 2006, *Television Advertising of Food and Drink Products to Children: Statement and Further Consultation*. London, United Kingdom: Office of Communication.

Opree, S. J., Buijzen, M., Valkenburg, P. M., 2012, Lower Life Satisfaction Related to Materialism in Children Frequently Exposed to Advertising, *Pediatrics*, 130(3): 2011-3148.

Oxitec, 2019, https://www.gatesfoundation.org/How-We-Work/Quick-Links/Grants-Database/Grants/2018/06/OPP1181812, Accessed, 1 Dec., 2019.

Paixao, E.S., Barreto, F., Teixeira, M., Costa, M., & Rodrigues, L., 2016, History, Epidemiology, and Clinical Manifestations of Zika: A Systematic Review, *American Journal of Public Health*. 106(4): 606-612.

Patton, M. Q., 1990, *Qualitative Evaluation and Research Methods*. Newbury Park, CA: Sage Publications.

Peter E. Mudrack., 2004, Job Involvement, obsessive-compulsive personality traits and workaholic behavioral tendencies/ *Journal of Organizational Change Management,* Vol. 17, Issue 5, 490-500

Peter R. Oszag and Joseph E. Stiglitz., 1999, Rethinking Pension Reforms: Ten Myths About Social Security Systems. *Presented at the conference on "New Ideas About Old Age Security" The World Bank*, Washington, D.C. The World Bank, 3-6.

Peyman Pourmomen Davani., 2016, The Impact of Job Nature on Job Involvement of the Teachers of Second grade of the Secondary School of 5th District of Tehran. *International Journal of Learning and Development*, Vol. 6, No. 3, 31-32.

Phil Agulnik, Nicholas Barr, Jane Falkingham, Katherine Rake, 1998, Partnership in Pensions? Responses to the Pensions Green Paper. *Centre for Analysis of Social Exclusion. London School of Economics,* 5-8.

Piaget, J., Inhelder, B., 1969, *The Psychology of the Child.* New York, NY: Basic Books.

Pollay, R. W., 1986, The Distorted Mirror: Reflections on the Unintended Consequences of Advertising, *Journal of Marketing*, 50(2): 18-36.

Prosser, W. L., 1960, Privacy, *California Law Review*, 48(3), 383-423.

Pucher, J., 1988, Subsidies to Urban Public Transport in Western Europe and North America: Trends and Policy Impacts, *Transportation Quarterly*, 42(3): 377-402.

Rachels, J., 2010, Are There Absolute Moral Rules? *The Elements of Moral Philosophy* (pp.124-135). Boston: McGraw Hill.

Rachels, J., 2010, Ethical Egoism. In *The Elements of Moral Philosophy* (pp.62-79). Boston: McGraw Hill.

Rachels, J., 2010, The Challenges of Cultural Relativism. In *The Elements of Moral Philosophy* (pp.14-31). Boston: McGraw Hill.

Rachels, J., 2010, The Debate Over Utilitarianism. *The Elements of Moral Philosophy* (pp.109-123). Boston: McGraw Hill.

Rachels, J., 2010, The Ethics of Virtue. In *The Elements of Moral Philosophy* (pp.138-172). Boston: McGraw Hill.

Rachels, J., 2010, The Utilitarian Approach. In *The Elements of Moral Philosophy* (pp.97-108).Boston: McGraw Hill.

Rachels, J., 2010, What is Morality? In *The Elements of Moral Philosophy* (pp.1-13).Boston: McGraw Hill.

Rachels, J., 2010, What is Morality? In *The Elements of Moral Philosophy* (pp.1-13). Boston: McGraw Hill.

Rachels, J., 2010, What is Morality? In *The Elements of Moral Philosophy* (pp.1-13). Boston: McGraw Hill.

Rasmussen, S. A., Jamieson, D. J., Honein, M. A., & Petersen, L. R., 2016, Zika Virus and Birth Defects-Reviewing the Evidence for Causality, *New England Journal of Medicine*, 374(20), 1981-1987.

Richard Jackson., 2003, The Global Retirement Crisis. *The Geneva Papers On*

Risk and Insurance, Vol. 27, Issue 4, 486-511.

Robbins, S. P. & Coulter, M., 2009, *Management* (10th edition). NJ: Prentice-Hall.

Robbins, S.P., 2001, *Organizational Behavior*. 9th Edition, Prentice-Hall, Inc., New York.

Robbins, S.P., 2001, *Organizational Behavior*. 9th Edition, Prentice-Hall, Inc., New York.

Roberts, M., 2005, Parenting in an Obesogenic Environment, *Journal of Research for Consumers*, 9: 1-11.

Robson, C., 1993, *Real World Research.* Oxford, United Kingdom: Blackwell.

Ros Altmann, 2013, Annuities—Now. *FCA Consumer Calls for Urgent Reform* https://pensionsandsavings.com/annuities-now-fca-consumer-panel-calls-for-urgent-reform/

Rowena Crawford, Soumaya Keynes & Gemma Tetlow., 2013, A Single-tier Pension: What does it really mean? Department of Work and Pensions (DWP). *The Institute for Fiscal Studies,* London, 15-18.

RV Labaree., 2009, Organizing Your Social Sciences Research Paper*: Qualitative Methods*, 48-50.

S. D. Saleh &James Hosek., 1976, Job involvement: Concepts and Mesuremenrs/ *Academy of Management Journal*, Vol.19, No. 2. 213-214.

Sach, J., 2000, *Rethinking the practice of teacher professionalism*. In C. Day, A.

Sagawa, S., & Segal, E., 1977, *Common Interest, Common Good: Creating Value Through Business and Social Eector Partnership 1977*, California Management Review, 2000, pp. 105-122,

Sawasdikosol, S., 2009, *Driving universities' collaboration toward the new era of sustainable social responsibility*. Paper presented at the University-Community Engagement Conference Penang, Malaysia.

Schmidt, F., 2019, Genetically Modified Mosquitoes Breed in Brazil, https://www.dw.com/en/genetically-modified-mosquitoes-breed-in-brazil/a-50414340, Accessed 20 Oct., 2019.

Sethi, A., and K. Mittal., 2016, A study of job involvement among scnior secondary school teachers, *International Journal of Applied Research*, 2(2): 205-209.

Sharp, L., Kindra, G., Bandyopadhyay, S., 2001, Is Television Advertising Good for Children? Areas of Concern and Policy Implications, *International Journal of Advertising*, 20(1): 89-116.

Sheehan, K., 2004, *Controversies in Contemporary Advertising*. Thousand Oaks, CA: Sage Publications.

Shepard, T. H., 1994, "Proof" of Human Teratogenicity, *Teratology*, 50(2), 97-98.

Shriberg, M., 2002, *Institutional assessment tools for sustainability in higher education: Strengths, weaknesses, and implications for practice and theory*. International Journal of Sustainability in Higher Education, 3(3): 254-270.

Smelser, N. J., Baltes, P. B., 2001, *International Encyclopedia of the Social & Behavioral Sciences*. New York, NY: Elsevier.

Smith, J. W., 2009, No! Children Are Smarter than We Think. We Coddle Them Enough Already!. In Pardun, C. J., (Ed.), *Advertising and Society: Controversies and Consequences*: 29-36. Hoboken, NJ: Wiley-Blackwell.

Steinbrecher, R., 2010, Scientific Opinion to the Department of Biosafety, Ministry of Natural Resources and Environment of Malaysia, http://www.econexus.info/publication/release-gm-mosquito-aedes-aegypti-ox513a, Accessed 10 Apr., 2016

Stirling, A. and Tickner, J., 2004, Implementing Precaution: Assessment and Application Tools for Health and Environmental Decision Making. In: Martuzzi, M and Tickner, J (Eds.) The Precautionary Principle: Protecting Public Health, the Environment and the Future of Our Children. World Health Organization. http://sro.sussex.ac.uk/id/eprint/23154/. Accessed 15 Aug., 2019.

Strauss, A. L., 1987, *Qualitative Analysis for Social Scientists*. Cambridge, United Kingdom: Cambridge University Press.

Strauss, A. L., Corbin, J. M., 1998, *Basics of Qualitative Research: Techniques and Procedures for Developing Grounded Theory*. London, United Kingdom: Sage Publications.

Susan K. Urahn., 2011, The Trillion Dollar Gap. *The Pew Center on the Sates*, 21-23.

Swierstra, T., Rip, A., 2007, Nano-ethics as NEST-ethics: Patterns of Moral Argumentation About New and Emerging Science and Technology, *NanoEthics*, 1 (1): 3-20.

Syed Mohammad Azeem, 2010, Personal hardiness, job involvement and job burnout among teachers. *International Journal of Vocational and Technical Educational,* Vol.2, 36-40.

T. J. Newton, & A. Keenan, 1983, Role Stress Reexamined: An investigation of role stress predictors. *OrganizationalBehavior and Human Decision Processes*, Volume 40, Issue 3, 346-368.

Taleb, N. N., 2010, The Black Swan: The Impact of the Highly Improbable (2nd ed.). London: Penguin.

Tariq Iqbal Khan Farooq & Ahmed Jam., 2011, Job Involvement as Predictor of Employee Commitment: Evidence from Pakistan, *Issue in International Journal of Business and Management*, Volume 6 No.4, 255-257.

The Economist, "Falling Short". (http://www.economist.com/node/11529345) April 2011.

The European Charter for Media Literacy, 2011, http://Euromedialiteracy.eu. Accessed December 10, 2011.

Tickell, O., 2016, Pandora's Box: How GM Mosquitos Could Have Caused Brazil's Microcephaly Disaster, http://www.theecologist.org/News/news_analysis/2987024/pandoras_box_how_gm_mosquitos_could_have_caused_brazils_microcephaly_disaster.html, Accessed, 16 Apr., 2016.

Tversky, A., 1972, Elimination by Aspects: A Theory of Choice. *Psychological Review.* 79, 281-299.

Tversky, A., & Kahneman, D., 1974, Judgment Under Uncertainty: Heuristics and Biases. *Science,* 185, 1124-1131.

Tversky, A., & Kahneman, D., 1974, Judgment Under Uncertainty: Heuristics and Bias. *Science*, 185: 1124-1131.

Tversky, A., & Kahneman, D., 1981, The Rraming of Decision and the Psychology of Choice. *Science,* 211, 453-458.

Tversky, A., & Kahneman, D., 1982a, Evidential Impact of Base Rates. In D. D. Kahneman, P. Slovic, & A. Tversky (Eds.), *Judgment Under Uncertainty: Heuristics and Biases*. Cambridge, UK: Cambridge University Press.

Tversky, A., & Kahneman, D., 1982b, Judgments of and by Representativeness. In D. D. Kahneman, P. Slovic, & A. Tversky (Eds.), *Judgment Under Uncertainty: Heuristics and Biases*. Cambridge, UK: Cambridge University Press.

Tversky, A., & Kahnman, D., 1973, Availability: A Heuristic for Judging Frequency and Probability. *Cognitive Psychology,* 5, 207-232.

Valkenburg, P. M., Cantor, J., 2001, The Development of a Child into a Consumer, *Journal of Applied Developmental Psychology*, 22 (1): 61-72.

Vasiliki Brouskeli, 2018, Resilience and occupational well-being of secondary education teachers in Greece /*Issues in Educational Research*, 28 (1). 58-61.

Victor H. Vroom., 1962, *Ego-Involvement, Job Satisfaction, and Job Performance,* 159.

Visser, W., 2006, *Revisiting Carroll's CSR pyramid.* Corporate citizenship in developing countries, 29-56.

Waller, W., 1932, *The Sociology of Teaching*. New York, NY: Wiley & Sons.

Wang, H. Q., Lee, K.O., & Wang C., 1998, Consumer privacy concerns about Internet marketing, *Communications of the ACM*, 41(3):63-70.

Well, W., Burnett, J., Moriarty, S. E., 2006, *Advertising: Principles & Practice* (7th ed.). Upper Saddle River, NJ: Pearson/Prentice Hall.

Westin, A.F., 1967, *Privacy and freedom*, New York: Atheneum Books.

WHO Situation Report, http://apps.who.int/iris/bitstream/10665/204348/1/zikasitrep_5Feb2016_eng.pdf. Accessed 10 Feb., 2016.

Wilcox, B. L., Kunkel, D., Cantor, J., Dowrick, P., Linn, S., Palmer, E., 2004, Report of the APA Task Force on Advertising and Children, American Psychological Association.

World Health Organization, 2003, Obesity and Overweight Fact Sheet. http://www.who.int/dietphysicalactivity/media/en/gsfs_obesity.pdf. Accessed October 17, 2013.

Yin, R. K., 1985, *Case Study Research: Design and Methods*. Beverly Hills, CA: Sage Publications.

Yin, R. K., 2018, *Case Study Research and Applications: Design and Methods* (6th ed.), Thousand Oaks, US: Sage Publications.

Yoshida, Y., 2004, Endogenous-Weight TFP Measurement: Methodology and Its Application to Japanese-Airport Benchmarking, *Transportation Research, Part E*, 40: 151-182.

Young, D., 2001, *Organizational Identity in Nonprofit Organizations: Strategic and Structural Implications*, Nonprofit Management & Leadership, 139-157.

Note

Note

Note

國家圖書館出版品預行編目資料

企業倫理：商管專業倫理和企業社會責任／林文瑛、嚴奇峰、李雨師、丁姵元、顏昌明、秦宗春、李明彥著. -- 三版. -- 臺北市：五南圖書出版股份有限公司，2024.06
面； 公分
ISBN 978-626-393-396-5（平裝）

1.商業倫理 2.專業倫理

198.49 113007330

1XDY

企業倫理
商管專業倫理和企業社會責任(第二版)

作　　者 — 林文瑛、嚴奇峰、李雨師、丁姵元、顏昌明、秦宗春、李明彥
編輯整理 — 戴俊杉、陳萱
發 行 人 — 楊榮川
總 經 理 — 楊士清
總 編 輯 — 楊秀麗
副總編輯 — 黃惠娟
責任編輯 — 魯曉玟
封面設計 — 韓大非
出 版 者 — 五南圖書出版股份有限公司
地　　址：106台北市大安區和平東路二段339號4樓
電　　話：(02)2705-5066　　傳　　真：(02)2706-6100
網　　址：https://www.wunan.com.tw
電子郵件：wunan@wunan.com.tw
劃撥帳號：01068953
戶　　名：五南圖書出版股份有限公司

法律顧問　林勝安律師

出版日期　2018年 3 月初版一刷
2020年 2 月二版一刷
2024年 6 月三版一刷

定　　價　新臺幣450元

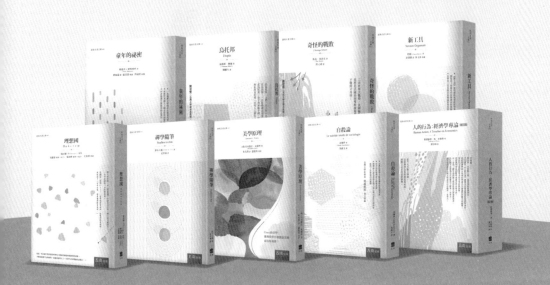